工藝の道

柳　宗悦

講談社学術文庫

新版の序

この一冊は、私がかつて工藝の性質について書いた最初のまとまった論文である。もう二十七年も前に書いたものであるから、今からすれば訂正すべき個所もないではないが、しかし本質的な点では、今も正しい見方であると信じる。新版を出すに当って、多少の改訂を加え、また挿絵は全部取りかえ、東西新古の作品から選んだ。

この本は、当時工藝に関して、未だ見るべき著作が他になかったためもあるが、私の生涯にも深い因縁《いんねん》を結ぶものとなり、この本を通して多くの友達を得、かつまた今日「民藝運動」と呼ばれるものの理論的基礎となるに至ったのである。それ故、私の三十代の著書ではあるが、はなはだ思い出の深いものがあり、多くの読者からの要望もあって、この選集の第一巻に配したのである。

巻頭にある第一章、すなわち「工藝の美」と題したものは、昭和十七年に別冊の私版本として印刷され、またこの章と、第四章の一部とを合せ、かつて『民と美』の巻頭に入れたことがある。この選集を編むに際し、すべてを再び原位置に戻した。

工藝の意義がまだ不当に看過されている今日、明日の理解を高めるために、この一冊がなお役立つことを望んでいる。

差しはさんだ小間絵《こまえ》は鈴木繁男君の筆、校正は浅川園絵さんの労に負う。題扉はいつもの如く芹澤銈介《せりざわけいすけ》兄の技。共に感謝。

昭和二十九年十一月

宗悦

序

この書は昭和二年四月雑誌「大調和」創刊号から翌年正月号までの間に、「工藝の道」と題して引き続き九回にわたって連載した論文の集録である。上梓《じょうし》するに当って編次を改め、すべてを訂正増補し、各篇を一層有機的に結んだ。

工藝の諸問題はまだ処女地として残る。あの堆積された美術論に比べては、いかにまだ初歩にあるであろう。不思議にも工藝の意義に関する深い叡智《えいち》や正しい見通しは未だに語られていない。ほとんどすべては断片的であって整理せられた体系がなく、かついずれも内面的意味に乏しい。まだ耕して培わねばならぬ個所が限りなく拡がる。その土地の性質や何がそこに生い立つかについても見残されまた見誤られたものがはなはだ多い。

しかし早晩誰かが出てこの未墾の地に鋤《すき》を入れねばならぬ。それが耕すに足りる天然の沃野《よくや》であるということに疑いはない。私はここに最初の難多き準備の仕事に身を置いたのである。すべての開墾者がなすように、私も雑草を抜き去り、石を除き、土塊を砕き、畑を整えようと努めたのである。私はそこに幾個かの種を下ろした。いつか春は廻《めぐ》り芽萌《めば》える時は来《きた》るであろう。収穫の悦《よろこ》びは来るべき人々の所有である。私のなさねばならぬ務めは、その実《みのり》の日に備えるための最初の支度である。私は多くの愛と熱情とをもってこの仕事をなした。

想えばここに現れた一つの思想に到達するために、十有余年の歳月がその観察と内省とのために流れた。そうして過去一ヶ年の間休む折もなく筆を続けた。私には真に追うに足りる意味深き問題であると考えられた。だがある友達はなぜ私が宗教への思索を離れて、かかる奇異な問題に外《そ》れたかを嘆いてくれた。昔に帰るようにと同じく忠告してくれる人々が他にもあるであろう。私はその志を嬉《うれ》しくは受けるが、この書を読まれるならば大方の誤解は解け去るであろう。私は宗教の真理に懶惰《らんだ》であったのではない。工藝という媒介を通して、私の前著『神に就て』においてようやく摸索《もさく》し得た最後の道、「他力道《たりきどう》」の深さと美しさとをまともに見つめたのである。したがって工藝を物語ってはいるが、私としてみればやはり「信」の世界を求める心の記録である。

多くの人々は宗教の法則は、ただ宗教のことのみであると思うようである。だが万般の事象は皆同じ法のもとに育《はぐく》まれているのである。人々は宗教と工藝とその間に何の縁《ゆかり》があるかを訝《いぶか》しく尋ねる。そうしてそれをただの器物のことに過ぎぬと云って蔑《さげす》むようである。しかしそれは限なく行き渡る法の力を知らないためか、または法にかかる力があるとは信じないためか、むしろかかる見方をこそあまりに非宗教的と呼ぶことができよう。ただの器物とはいうが、低い小さなその存在にも驚くべき秘義が潜んでいる。何ものも法を離れて存在しているのではない。このことについては本書自らが答えを贈るであろう。

私がこの書において最も強めて説こうとするところは、いかに工藝美が、「民衆」とか「実用」とか「多量」とか「廉価」とか「通常」とかいう平凡な世界と、深い結《けち》縁《えん》にあるかを示すことにあった。否、それらの性質こそ工藝美の基礎となっているのを語るにあった。だが自らでは力弱い彼らであるから、この不思議を演ずるのは、彼ら以上の何ものかでなければならぬ。この匿《かく》れた背後の力を見究めることが私の求めであった。私は彼らを守護するものが自然の叡智であり、相愛の制度であるのを見た。無心な自然への帰依《きえ》や、結合せられた衆生《しゅじょう》の心がそこに見える。その美は他力美《たりきび》である。この美に対しては、いかに「知識」とか「個性」とか「稀有《けう》」とか「高価」とか「異常」とかいうことが、いとど小さく見えるであろう。

必然注意は二つの点に注がれてくる。私はこの書において名もなき大衆への味方として立った。それはただ虐げられた者への同情においてではない。もっと強く凡庸を余儀なくされる大衆の運命に、積極的意義を肯定しようとするのである。誰か天才を罵《ののし》り凡庸を讃《たた》える不明を犯す者があろう。だが私は大衆の見捨てられた一生に仕組まれている驚くべき摂理を明るみに出そうとするのである。そうしてその運命に備えられる巨大な意義を讃美《さんび》しようとするのである。天才を讃える者がしばしば見失った一つの真理を呼び覚まそうとするのである。私は審美的理想と社会的理念との間に全き調和を観じる。社会問題に多忙な今日の学界に、この目撃と主張とが、一つの正しい資材として受けられるなら幸いである。

続いては見捨てられた日常の雑具に対する弁護である。用と最も厚く結合する雑器に、工藝美の最も健全な表示があるのを説こうとするのである。用器と美器とは一体であることをいおうとするのである。用との相即なくして工藝美はあり得ない。もしここに美の発足があるなら、日々誰もが用いる器物、生活に要する共通の用具、多量に作られる廉価な物、誰でも買える品々、最も平凡な持ち物、これらのものこそ最も厚く美と結ばれる運命にあるであろう。私の直観と理性とは、平凡なる存在物と異常な美との一致を肯定しないわけにゆかぬ。この神秘の提示こそ本書の負う重い使命である。ここに審美的理想はまた経済学的理念と結合する。以上、社会的相愛の生活や、貨幣価値からの能《あた》うかぎりの離脱が、美の保証たることを説こうとするのである。(読者はこれらのことに関する要旨を、最も簡明に「工藝の基礎」と題した一章中に見出すであろう)。

もし読者のうちまだ工藝に親しみが薄く、かつすべてを読む根気をもたないなら、この書の第一章を占める「工藝の美」と題した篇だけを読まれればよい。それは総論でありまた結論であって、続く他の章はそれを基調にした細論である。私は美に関するその章において、よもや読者を倦怠《けんたい》の情に誘うことはないであろう。また忙しき読者のために最後に「概要」を添えた。私がこの一書において論じた思想の要旨を、できるだけ簡潔に、また明白に、順を追って再録したのである。

終りに私は感謝の心を述べる悦ばしい任務を果そう。これらの思想を養うに当って直接間接私の二人の友、河井《かわい》寛次郎《かんじろう》、濱田《はまだ》庄司《しょうじ》の二兄に負うところがあったのを記さねばならぬ。また挿絵に関しその説明に関し、石丸重治、青山二郎、内山省三、浅川巧の諸兄より受けた好誼《こうぎ》を感謝する。製版については田中松太郎氏に、出版については伊藤長蔵氏に少からぬ労を受けた。終りに私の志を信じ京都市外上加茂《かみがも》に最初の工藝協団を結んでくれた青田五良、黒田《くろだ》辰秋《たつあき》、鈴木実の三氏に尽きぬ感謝を贈る。本書の装幀《そうてい》に用いた布は同協団の考案にかかる。

昭和三年晩秋

洛東神楽岡にて

柳　宗悦

目次

凡例

一、『工藝の道』は、今までに三度上梓された。

1　ぐろりあ　そさえて刊、昭和三年十二月二十日

2　春秋社刊、『柳宗悦選集』第一巻、昭和三十年二月五日

3　筑摩書房刊、『柳宗悦全集』第八巻、昭和五十五年十一月五日

学術文庫版刊行にあたっては、右三書を参照した。

一、図版については、最初に刊行された「ぐろりあ　そさえて」版に拠り、春秋社版掲載の挿絵と挿絵小註は割愛した。

一、本文表記で明らかに誤りと思われるものは訂正した。

一、漢字については、旧字体を常用漢字体に改めた。ただし、「藝」の字と一部の人名は旧字体のままとした。

一、接続詞、副詞、助詞などの漢字を一部平がなに変更した。

一、難読の語、固有名詞、専門用語には振りがなを施した。

一、歴史的かなづかいは現代かなづかいに改めた。また、送りがなについては、原則として元のままとしたが、統一のため揃えたものもある。

工藝の道

遠く異郷に在る
妻　兼子に贈る

緒　言

一

工藝　私はこの世界をいかに久しく愛してきたか。いつも一日がそれらのものの中で暮れる。器物とはいうもすでに一家の者たちである。私を訪《おとな》われる誰とても、それらの者に逢《あ》わずしては帰ることができない。だがその多くは見慣れないものに感じられたであろう。私はそれらの多くを見捨てられた個所から救い出した。そのためであろうか、器《うつわ》は特に私の傍に在ることを悦《よろこ》ぶようにさえ思える。かくして長い間、お互いに離れがたく朝な夕なを共に過ごした。そうしてその情愛の中で幾多の秘義が、その匿《かく》れた扉を私のために開いた。そうして文字なき真理の文《ふみ》が、数多くそこに読まれた。私は謝恩のしるしにも、示されたものを綴っておきたい。

それに最近、親しい二、三の作家とのしばしばの往来は、私の思想に一層明らかな影像を投げるに至った。私はその交友に対しても、ここに記念の筆を執るべきかと思う。それに今またそれらの友と力を協《あわ》せて「日本民藝美術館」の設立を急ぐ私は、共に工藝に関する思想の建設をも試みるべきであろう。

ましで私に示された工藝の意義が、一般に解されるそれと非常に異なるのを知る時、それを闡明《せんめい》する任務が私に課せられているように思える。今日その真意はほとんど全く見失われていると云ってよいであろう。新しい工藝の諸展覧会はこのことを目前に証左する。そうして近時刊行される一切の工藝に関する歴史書もこのことを表示する。私は私の筆を執るべき時に達したと思う。しかし私は私自身をここに主張するのではなく、よき作品が示す工藝の意義を、そのまま忠実に伝えたいと思うのである。

この問題が投げる抛物線《ほうぶつせん》は広くかつ深い。美に結合し、生活に参与し、経済に関連し、思想に当面する。工藝が精神と物質との結合せる一文化現象として、将来異常な学的注意を集めてくることは疑いない。この時その諸問題のうち最も根本的な美に関する考察は特に緊要となるであろう。私が以下試みようとする幾個かの連続的論文は、工藝の美に関する私の長い間の考察の総決算となるであろう。最初私は工藝の美そのものの性質を述べ、次には工藝の本道が何であるかを論じ、かくていかなる工藝が最も美しいかを説くであろう。また近代の工藝を毒せる諸原因について、また将来いかなる道によって、正しき工藝が発展されるか、それらのことを順次に述べるであろう。

二

だが筆を起すに当って、いかなる立場を私が採るかについて、問われる方があるであろう。それ故このことに関し簡明に述べておきたく思う。それは以下の立論に対する理解へのよき準備ともなるであろうから。

ものを見るのに誰でも一つの立場を選ぶ。立場なき見方というが如きものはないと考えられる。一つの対象に向いあるいは歴史的立場を、あるいは科学的立場をと選ぶ。そうしてそれらもまた流派に依りさらに細かい立場に分れる。そうしてその立場を厳守するほど立論は明確にされると考えられる。だが私たちはもう一度吟味してよい。立場というものが、どうしても必要であるか。また「立場」に立つことが、ものの本質的見方を構成するか。立場なき見方というが如きは無意味であるか。

そこにはなお哲学的疑義を挿む余地が充分に残る。なぜなら「立場」は畢竟《ひっきょう》一個の立場に過ぎないからである。多くの立場を同時に選ぶことは許されていない。だが多くの立場のうちの一個であるなら、そこに絶対値はなく、相対的意義に終るではないか。一つの権利主張ではあっても、権威とはならぬ。だが権威なくしてどこに真理の至上性があろうか。

立場より、さらに徹底したものは、「立場なき立場」というが如きものではないであろうか。それも一個の立場に過ぎぬと云ってしまえばそれまでであるが、しかし「無名」は名ではなく、強いて名づけた仮名《かめい》であると経にも説いてある。ちょうど「空」といい「不」というも、それが一相《いっそう》ではなく無相《むそう》を指すのと同じ意味である。ものの理解にはかかる「不」の基礎がなければならぬ。それ以上に深い根柢《こんてい》はないからである。「立場なき立場」という言葉が奇異でありまた循環的であるというなら、これを「絶対的立場」と呼んでもよい。然らばかかる「絶対的立場」とは何か。

私は「直観」をかかる境地であると考えるのである。もし絶対的立場というものがあるなら、それは直観以外にはあり得ない。直観は拭《ぬぐ》われた立場、純粋立場ともいうことができよう。そうしてもしある真理に権威があるなら、それは直観的基礎をもつ場合のみだということを断言してよい。(宗教においてかかる「立場なき立場」に立つものを選んでくれれば、禅宗の如きが一つの適例である。禅宗とはいうも、禅は宗派ではないのである。一つの立場をも許さぬ境地を禅とこそ呼ぶのである。かの他力《たりき》宗《しゅう》というも、自己の一切の立場を放棄する意味ではないであろうか。吾が立場を越えて仏の立場に帰る謂《いい》ではないか。神秘主義と呼ばれるものも、主義では決してなく、立場を絶した自由境をこそ指すのである。信仰は常にかかる立場なき立場に帰ることを求めている。帰依《きえ》とは「不」に入る謂ではないか)。私たちには異なる多くの立場を同時に採る自由は許されていない。しかしすべての立場を越える自由は許されているであろう。そうして、かかる境地に入る時こそ、かえってすべての立場の根柢に達するのである。「立場なき立場」こそ真に「立場の立場」ともいえるであろう。

もし私の見方に何か本質的な基礎があり得るなら、それは直観より発したということと以外にはあり得ないはずである。かくいうと、さながら主観に堕している如く評されるかも知れぬが、直観には「私の直観」というような性質はない。見方に「私」が出ないからこそ、ものをじかに観得るのである。直観は「私なき直観」である。私を挿む余暇なき直観である。私は私の立論をかかる基礎の上に置かねばならぬ。否、幸か不幸か私は直観以外に見方の持ち合せがないのである。私は工藝に関する私の思想を歴史学や経済学や化学によって構成して来たのではない。私は知るよりも先に観たのである。このことが私をしてこの工藝論を可能ならしめているのである。そして確信をもって語ることを許してくれているのである。

普通直観というと独断という風にとる人があるが、かえって直観なき理論こそ独断と呼んでよいであろう。先にも云ったように直観に私見はない。一個の主観に立つならすでに直観ではない。立場なき立場に入る場合ほど、独断から解放される場合はない。「不」に入るのは「有」に滞る所がないからである。そこは全く無仮定な世界である。かかる意味で直観よりさらに確実な客観はない。直観は信念を生ずる。

三

美は一つであるが、美の都へ至る道は二つであると考えられる。一つは「美術」Fine Art と呼ばれ、一つは「工藝」Craft と呼ばれる。だが今日まで美の標準は事実美術からのみ論じられた。したがって工藝は低い位置に棄てられ、その意義は全く閑却せられた。美学書を見られよ、それはほとんど全く美術の上に建てられた美学ではないか。工藝は Die Unfreie Kunst と名づけられ、また The Practical Art とも The Applied Art とも呼ばれた。この「不自由」とか「実際」とか「応用」とかいう形容が二段三段に卑下された意味であるのは云うまでもない。そうして美は実用から遊離したものなる故に讃美《さんび》された。だが果して今日のかかる美学は美を真実に見つめたものであろうか。

この偏見は恐らく文藝復興期から真に美の発展が開始されたと考えるからであろ

う。人々はその絢爛《けんらん》さに長い間眩惑《げんわく》せられた。実際その時から美術は高まり、工藝は沈み始めた。そうして美術のみが美の標準を与えた。しかもその頃は個人主義勃興の時代である。かくして美もまた個人的なるもののみが最高な位についた。文藝復興は実に個性の自由主張であった。かくして今日までも美は個性美であるという考えが強く残る。

個性美も一つの美であることに誤りはない。だがそれは最後に満足すべき美であろうか。個人主義が不満足になる時、かかる美への見方は永続するであろうか。一度眼がルネサンス以前に溯《さかのぼ》る時、美への見方に一動揺が来ないであろうか。何故ならあの驚くべきゴシック時代では、どこまでも美が実際と交わっているからである。そうしてどこにも個性の跋扈《ばっこ》がないからである。そこには自由の美に対して秩序の美があるからである。そこには正しい伝統が守られているからである。絵画でも彫刻でもかかる意味で美術というよりは工藝であった。それは単独な存在ではなく建築の一部でさえあった。同じようにあの優秀な六朝《りくちょう》や推古《すいこ》の仏教藝術はむしろ工藝と呼ぶべきではないか。用を離れ美を目的とした個性的な絵画や彫刻では決してない。すべての美は伝統から生れた。

今日美術と呼ばれるものは皆 Homo-centric「人間中心」の所産である。だが工藝はそうではない。そうでないがために卑下せられた。しかしそうでないが故に讃美される日は来ないであろうか。工藝はこれに対し Natura-centric「自然中心」の所産である。ちょうど宗教が Theo-centric「神中心」の世界に現れるのと同じである。だがかかる工藝美は近代の美学でよく解き得るであろうか。個性中心の見方からして、工藝の美が等閑《なおざり》にされたのも無理はない。否、高き工藝は、美術的であらねばならぬとさえ考えられた。だがこれが工藝への正当な見方であろうか。私はそう考えることができぬ。

もし美術が唯一の高き意味での美を示すなら、私たちは現実を離れねばならぬ。美は実用から遊離すると考えられるからである。そうして民衆を放棄せねばならぬ。美はひとり天才の所業だからである。そうして自然には反逆せねばならぬ。個性の勝利に美があると云われるからである。そうして秩序の世界を見棄てねばならぬ。自由がより以上の美であると云われるからである。認知されるのは「自力美《じりきび》」である。「他《た》力美《りきび》」というが如きは近代の美ではない。近代ではほとんど考えられない美である。

だが美術的な美のみが美であろうか。またかかる美が最後の美であろうか。現実に即してこそ美の福音《ふくいん》がありはしまいか。民衆に美が交わってこそ、美の社会が可能ではないか。自然に帰依してこそ全き美がありはしまいか。秩序に準じてこそ真の自由がありはしまいか。伝統に準じてこそ安泰な美がありはしまいか。かかる世界においてこそ、より純な美が実現されると云えないであろうか。工藝の美はかかる美ではなかったろうか。もしそうなら在来の美の標準に一転機が来るではないか。そうして卑下せられ等閑にされた工藝が重大な意義を齎《もた》らすであろう。否、工藝の問題こそ近き将来に極めて重要な学的対象となるであろう。

四

すでにここ一世紀の間に、二つの方面から工藝の意義が追求せられた。一つは経済学的立場から、一つは審美的価値から反省せられた。あるいはこれを物的見方と心的見方とに類別することもできるであろう。概して見れば前者を代表するものはマルクスMarxの流れ、後者を代表するものはラスキン-モリス Ruskin-Morris の思想である。

心の一面に堕した見方に対して、革命的覚醒《かくせい》を促した多くの経済学者たちの驚歎すべき業績について、誰も盲目であってはならぬ。事実の世界を強調する彼らの思想が、特に現実の上に立つ工藝の問題に対して深い示唆をもつことを否むことができぬ。美を実用の彼岸《ひがん》に封じた在来の思想は、本質的動揺をこれによって受けるであろう。まして民衆の意義が擡頭《たいとう》して来た今日、個人的美術の概念は一変動期に迫っている。

ラスキンは深く美を見究めた思想家であった。彼は美が正しき社会的秩序を待って始めて可能であることを信じた。彼にとって美と道徳とはほとんど同一義であった。美の批評家であった彼やモリスがついに社会主義者として立つことは極めて必然であった。そうして、かかる彼らにとって、民衆に関与し制度に依存し労働と結ばれる工藝が、深い意味を齎らしたことは云うまでもない。彼らは共にギルド Gild を創立し、直接に間接に工藝の開発に身を捧《ささ》げた。

工藝問題に向って投げた彼らの思想は、真に後に来る者への貴重な遺産である。もとより私たちは彼らの唯物論やまたはユトピアを警戒なくして受け取ることはできぬ。なぜなら唯物または唯心というが如きは、あり得べからざる抽象的な怪物に過ぎないのであるから。そうして物心一如《ぶっしんいちにょ》の思想より、より深く実相を語るものはないであろうから。そこには哲学的批判を加えねばならぬ余地が多分に残る。

しかし何人《なんぴと》も彼らの鋭い真理への追求を等閑にすることはできぬ。そこには来るべき工藝論に対する多くの示唆が宿る。そうして彼らが検討した二つの道、経済学的一途と、審美的一途とをさらに徹して進むべき任務が吾々に残る。現実と美との結合たる工藝は、自《おのず》からこれら二面の考察を求める。だがそれは相背く二個の道ではない。彼らはいつか一点に邂逅《かいこう》する日をもつであろう。またかかる日にこそ工藝への全き理解が成就される。その綜合の未来へと現在を進めるために、各々は相信じて歩みよらねばならぬ。人は今そのいずれの道を選ぶともよい。到り尽す頂きは常に一つであるから。工藝のその峰を望みながら、今私が攀《よ》じようとするのは審美の一路である。なぜその道を私が選ぶか。

五

(一)　それは工藝美に対する私の直観と理性との長い修行と経験とを、今や信頼してよいという自覚による。特にこの時吾々の同胞が工藝の鑑賞家として卓越した歴史をもっているということを忘れることができない。そうしてこの審美的一途を徹するのは、吾々日本人に与えられた悦ばしい任務であるという自覚をも抑えることができない。あの初代の茶人たちが見た工藝の美は、あのモリスらの見たそれよりも、遥かに内的に深いことは疑う余地がない。血を継ぐ私たちはただ彼らが残していった問題、すなわち工藝に包まれる真理問題に、私たちの直観と理性とを拡大する任務があるのである。

㈡　私は経済問題に入ることを最小限度に止めよう。それは経済学的考察を軽視する意味からではなく、単に私の専攻とする学域ではないからである。すでに幾多の優秀な経済学者が、私のなし得る以上にこの問題を検討しているからである。そうしてこの領域における開拓は、近代思想の誇りとしてよいものが多いであろう。したがってこの分野においては私は従順な門徒たる任務をのみ持っているのであって、なんら師表たるの権利がない。私の学び得た範囲では、工藝の問題に関しては、ギルド社会主義 Gild Socialism が経済学的に最も妥当的な学説であると考えられる。

㈢　かつ私はこの論文において、深く経済問題に立ち入らないということに引け目を感ずる必要はないと思う。何故なら私の採ろうとする審美的一路の徹底は、正しき経済学的討究の結論と必ず一致すると確信するからである。したがって非経済学的な道は決して反経済学的な道を意味しない。双方の労作はついに一点に会する時があるであろう。私は近時ペンティー A.J.Penty の二、三の著書を読み、いかに彼の工藝に関する経済学的主張が、私の審美的見解に近似するかに驚かされた。枝葉のことは別として、私は彼の著作に現れた根本精神に、反対すべき個所を見出すのにむしろ困難を感じる。ただ彼が工藝を論じながら、美の問題に少しも触れていないのを大なる欠如だと感じるに過ぎない。道徳と経済とを重要視する点において、彼はラスキンの正当な継承者だということができよう。（私は同じギルド社会主義者でもコール G.D. H.Cole の主張には不満を感じる。彼は人格的自由を尊ぶギルドとそれを許さぬ機械制度との間に致命的な矛盾があることを見逃している。そうして美と機械との関係について何も述べるところがない）。それ故私は経済学と全然異なる一角から出発したのであるが、私の結論は恐らくすべての経済学者に、少なからぬ興味を起させるであろう。いつかすべての真理は一点に邂逅すると切に思う。

㈣　さらにまた何故私が美の一道から工藝の問題に迫るかという理由は、経済学的討究に比してこの審美的討究が今日までほとんど進展していないからである。工藝の将来に対して最も正しい見方をもつギルド社会主義者ですら、この点にほとんど触れていないからである。ギルドの復興は再び正しい作を産まんがためではないか。だが何が正しく美しい作かは論じられておらぬ。社会制度がギルドに一転するとも、美を誤った工藝が栄えないともかぎらないであろう。この誤りを避けるためには工藝の美の標的が明確でなければならぬ。ちょうど信仰の目標が正しくない時迷信に堕するのと同じである。モリスはかかる美の目標を示した人であろうが、私は彼の作に満足することができぬ。なぜなら彼が示したものは工藝自体ではなく、美術化された工藝に外ならないからである。そうして彼は工藝自体が、美術化された工藝よりさらに美しいことを解することなくして終った。私は彼の示した作と彼の協団的理想との間に大きな逕庭《けいてい》を感じる。

㈤　美の標準が全く思い誤られている今日、正しい美についての考察こそ最も緊要となるであろう。工藝家ならびに工藝史家に対し思想的贈物をなすのが私に与えられた責任である。実に不思議であるが、今のところ、工藝の意義とその方針とについて深く考えているのは、むしろ経済学者であって、工藝の歴史家でもなくまた工藝家自身でもない。今の歴史家にはただ統一なき史実の羅列のみあって、工藝が何を意味し、工藝の美がいかなるものであるかについてほとんどなんらの内省がない。したがって誤った工藝にもしばしば高い歴史的位置を与えるという矛盾を犯している。ましていかに多くの正しい作を全き忘却の中に埋葬しているであろう。しかし内省が乏しい点において多くの作家もまた同じである。もとより作家はただちに思想家ではないであろうが、彼らの大部分の作が全く工藝の真意を誤って表現しているということをどう匿し得よう。私たちは彼らの作から、正しい工藝の思想を組み立てることができぬ。ギルド社会主義者は中世紀に復帰せよと警告する。これは強《あなが》ち復古を勧める言葉ではない。真意は本質的なものに帰れという意味である。それは経済学的主張に因るものではあるが、美より見ても同じことがいえよう。私も真理の泉を古作品に見出すのを至当と思う。それは現代を過去に返す意味ではなく、時代を越えた本質的法則を見出すためにである。回顧は反復ではない。新生への準備である。何が工藝の美の法則であるか。私は直観と内省とが私に示したものを語ってゆかねばならぬ。

以下私が指示しようとするところは、工藝における正しき美の標準と、かかる美がよって立つ基礎とその背景とについてである。かかることが工藝の根本問題であるのは言うを俟《ま》たぬ。

（昭和二年二月十三日稿　増補）

工藝の美

一

心は浄土《じょうど》に誘われながら、身は現世《げんぜ》に繋がれている。私たちはこの宿命をどう考えたらよいか。異なる三個の道が目前に開けてくる。現世を断ち切って浄土に行くか、浄土を見棄てて現世に走るか。一つは夢幻に溺《おぼ》れやすく、一つは煩悩《ぼんのう》に流されるであろう。いずれもが心に満たない時に、第三の道が現れてくる。

与えられた現世である。そこには何か意味がなければならぬ。よも空《うつろ》なる世ではないであろう。この世を心の浄土と想い得ないであろうか。この地を天への扉といい得ないであろうか。低き谿《たに》なくば高き峯《みね》も失せるであろう。正しく地に活《い》きずば、天の愛をも受けないであろう。「身は精霊の宮」と記されている。地をこそ天なる神の住家といい得ないであろうか。冬枯れのこの世も、春の色に飾られる場所である。地上に咲く浄《きよ》き蓮華《れんげ》を浄土の花とは呼ぶのである。地に咲けよとて天から贈られたその花の一つを、今し工藝と私は呼ぼう。

美が厚くこの世に交わるもの、それが工藝の姿ではないか。味なき日々の生活も、その美しさに彩られるのである。現実のこの世が、離れじとする工藝の住家である。それは貴賤《きせん》の別なく、貧富の差なく、すべての衆生《しゅじょう》の伴侶《はんりょ》である。これに守られずば日々を送ることができぬ。晨《あした》も夕べも品々に囲まれて暮れる。それは私たちの心を柔らげようとの贈物ではないか。見られよ、私たちのために形を整え、姿を飾り、模様に身を彩るではないか。私たちの間に伍《ご》して悩む時も荒《すさ》む時も、生活を頒《わか》とうとて交わるのである。それは現世の園生《そのう》に咲く神から贈られた草花である。この世のすべての旅人は、色さまざまなその間を歩む。さもなくば道は砂漠に化したであろう。彼らの美に守られずしては、温かくこの世を旅することができぬ。工藝に潤うこの世を、幸あるこの世と云えないであろうか。

二

されば地と隔る器《うつわ》はなく、人を離るる器はない。それも吾々に役立とうとてこの世に生れた品々である。それ故用途を離れては、器の生命は失せる。また用に堪え得ずば、その意味はないであろう。そこには忠順な現世への奉仕がある。奉仕の心なき器は、器と呼ばるべきではない。用途なき世界に、工藝の世界はない。それは吾々を助け、吾々に仕えようとて働く身である。人々も彼らに便《たよ》らずしてこの日を送ることができない。用途への奉仕、これが工藝の心である。

それ故工藝の美は奉仕の美である。すべての美しさは奉仕の心から生れる。働く身であるから、健康でなければならぬ。日々の用具であるから、暗き場所や、荒き取扱いにも堪えねばならぬ。彼らの姿を見られよ、丈夫な危げのない健康な美が見えるではないか。いつも正しき質をまた安定なる形をと選ぶ。か弱き身であるならば用を果すことができぬ。この世界には病いは許されておらぬ。病いは働く者に近づかない。奉仕するものは多忙である。感傷に耽《ふけ》ってはいられない。忙しい蜂《はち》は悲しむ暇がないと云われる。廃頽《はいたい》に溺れてもいられない。用いる鍵は錆《さ》びないではないか。今の器が美に病むのは用を忘れたからである。奉仕せよとて器を作らないからである。奉仕の心は器に健全の美を添える。健全でなくば器は器たり得ないであろう。工藝の美は健康の美である。

仕うる身であるから、自から忠順の徳が呼ばれる。そこには逆らう感情や、衒《てら》う心や、主我の念は許されておらぬ。よき器物には謙遜《けんそん》の美があるではないか。誠実の徳が現れるではないか。高ぶる風情や焦《いらだ》つ姿は器には相応《ふさわ》しくない。着実の性や堅固な質が、工藝の美を守るのである。不確かさや粗悪は慎まねばならぬ。それは用に逆らうが故に、美にも背くのである。

正しく仕える身であるから、彼らは淫《みだら》な形《なり》を慎む。相応しき体を整え、謹ましく衣を染める。奢《おご》る風情は器らしき姿ではない。華かに過ぎるなら、仕える心に悖《もと》るではないか。主より派手に着飾ろうとする僕《しもべ》があろうか。いつも身支度は簡素である。着過ごすなら働きにくい。生活は素朴の風を求める。よき器を見られよ、かつて華美に過ぎたものがあろうか。俗に流れたものがあろうか。強き質、確かなる形、静かなる彩《いろどり》、美を保障するこれらの性質は、用に堪えんとする性質ではないか。器が用を去る時、美をもまた去ると知らねばならぬ。

三

かくて器の務めは休みなき仕事である。それも主として日常の雑事である。怠惰は許されない、閑居は与えられない。一日のうち多く暮すのは家族の住まえる室々《へやべや》、忘れられず用いらるる食卓の上、忙しき台所の棚。彼らの多くは不断遣いや、勝手道具。したがって生活は質素であり多忙である。懶惰《らんだ》の暇《いとま》はない。暇《ひま》ならば器には遠い。あの牀《とこ》に休む飾物は概して弱いではないか、脆《もろ》いではないか。働き手ではないからである。用に遠いが故に美にもまた遠い。丹念とか精緻とかの趣きはあろう。だがそれは畢竟《ひっきょう》技巧の遊戯に落ちる。美の病いは多く技巧より入ると知らねばならぬ。そこに健康がないのは質素な暮しに適しないからである。貧しさや働きに堪えないものは、また美にも耐えぬ。益なきものを作るのは、美を乱す所以と知らねばならぬ。かつてあの「大名物《おおめいぶつ》」は貧しい日常の用器に過ぎなかったではないか。あの茶人たちが賤《しず》が家《や》に炉《ろ》を切って、簡素な器で茶を立てた時、聖貧《せいひん》の徳に宇宙の美を味わっていたのである。茶器への讃美《さんび》は、働く器への讃美である。それはもともと雑器であったではないか。貧しき器、あの「下手《げて》」と蔑《さげす》まれる器は、不思議にも美しい器たる運命を受ける。

務めを果す時、人に正しい行があるが如く、器にも正しい美しさが伴うのである。美は用の現れである。用と美と結ばれるもの、これが工藝である。工藝において用の法則はただちに美の法則である。用を離れるかぎり、美は約束されておらぬ。正しく仕える器のみが、正しき美の持主である。帰依《きえ》なくば宗教に生活がないのと同じである。奉仕に活きる志、これが心霊を救う道であるが如く、工藝をも救う道である。

実用を離れるならば、それは工藝ではなく美術である。用途への離別は工藝への訣《けつ》別《べつ》である。その距離が隔るほど、工藝の意義は死んでくる。あの美術品を作ろうとする今の工藝家の驚くべき錯誤を許し得ようや。哀れむべきすべての失敗はこの顚倒から来るのである。作るものは用のためではないが故に、美からも離れて来るのである。美術化された工藝よりも、本来の工藝の方が一段と美しいことを熟知しないのである。偉大な古作品は一つとして鑑賞品ではなく、実用品であったということを胸に明記する必要がある。徒《いたず》らに器を美のために作るなら、用にも堪えず美にも堪えぬ。用に即さずば工藝の美はあり得ない。これが工藝に潜む不動の法則である。美と用と、その間に包まれる秘義について、深く悟るところがなければならぬ。

四

美術は理想に迫れば迫るほど美しく、工藝は現実に交われば交わるほど美しい。美術は偉大であればあるほど、高く遠く仰ぐべきものであろう。近づきがたい尊厳さがそこにあるではないか。人々はそれらのものを壁に掲げて高き位に置く。だが工藝の世界はそうではない。吾々に近づけば近づくほどその美は温かい。日々共に暮す身であるから、離れがたいのが性情である。高く位するのではなく、近く親しむのである。かくて「親しさ」が工藝の美の心情である。器を識る者は、必ずそれに手を触れるではないか。両手にそれを抱き上げるではないか。親しめば親しむほど、側を離さないではないか。あの茶人たちはいかに温かさと親しさとを以て、それを脣《くちびる》に当てたであろう。器にもまたかかる主を離さじとする風情が見える。その美が深ければ深いほど、私たちとの隔りは少ない。よき器は愛を誘う。この現実の世界に、この不浄の身に、美がかくも親しむとは、いかなる神の巧みであろうか。

深き美術は師とも父とも思えるであろう。だが工藝は伴侶であり、兄弟や姉妹である。共に一家の中で朝な夕なを送るのである。そうして吾々の労を助け、用を悦《よろこ》び、生活を温めてくれる。それらの者に取り囲まれて、この世の一日が暮れる。器に親しむ時、真に吾が家に在る思いがするであろう。どこにも温かい家庭を作ろうと器は求めている。ここは寛《くつろ》ぎの世界である。安らかさの世界である。器は一家の者たちである。否、器なき所に吾が家はない。器を愛する者は家に帰ることを好む。器はよき家庭を結ぶ。

ここは峻厳《しゅんげん》とか崇高とか、遠きに仰ぐ世界ではない。ここは密な親しげな領域である。されば工藝は情趣の世界、滋潤とか親和とかがその心である。味わいとか、趣きとか、潤いとか、円味とか、温味とか、柔かさとか、これらが器の美につれて繰り返される言葉である。器は人を情趣の境に誘う。風韻とか雅致とか、これは工藝が齎らす美徳である。人々はいかにこれらの境に入って、心を沈め行いを洗い得たであろう。しばしば人はその美に遊ぶ。かかる境をこそ「遊戯《ゆげ》」とは云うのであろう。よき器は周囲を醇化《じゅんか》する。人々は気づかずとも、いかに工藝の花に、生活の園生が彩られているであろう。そうしていかに荒《すさ》みがちな人々の心が、それらによって柔らげられているであろう。もし器の美がなかったら、世は早くも蕪雑《ぶざつ》な世に化したであろう。心は殺伐に流れたであろう。器の美なき世は住みにくき世である。今の世が焦《いらだ》つのは、器が醜くなったからではないであろうか。温かさなくば、心は枯れる。潤いなき家を見よ、寒そうではないか。情なき人を見よ、冷たいではないか。

五

親しさがその風情であるから、誰が愛着を感ぜずにおられよう。器を有《も》つことと器を愛することは同じ意味である。愛なくば有たないのだとも云えるであろう。工藝は自ら愛玩《あいがん》せらるべき性質を帯び、賞味せらるべき性情をかねる。あの美術のように、時として怖《おそ》れを以て迫る場合はない。いつも器は愛を招く。どこまでも吾々に交わりたい希《ねが》いが見える。不思議ではないか、仕えたいのが志であるため、よく用うる主に向っては、さらにその姿を美しくする。実際用いずば美しくならないではないか。用いるにつれて器の美は日増しに育ってくる。用いられずば器はその意味を失いまた美をも失う。その美は愛用する者への感謝のしるしである。「手ずれ」とか、「使いこみ」とか、「なれ」とか、これがいかに器を美しくしたであろう。作りたての器は、まだ人の愛を受けておらぬ。また務めをも果しておらぬ。それ故その姿はまだ充分に美しくない。だが日々用いられる時、器は活々《いきいき》と甦《よみがえ》ってくるではないか。その悦びの情を器にことよせて人に贈る。品物の真の美は用いられた美である。器の助けなくば人が活き得ない如く、人の愛なくば器もまた活き得ない。人は器を育てる母である。器はその愛の懐に活きる。用いられて美しく、美しくして愛せられ、愛せられてさらに用いられる。人と器と、そこには終りなき交わりがある。温められつ愛されつつ、共々にこの日を送る。用は主への献げ物、愛は器への贈物、この二つの交わりの中で、工藝の美が育てられる。器の美は人への奉仕に種蒔《ま》かれ、人からの情愛に実を結ぶ。器と人との相愛の中に、工藝の美が生れるのである。

六

所詮は地を離れ得ない生活である。だが罪に流れがちな、苦しみに沈みがちなこの世を、少しでも温めようと訪れる者たちがある。そうして自らを捧《ささ》げ、務めに悦び、健気《けなげ》に働き、少しでも人の労を頒とうと近づく者たちがある。鼓舞や、慰安や、平和や、情愛の世界に、吾々を迎えようとする者たちがある。もし彼らを失ったら、永きこの世の旅に誰か堪え得るであろう。遍路の杖《つえ》には「同行《どうぎょうに》二人《にん》」と記してあるが、工藝をかかる旅の同行と云い得ないであろうか。日々苦楽を共にしてくれる者があればこそ、この世の旅は安らかに進む。

かかるこの世の伴侶が、私の云う工藝である。

七

誰も知る器の中に、私は数々の見慣れない真理を読んだ。転じてかかる器が誰の手で作られ、どうしてできるかを顧みる時、新しき多くの秘義がさらに私の視野に映る。

救いは隈《くま》なく渡るであろうか。衆生の済度《さいど》はどうして果されるであろうか。もし知を有たずば神を信じ得ないなら、多くの衆生は永《とこしな》えの迷路に彷徨《さまよ》うであろう。知の持主はわずかな選ばれた者に限るからである。だが神はすべての者に神学を許さずとも、信仰のみは許すであろう。この許しがあればこそ、宗教は衆生の所有である。月は台《うてな》に輝くであろうが、賤《しず》が家《や》をも照らすであろう。貧しき者も無学な者も、共に神の光を浴びる。イエスは学者を友とするより、好んで漁夫たちに交わったではないか。救いは知者の手にのみあるのではない。凡夫《ぼんぷ》も浄土への旅人である。同じような不思議が、美の世界にも起ってはいまいか。美と衆生と、その間に、秘められた約束がありはしまいか。美を握る道が万民にも許されてはいないであろうか。もし美術のみが美の道であるなら、この望みは薄いであろう。それはわずかばかりの稀《まれ》なる天才にのみ委ねられた仕事だからである。だがここにも神の準備は不可思議である。異なる一条《ひとすじ》の道を通して、衆生にも美の現しが許されている。凡夫さえも美に携わり得る道、それが工藝の一路である。ちょうど無学な者にも神との邂逅《かいこう》が許されているのと同じである。

八

この密意を解き得たら、工藝の意義の残りの半《なかば》を知り得たとも云えよう。ここは凡夫衆生の道であるから、選ばれた天才に委ねられた世界ではない。吾々に仕えるあの数多くの器は、名も知れぬ民衆の労作である。あの立派な古作品を見て、ゆめ天才の所業とのみ思ってはならぬ。多くはある時代のある片田舎の、ほとんど眼に一丁字《いってぃじ》もなき人々の製作であった。村の老いた者も若き者も、また男も女も子供さえも、共に携わった仕事である。それも家族の糊口《ここう》を凌《しの》ぐ汗多き働きである。一人の作ではなく、一家の者たちは挙げて皆この仕事に当る。晨も夕べも、暑き折も寒き折も、忙しい仕事に日は暮れる。それはしばしば農事の合間に、一村を挙げて成されたであろう。どうしてあの個人の、あの天才の自由な時間の所産であり得よう。

時としてその仕事は、好まないものでさえあったであろう。止めたいと思いながらも手を下したであろう。子供は泣く泣く手伝ったこともあるであろう。否、彼らは無学であったのみではない。中には邪《よこしま》な者もあったであろう。盗みせる者さえもあったであろう。怒れる者、悲しめる者、苦しむ者、愚かなる者、笑える者、悉《ことごと》くの衆生がこの世界に集る。だがそれらの者にさえも工藝の一路は許されてある。それは民藝である。民衆から出る工藝である。

だがその作には美しさがある。彼らは識らずとも、驚くべき美しさがある。すべての作は救われている。作る者はこの世の凡夫であろうとも、作る器においてはすでに彼岸《ひがん》の世に活きる。自らでは識らずとも、すべてが美の浄土に受けとられている。凡夫の身にさえも、よき作が許されるとは何たる冥加《みょうが》であろう。そうしてそれが悉く浄土の作であるとは、何たる恩寵《おんちょう》であろう。一つの器にも弥陀《みだ》の誓いが潜むと云い得ないであろうか。悪人必ず往生《おうじょう》を遂ぐとの、あの驚くべき福音《ふくいん》が、ここにも読まれるではないか。工藝において、衆生は救いの世界に入る。工藝の道を、美の宗教における他力道《たりきどう》と云い得ないであろうか。

九

この摂理から次々に驚くべき性質が起る。よき作を集めるならば、そのほとんどすべてに作者の名が見えないではないか。いつも自我への固執が消されているのではないか。あの名品を誰が作ったのであろうか。その地方のその時代の誰でもが作り得たのである。そこには大勢が活きて個人は匿《かく》れた。どこに個性を言い張る者があったであろうか。工藝は無銘に活きる。よき作を見られよ。そこには特殊な性格の特殊な表示はない。威力の強制もなく、圧倒もなく、挑戦もない。どこに個人の変態な奇癖があり得よう。すべての我執《がしゅう》はここに放棄せられ、すべての主張は沈黙せられ、ただ言葉なき器のみが残る。「この沈黙に優る言葉があろうか」とある僧は問うた。「沈黙は神の言葉である」ともまた書いた。

無学な多くの工人たちは、幸《さいわい》にも執着すべき個性を有たなかったであろう。無名な作者は、自らの名において、示さねばならぬ何物をも持ち合せなかったであろう。このことがいかに彼らを救いの道に運んだであろう。そこにはしばしば鮮かな地方性い。

や国民性が見える。だがそれらは廻《めぐ》る自然や流れる血液によって定められる。彼ら自らの力で左右したものではない。そこには黙せる必然のみあって、言葉多き主張はない。

　個性の沈黙、我執の放棄、このことこそ器にとっていかに相応しい心であろう。器は仕えようとする身ではないか。親しもうとする器ではないか。もし器に個性の色が鮮かなら、それは誰もの友達とはなり得ないであろう。奉仕に活くる者は、自らに執着があってはならぬ。それに器は日々共に暮す一家の仲間である。もしも我《が》を張る者が中に出るなら、平和は乱れるであろう。静かなる器のみがよき器である。そこにはいつも謙遜と従順との徳が見られるではないか。この徳に守られずば、器は器となり得ないであろう。またこの性質を失うなら、どうして人の愛を受けることができよう。個性の器であるならば、奉仕の器となることはできぬ。そこにはよき卑下がなければならぬ。「心の貧しき者は幸である」と聖書は記した。そうして天国は彼らのものであると約束してある。同じ福音が工藝の書にも書いてある。謙虚な心の彼らを、美の国における大なる者と言い得ないであろうか。

　我への執念著しく、自己への煩悩に沈む今日、かかる器を見て救われる思いがあるではないか。「我空《がくう》」は仏説であった。亡我の境こそは浄土である。器に見らるる没《ぼっ》我《が》は、救われている証《しるし》である。救われたる器、それをこそ美しき作と呼ぶのである。浄土に甦れる者を、清き魂と呼んでいるではないか。

一〇

イエスはパリサイの人々を好まなかった。知に高ぶるからである。知の眼には神の姿が見えにくいからである。明るき智慧《ちえ》も、神の前にはなお暗いであろう。賢《さか》しさもその前には愚かなるに過ぎぬ。「それ智慧多ければ憂い多し」と『伝道の書』には嘆じてある。

同じように知は美を見る眼とはならぬ。もし知の道を歩まねばならぬなら、衆生は永えに美の都に入ることはできなかったであろう。だが彼らの無学は、彼らを殺すことなくして活かした。彼らは智慧の持主であることはできない。だが無心の持主であることは許されてある。「嬰児《えいじ》は天国においていとも大なる者なり」とイエスは説いた。智慧に小さい彼らも、彼らの無心において、大なる者となり得たのである。よき作の美しさには、嬰児の如き心が宿る。

器に見られる美は無心《むしん》の美である。美とは何か、何が美を産むか。どうして無学な工人たちに、かかる思索があったであろう。それがどうしてできるか、それにいかなる性質があるか、問われるとも何一つ答えの持ち合せがなかったであろう。ただそこには堆積せられた遠い伝統と、繰り返された永い経験との沈黙せる事実のみが残る。だが彼らは識らずとも作った。否、識ることを得ずして作った。識る力も許されずして作った。作る物が美しいか、果して作る資格があるか、どうしてそんなことへの疑いがあり得よう。私が今書いているこの一文を示したら、彼らの顔には困惑の色のみが浮ぶであろう。あの「大名物」と称えて、それに万金を投ずる者があると知らせたら、彼らの呼吸は止るであろう。何一つ美意識から作られたものはない。今日彼らの作が高い位置を歴史に占めるとは、夢にだに思い得なかったであろう。彼らはその作るものがごく普通のものであるから、粗末にされ費されて、別に顧みられもしないことを知っていたのみであろう。そうして彼らが熟知している唯一のことは、いかに彼らの作が廉価であるかということのみであろう。だが摂理はいつも不思議である。美を識らず、そこに滞らない彼らにこそ、易々と自由な美が与えられた。そこに見られる多種多様な変化、または自由自在な創造は、無心であった彼らの美徳から、所産せられたのだということを知らねばならぬ。知の道は彼らに課せられた道ではなかった。だが彼らに許された無造作な自然な心が、彼らを大きな世界へと誘ってくれた。そうしてそれをすら識らなかったことが、ついに彼らを救いに導いた。知もなき者であったから、彼らは自然を素直に受けた。それ故自然も自然の叡智を以て、彼らを終りまで守護した。彼ら自らでは救う力がないからこそ、自然は彼らを救おうとする意志をいや強めた。

だがかかる時代は過ぎて今は意識の世に変った。知識の超過が、いかに工藝の美を殺しているであろう。知る者はしばしば信仰を見失ったではないか。高ぶる知は、美の世界においても一つの罪である。知を養うことに悪はない。だが最も高き知は、いかにその知が自然の大智の前に力なきかを知るその知であろう。高ぶる智慧は幼き智慧だと云えないであろうか。多くの者は救いを自然の御手《みて》に委ねようとはしない。そうして自らの力において、自然の御業《みわざ》を奪おうとしている。作られたものに美が薄いのは、心が自然に叛《そむ》いた報いである。意識の作為や、智慧の加工が、美の敵であることを悟らねばならぬ。自らを言い張り、知に奢る間、神の前には小さき者、愚かなる者と呼ばれるであろう。同じように知に叛かれたる美は、自然の前には醜きものと呼ばれるであろう。

一一

かく見れば、美は彼らの力が産むのではない。誰にも許さるる美、個性に依らざる美、心無くして生る美、このことは何を語るであろうか。無学なる者、無知なる者も救われるとは、何を示すのであろうか。工藝においては美も救いも他より恵まるる恩寵である。自らのみでは何一つできぬ。器には自然の加護があるのである。器の美は自然の美である。何人も自然の恵みを受けずして、一つだに美しき作を産むことはできぬ。ある僧が云いしように、助ける者一人だになく、助けられる者のみがあるのである。工藝の美は恩寵の美である。

よき古作品を見られよ、いかに自然であり素直であるかを。どこにも作り物という感じがないではないか。美には生れる美のみあって、作らるる美はないであろう。よしあろうとも永く保つことはできぬ。よき美には自然への忠実な従順がある。自然に従うものは、自然の愛を受ける。小さな自我を棄てる時、自然の大我《だいが》に活きるのである。

一二

工藝は自然が与うる資材に発する。資材なくば、その地に工藝はない。工藝にはそれぞれの故郷があるではないか。異なる種類や変化やその味わいは、異なる故郷が産むのである。工藝の美はわけても地方色に活きる。それはある特殊な地方の特殊な物資の所産である。悉くが天然の賜物である。

よき形、よき模様、よき色彩を熟視されよ。そこに天然の加護がないものがあろうか。人の力が作るとはいうも、そこに加わる自然の力に比べては、いとど小さなものに過ぎぬではないか。よき作は天然よりの施物に活きる。工藝美は材料美である。材料への無視は美への無視である。

人為的に精製された材料が、自然のそれよりさらに美しさを示した場合があろうか。どこか力弱く美に乏しいのは、人智への過剰な信頼による。そうして今日美が痛ましくも沈んで来たのは、自然への無益な反抗による。だが自然に反逆の矢を向ける者は、やがてその矢で自殺する時が来るであろう。正しき美は自然への信頼の徴《しるし》である。ちょうど一切を神に委ねる時、心の平和が契られるのと同じである。真に何事かをなし得るのはただ自然のみである。自然への服従、これのみが自由の獲得である。

なぜ手工が優れるのであろうか。それは自然がじかに働くからである。とかく機械が美を傷《そこな》うのは、自然の力を殺《そ》ぐからである。あの複雑な機械も、手工に比べてはいかばかり簡単であろう。そうしてあの単純な手技は、機械に比ぶれば、いかばかり複雑であろう。機械の作が見劣るのは、自然の前にその力がなおも小さいしるしである。よき工藝は自然の御栄《みさかえ》の讃歌《さんか》である。

かく想えば工藝の美は、伝統の美である。伝統に守られずして民衆に工藝の方向があり得たろうか。そこに見られるすべての美は堆積せられた伝統の、驚くべき業《わざ》だといわねばならぬ。試みに一つの漆器を想い浮べよ。その背後に打ち続く伝統がなかったら、あの驚嘆すべき技術があり得るであろうか。その存在を支えるものは一《いっ》に伝統の力である。人には自由があると言い張るかも知れぬ。だが私たちには伝統を破壊する自由が与えられているのではなく、伝統を活かす自由のみが許されているのである。自由を反抗と解するのはあさはかな経験に過ぎない。それがかえって拘束に終らなかった場合がどれだけあろうか。個性よりも伝統がさらに自由な奇蹟《きせき》を示すのである。私たちは自己よりさらに偉大なもののあることを信じてよい。そうしてかかるものへの帰依に、始めて真の自己を見出すことを悟らねばならぬ。工藝の美はまざまざとこのことを教えてくれる。

一三

彼らはかかる恵みに支えられて、働きまた働く。多くは貧しい人々であるから、安息すべき日さえも与えられておらぬ。多くまた早く作らずば、一家を支えることができぬ。働きは衆生に課せられた宿命である。だがそこには、何かまた温かき意味が匿されていまいか。正しき者は運命に甘んじて忙しく日を送る。働きを怠る者は、いつか天然の怒りを受ける。課せられた日々の働き、このことがまたどんなに彼らの作を美しきものにさせたであろう。否、彼らの作に美を約束することなくして、神は彼らに労働を命じはしないのである。彼らの一生に仕組まれた摂理は、終りまで不思議である。

彼らは多く作らねばならぬ。このことは仕事の限りなき繰り返しを求める。同じ形、同じ模様、果しもないその反復。だがこの単調な仕事が、酬いとしてそれらの作をいや美しくする。かかる反復は拙《つたな》き者にも、技術の完成を与える。長い労力の後には、どの職人とてもそれぞれに名工である。その味なき繰り返しにおいて、彼らは彼の技術すら越えた高い域に進む。彼らは何事をも忘れつつ作る。笑いつつ語らいつつ安らかに作る。何を作るかを忘れつつ作る。そこに見られる美は驚くべき熟練の所産である。それを一日で醱《かも》された美と思ってはならぬ。あの粗末ないろいろな用具にも、その背後には多くの歳月と、飽くことなき労働と、味けなき反復とが潜んでいる。粗末に扱われる雑具にも、技術への全き支配と離脱とがある。よき作が生れないわけにゆかぬ。彼らの長い労働が美を確実に保証しているのである。見よ、いかばかり自由になだらかに作られているであろう。手に信頼しきっているではないか。すでに彼らの手が作るというよりも、自然が彼らの手に働きつつあるのである。反復が自由に転じ、単調が創造に移るとは、運命に秘められた備えであろう。働きこそ救いへのよき準備である。正しき工藝はよき労働の賜物である。働きが報いなき苦痛に沈んだのは、近代での出来事に過ぎない。

一四

多く作る者はまた早く作る。だがその早さは熟達より来る最も確かな早さである。そうしてこのことが二重に作物を美しくする。多き量と早き速度と、このことがなかったら、器の美は遥かに曇ったであろう。そこに見られる冴《さ》えたる美、躊躇《ちゆうちよ》なき勢い、走れる筆、悉くが狐疑《こぎ》なき仕事の現れではないか。懐疑に強い者は、信仰に弱い。もし作り更《か》え、作り直し、迷い躊《ため》らって作るなら、美はいつか生命を失うであろう。あの奔放な味わいや豊かな雅致は、淀《よど》みなき冴えた心の現れである。そこには活々《いきいき》した自然の勢いが見える。あの入念な錯雑な作は、工程にかかる早さを許さぬ。そこにはすでに病源が宿る。よき作には至純な、延び延びした生命の悦びが見られるではないか。

模様を見よ、多く描き早く画く時、それはいやが上にも単純に帰る。終りには描くものが何なるかをさえ忘れている。自然なこの「くずれ」は模様を決して殺していない。かかるものに、か弱き例があるであろうか、勢いに欠けた場合があるであろうか。よき省略は、結晶せられた美を現してくる。ある者はそれを粗野と呼ぶであろう。だがそれは畸形《きけい》ではない。粗悪ではない。自然さがあり健康がある。疲れた粗野があろうか。ある者はこれを稚拙《ちせつ》とも呼ぶであろう。だが稚拙は病いではない。それは新たに純一な美を添える。素朴なものはいつも愛を受ける。ある時は不器用とも云われるであろう。だが器用さにこそ多くの罪が宿る。単なる整頓は美になくてならぬ要素ではない。むしろ不規則なくば、美は停止するであろう。

多量な迅速な作、そこに見られる自然の勢いは、労力に相応しい酬《むく》いではないか。地によく働く者は、神の守護から離れないであろう。多くの者は美は余暇の所産であると考えている。しかし工藝においてはそうではない。労働なくして工藝の美はあり得ない。器の美は人の汗の贖《あがな》いである。働きと美と、これが分離せられたのは近代のことに属する。

一五

よき作を、ゆめ一人の作と思ってはならぬ。そこには真に協力の世界が見える。ある者は形を、ある者は絵附《えつけ》を、あるものは色を、ある者は仕上げをと幾つかに分れて仕事を負うた。優れたほとんどすべての作は一人の作ではなく合作である。あの力もなき民衆がすべてを一人で担わねばならないなら、何の実をか結び得ようや。よき作の背後にはよき結合が見える。ましてや貧しき工人である。相寄り相助けずば、彼らの生活に安定はない。安定を保証するものは相愛である、一致である。彼らは自ら協団の生活を結ぶ。それは共通の目的を支持する相互補助の生活である。正しき工藝はかかる社会の産物であった。

されば一人の作が優れたのではなく、協団に属するすべての者の作が優れたのである。協団は民衆への救いであった。良き工藝史は良き協団史である。工藝美は社会美である。一個の作が美しいのではなく、多くの作が同時に美しいのである。あの協団の時代であったゴシックの作を見よ、かつて醜い作があったであろうか。工藝の美は「多」の美である。「共に救わるる美」である。個人作家が現れたのは、協団が破れ個性が主張せられた近代での出来事である。だがあの合作である古作品の美を越え得たものがあったであろうか。そうして彼らよりも創造的な作を産み得た場合があったであろうか。工藝の美は共に活きる心から生れる。

そこは集団の世界であるから自ら秩序が要求される。乱れた社会の組織からは、正しい工藝を予期することができぬ。よき器には常に秩序の美が映る。秩序は道徳である。徳を守る世界において粗悪なる品質や、粗雑なる仕事が許されようや。工人たちは正しき組織に住んで誠実の徳を支えた。よき品とは信じ得る品との義ではないか。便り得る器との謂《いい》ではないか。作の美は信用の美である。材料の選択や仕事の工程に対し、正直の徳を守らずして、どこによき工藝があろうか。工藝の美が善と結合しなかった場合はない。美が善でないなら、美たることもできぬ。

あの凡庸な民衆個々に、善の力があったのではない。だが結合と秩序とは彼らから悪を駆逐した。このことなくして民衆に何の徳が保たれようや。今日ほとんど見るべき作がなくとも、罪を工人たちに帰すわけにゆかぬ。何が美しい作たるかを識らない彼らは、何が醜い作であるかをも識らないであろう。すべての罪は秩序の乱れた制度による。もし社会に上下の反目や貧富の懸隔が生じるなら、どこによき労働があり、どこによき協力があり得よう。そこにはただ誠実への放棄と仕事への忌避と、そうして私益への情熱のほか何もなくなるであろう。相愛の社会がくずれる時、美もまたくずれてくる。醜い工藝は醜い社会の反映である。善きも悪しきも社会は工藝の鏡に自らの姿を匿すことができぬ。

私は工藝の美を想い、ついに秩序の美を想う。正しき社会に守られずば、工藝の美はあり得ない。美の消長と社会の消長と、二つの歴史はいつも並ぶ。工藝への救いは社会への救いである。現実と美とが結ばれる時、大衆と美とが結ばれる時、その時こそ美に充ちる地上の王国が目前に現れるであろう。この大なる幸福へ私たちを導くもの、それは工藝をおいて他にはあり得ない。

一六

かく想えば工藝にも数々の福音が読まれるではないか。その美が教えるところは、宗教の言葉と同じである。美は信であると言い得ないであろうか。正しき作を見る時、そこにも説くなき説法が説かれてある。一個の器も文字なき聖書である。そこにも帰依や奉仕の道が説かれてある。救いの教えも読まれるではないか。この蕪雑《ぶざつ》な現《うつ》し世《よ》も、美の訪れの場所である。そうして下根《げこん》の凡夫も救いの御手に渡さるる身である。何人《なにびと》にも許さるる作、誰もが用いる器、汗なくしてはできない仕事、それが美の浄土に受け取られるとは、驚くべきこの世の神秘ではないか。それは美によって義とせらるる神の王国を、地上に示現《じげん》しようとの密意である。

工藝は私にかく教える。

（昭和二年二月十三日稿　増補）

正しき工藝

一

さらに筆を続けるに際して私はこう云い掛けよう。

「読者よ、よもや貴方《あなた》は美術と工藝とを混同してはいないであろう。それならもし貴方がある工藝品を見て、美術的なるが故に美しいと云うなら、貴方の認識は間違っている。だがもしそれを工藝的なるが故に美しいと呼ぶなら、貴方の理解は極めて正しい」

私は恐らくこれ以上簡潔に、これから述べようとする趣旨を掻《か》いつまんで云うことはできない。だがもう一度次のようにも強く云おう、

「どの器《うつわ》を手にしても、貴方はこう尋ねてよい、〝お前は工藝品か〟と。器に対してこれ以上の峻厳《しゅんげん》な批判はない。そうしてそれが美しい器であったらさらにこう云ってよい、〝お前の美しさは、工藝的だからだ〟と。そうしてこれ以上の正当な批評はな

い」

したがって述べようとする主旨は次のように展開する。

工藝の美は他のどこにもなく、ただ工藝自身の裡《うち》にのみ宿る。正しき工藝は、正しく工藝に帰ることなくしてはあり得ない。人々は工藝に美を生もうとする。しかし工藝たる時に美が生れるということを忘れている。すべての誤りや醜さは、工藝たることを離れるところから来る。音楽的たることを外にして、音楽の美があり得ようか。

だがこの単純な真理がいかに多く見失われているであろう。誰も工藝をまともに見、ありのままに見つめてはいない。それはいつも不純な被《おお》いを通してのみ眺められる。不思議にも工藝を訪う者は、いつしか美術のみをそこに訪ねる。「美術的」だということが、価値の評定になるではないか。だが温度を計ろうとて、光度計を齎《もた》らすものがあろうか。(私はあの古いからとか、珍らしいからとか、極《きわ》めがあるからとか、完全だからとかいう言葉が、美の見方として意味の少ないことをここに言い添える必要はないであろう)。私は再び云おう、「工藝の美は工藝たることをおいてはあり得ないのだ」と。

工藝を純粋の相において見つむること、これがこの一篇で私の果そうとする任務である。否、これはすべての作家や史家に課せられた急務であると云えないであろうか。なぜならこの簡単なことが不思議にも見過ごされているからである。工藝とは何か、それは「工藝そのもの」とは何かという問いでなければならぬ。広く工藝とは云うも、正しきものと誤れるものとがあろう。同じ流れに棹《さお》さすとも、本流に乗るものがあり、支流に走るものがあろう。澄むもの濁れるもの、健かなるもの病めるもの、人々は別目《けじめ》もなくすべてを工藝と呼ぶ。積る塵《ちり》はすでに厚い。私はそれを払わねばならない。そうして注意深く何がその本質であるかを吟味しよう。

何が正しい工藝であるか。正当なる工藝 Craft proper とは何を指すか、どれが工藝の本流であるか、何を目して健全な工藝と呼ぶか、工藝自体 Craft-in-Itself とは何か。工藝を解そうとするなら、それを本来の意義に戻さねばならぬ。理解のすべての錯誤と、製作のすべての蹉跌《さてつ》とは、工藝そのものを見失うところから来るのである。真に工藝に帰るということと、工藝の美が生れるということとは同時である。すべての醜さは工藝たり得ない所からくる悲劇である。

二

工藝とは何か、この問題に直面しようとするなら、何よりもよき作を手に取り上げねばならない。これ以上真理を知る上に直接な簡明な道はない。何故なら真理のすべてがそこに包まれているからである。もし何がよき作たるかを知らないなら、私は人々に向ってあの初代の茶人たちが愛した茶器を、目前に見つめられんことを望む。私は今この一般向きな例証を採る便宜と自由とを選ぼう。私たちは卓越した彼らの直観と鑑賞とを信じてよい。それらの茶器には工藝の代表的な美がある。手にとってそれを熟視するならば、黙するその器から、数多い真理が告げられるであろう。人々は器に向って次々にこう問わなければならない。なぜ美しいか、何が美しくさせているか、誰の手によって作られたか、いかなる生活から出たか、どんな心がそれを産んだか、どういう事情の許《もと》に生産されたか、いかにして作られたか、何の力がそこに働いているか、何のために拵《こし》らえられたか、どういう性質を持っているか、どこで製作されたか。もしこれらの疑問が解けたら、工藝が何であるかが解かれるであろう。

心の道を見失った時、ある者は「自然に帰れ」と警告した。近代において哲学的思想が乱れてきた時、人々は「カントに帰れ」と強く叫んだ。源に帰ろうとするこの要求は常に正しい。工藝においても道が見失われて来た今日、私が云うべき言葉も同じである。「古作品に帰れ」と。美しい作は同時に正しい作と云わねばならぬ。そうして何が正しい工藝であるかを、美しい古作品は語るであろう。そうしていかに創るべきかの教えも、そこに読まれるであろう。工藝自体の意義を抽象的な理知によって構成するのは常に危険である。何が則るべき真理であるかは、具体的作品が示すであろう。ちょうど私たちが宗教哲学を構成するに当って、真理を偉大な宗祖たちの活《い》ける体験に求めねばならぬのと同じである。「中世紀に帰れ」とギルド社会主義者は云う。美よりしてもこの言い方に誤りはない。

だがこの言葉はいつも「復古的」という批評の攻めを受ける。しかし「古作品に帰れ」とか「中世紀に帰れ」とかいうことは、なんら復古主義を意味するのではない。時代を前に戻そうとする企ては常に錯誤である。古作品への愛は、過去そのものへの愛ではない。過去のものがよいと云うのは、過去のものだからよいと云うのではない。美しさがあるから過去を省みるまでである。今のものでも美しきものは美しい。したがって「美しさ」の前には、時間の差別はない。たまたま美しいものの大部分が過去の作品中に在ると云うまでである。「過去」ということが、美の基礎ではない。美そのものは時代を越える。一時代で終る如き美は美ではない。それ故「中世紀に帰れ」ということは、「永遠さに帰れ」という意味である。永遠の世界が中世紀に最も豊かに包まれているという意味である。時代を後《うしろ》に戻すためではなく、現代を永遠性に結ぼうするからである。それ故「古き美」はどこにもなく、「永《とこしな》えに新しき美」のみが残る。卓越せる古作品より新しい感じを与える美があろうか。仏陀《ぶつだ》は今も真理の新しい泉ではないか。イエスの教えはすでに過ぎ去った声であろうか。よき古作品は「永遠の今」'Eternal Now' に活きる。その美は過去に破れず、今に終らず、未来にも尽きないであろう。美それ自身には永遠のみあって進化はない。ただその表現の様式とか、技巧とか材料とかに変易があるだけである。不変な美がただ時代の異なる形式にその姿を現すに過ぎない。伝統とは過ぎし形ではなく、かかる永遠なものの姿を指して云うのである。古えに帰れとは、過去に帰るのではなく永遠に帰れとの義である。時間の世界を云うのではなく、超時間の世界を指すのである。そうして時間に流れる現代を、時間に流れぬ永遠の美に救おうとするのである。復古という意ではない、まして反復とか模倣とかという意味ではない。否、永遠さに触れることなくして、創造はあり得ないであろう。

古作品を凝視せよ、そこには永劫《えいごう》の美が潜む。されば未来をも貫く法則をそこに見出すであろう。もし来るべき時代に正しき作を産もうとするなら、過去の美しい作に潜む不変の法則、すなわち美しさをして可能ならしめたその原理を学ばねばならぬ。私は古作品を通し、またそこに現れる美を通し、何が正しき工藝であるか、何が工藝そのものであるかを、順次に述べるであろう。

三

一つの花にも存在の法則が潜むように、あの一つの器物にも工藝の法則が宿る。美しき古作品は私に何を語っているか。私は聞き洩《も》らすことなく、それを書き列ねてゆこう。以下記すところは、工藝が工藝たるべき本則である。これに則るものを美しき工藝、正しき工藝、健かな工藝、全き工藝とは呼ぶのである。そうしてこれに悖《もと》るものは工藝たるの意義を失うであろう。法則なき処《ところ》にはいかなる世界もあり得ないからである。何が工藝の法則であるか。すでに叙した「工藝の美」は私に次の法則を示してくれる。

㈠すべてを越えて根柢《こんてい》となる工藝の本質は「用」である。一切の品質、一切の形態、一切の外装、工藝にまつわるすべての出来事はここを中心として転廻する。その焦点を外《そ》れるにつれて、工藝たるの性も美も漸次に喪失する。それが美しき作となるか、また醜き作に落ちるか、それが徒労なるものに終るか、または価値多きものに転ずるか、すべての神秘は用に交わるか否かによって決定される。あの質を選ぶのは、用に堪えようとする志による。その志こそは健康の美の母ではないか。形が定まるのは、用に便なろうとする心による。あの安定の美はこのことなくして起るであろうか。美に姿を装うのは、用を助ける心による。それを奉仕の念の現れだと想い得ないであろうか。あの器物につれて想い出される誠実とか健康とか簡素とかの美は、用を無視してあり得ようか。

すでに用を二次にするなら、工藝の質も美も死んでくる。古い書籍の装幀《そうてい》を見よ、あの健実な一切の美は実用から発したのである。美からのみ飾ろうとする今日の表装が彼らに比べて醜いのは必然な理だと云わねばならぬ。美を主眼とする者があるなら、彼はその美から棄てられる矛盾を嘗《な》めるであろう。何故なら工藝においては、用のみが美を産むからである。ましてあの利を眼目として作られるものに、何の質が伴い何の美が生れようや。用に堪えないものを作る時、彼は工藝に対しなんらの任務をも果してはいないのである。真に美を追う者は、美を追わずして用をと追うであろう。なぜなら工藝における美の秘義は「用」をおいてどこにもないからである。用に即することと美に即することとは、工藝においては同時である。「美だけ」と云うが如き怪物が工藝の世界にあり得ようや。

だが注意深く私は云い添えよう。ここに「用」とは単に物的用という義では決してない。唯物的用と云うが如きは架空な概念に過ぎない。ちょうど「美だけ」ということが、唯心的空虚であるのと同じである。用とは共に物心への用である。物心は二相ではなく不二である。すべての誤謬と偏見とはこれらのものの峻別《しゅんべつ》から起る。もし単に物への用なら何の美が必要であろう。工藝から色彩も模様も即刻に消え去るであろう。一つの作物を唯物的に見るなら、それはいち早く醜と結ばれるであろう。これに反しもし心のために作るなら、何の「用」を必要としようや。単に美を示そうとするだけなら、用途の道を選ぶ愚かな者があろうか。別に絵画や彫刻の道があるではないか。工藝は物心への用に活きる。心なき物、物なき心というが如きは抽象的概念に過ぎない。心に逆らって、器に滑かな働きはない。醜いものは使いにくいではないか。またこれに対し純に心のための器と云うが如きものがあろうか。美しいものは、用いたいではないか。用いたくない美しさ、かかる美を正しい美と呼ぶことはできぬ。美を欠く器は、完《まった》き用器ではなく、用を欠く器は全き美器ではない。

あの土に鋤《すき》を入れる時、口に謡《うた》が伴うように、用いる器には美が伴う。用は美を産み、美はさらに用を助ける。用とは不二なる物心への用である。この用に即する時、工藝があるのである。用に遠い時、美からもまた離れてくる。「置物」がなぜ概して醜くなるか。用品でないことがすべての原因である。繊弱とか、華美とか、細密とか、かかる性質は用に堪えない故に、美にも遠い。彼らは工藝というよりもむしろ美術に近い。用を二にして美を追うからである。だが工藝においては用を見棄てることは美を見棄てることに過ぎない。奉仕せぬ着飾る器は、工藝において罪と呼ばれねばならぬ。奢侈《しゃし》を道徳において罪に数えるのと同じである。器の美の極致であるとさえ考えられるあの初代の茶器は、元来は全く実用のために作られたものに過ぎない。

㈡ 用がもし工藝の美の泉であるなら、最も用に働くものは、最も美に近づいてくる。それなら中でも、日常の用器に美がなおも冴《さ》えるであろう。不思議であるが工藝の最も純な美は、かえって普通の用器に表現される。かつてかかる品に醜い不健康なものがあったであろうか。勝手道具と呼ばれるもの、下使いとされるもの、自然が彼らに美を与えなかったことがあろうか。今日はなはだしい市価を呼ぶあの磁州の陶器や、龍泉の青磁は、元来かかるものであったではないか。日本で珍重される赤絵《あかえ》の「魁」、「福の字」、「玉取獅子」は、当時支那から輸入せられた安ものの貿易品に過ぎない。

(私は今の雑器の醜さを忘れているのではない。正しい時代の用具を省みて云うのである。今でも昔の伝統を承《つ》ぐものには、どこかに美しさが残る。試みに荒物屋の店頭を見られよ。並べられた品々には、繊細な美はないが、どこか頼りになる感じが起るではないか。時代おくれのものと人は呼ぶかも知れぬが、手工の美を今も止《とど》めているのはかかる店ばかりである。杓子《しゃくし》や桶《おけ》や箒《ほうき》や竹籠《たけかご》。あるいは土鍋《どなべ》や行平《ゆきひら》や石皿《いしざら》や湯《ゆ》婆《たんぽ》、粗末なそれらのものばかりは、醜い時代の力にまだ犯されずにいる。日々忙しく働く身だけは、病いも犯しにくいと見える。もう一世紀も前の台所を思えよ、それは驚嘆すべき美術館であったにちがいない！）

もし日常品が用中の用なら、大衆の用器は中でも用の用となるであろう。民器こそは工藝の主要な領域である。人々はそれを「雑器」といい「下手物《げてもの》」と蔑《さげす》んでいるが、美から云うならばそうではない。不思議ではないか、あの最高の美と呼ぶ「渋さ」の美は、最も深く雑器の中に現れてくる。

渋さの美を知りぬいていた初代の茶人たちは、貴重な彼らの茶器を雑器からのみ選んだではないか。古伊賀《こいが》の水指《みずさし》は種壺《たねつぼ》でさえあった。あの茶碗《ちゃわん》は朝鮮の飯鉢《めしばち》であった。上手《じょうて》の華麗な美で、よく「渋さ」の域に達したものがあろうか。もとより雑器のみが工藝ではない。だが雑器において最も渋い最も自由な生命の美が冴えるのを、誰も否定することができぬ。

だが民器に潜む深い自然の配慮はこれに止まるのではない。私はそこに社会的理念と審美的価値との不可思議な調和を見る。民衆が日々共に暮さねばならぬ器、誰も所有する平等の器、人間に許された最も低い持物、私はそれを最も罪なき私有財産と呼び得るであろう。最小限度の私有物、社会的理念に適《かな》うこの最少の持物に、最も豊かに美が贈られるとはいかなる神の企てであろうか。

作者よ、貴方は少数の富者のために、貴方の特殊な作を作るよりも、一般の民衆に役立つ普通の品を作る方が、工藝の本旨に適っているということを自覚する必要がある。そうして貴方がいかに苦心するとも民衆への器を作る場合ほど、美しい作を作り得る時はないのだということを反省する必要がある。貴方は貴方の作品の格を雑器にまで高めねばならぬ。雑器の作者となる如きは、作家の格を低める所以だと誤認する人たちがある。だが器の位置を高めたとて美の位置が高まるであろうか。用を去るなら、作は遊戯に堕するであろう。民器にまで作を高めることが、美を高める所以だと悟得せねばならぬ。何故好んで華美な豪奢《ごうしゃ》な作をと選ぶのであるか。恐らく雑器を作り得るほどの準備が心になく、技術が手にないからだと云えないであろうか。今の工藝家の間にはいかに雑器を作り得るほどの天才が少ないであろう！

㈢　続いて示される工藝の原理は、「美」と「多」との結合である。工藝の本流が用器の中にあるなら、多量の生産が工藝に重要な意味を齎らすことを知らねばならぬ。多く作られることによって、工藝はその存在の意味と美とを得るのである。少量の作はここに二重の欠点を受ける。少量であるなら民器とはなりがたいではないか。それはわずかばかりの富者への用となるに過ぎぬ。だが工藝の理念はこのことを許すであろうか。数への局限は用への局限である。「寡」を選ぶことと「用」を選ぶこととは矛盾する。この矛盾がかつて美を保障したことがあろうか。少数の作で美しいものは極めて少ない。そうして技巧の重荷と、装飾の過剰とに、美が死ななかった場合がどれだけあろう。あの華美を誇るものは永く保ちがたく、少数の作に止まるものは工藝の本道に入ることができぬ。工藝美は特殊美でもなくまた貴族美でもない。あの通常な「多」の世界が工藝の世界である。多量に作るということ、それは俗悪に作るという意味ではない。「多」に交わるのは、工藝が工藝に帰る所以である。そうしてこの帰趣《きしゅ》なくしては、工藝の美は花を開かないであろう。「多」に活きることに、工藝の全き存在があるのである。

少量より作らない時、作者はなおも第二の欠点に陥る。なぜなら多作のみが技術を完き熟達に導くからである。技術は経験である。製作においてこの経験より貴重なものがあろうか。技術を必要としない工藝はない。そうして技術は数多く作ることなくしてはあり得ない。まして技術をすら超えるあの自由さが、あの繰り返しと汗となくして得られるであろうか。況《いわ》んやあの確実な迅速さから与えられる雅致が、少量の作に現れ得るであろうか。少量の作は技巧の作であろうとも、技術の作であることはできぬ。否、技術が乏しい故に、技巧を以てそれを作為しようとするのである。技巧の美は人為であるが、技術の美は自然である。あのわずかな「上手物《じょうてもの》」は美しい場合でも、どこかに病いが見え、夥《おびただ》しい「下手物」は粗末な場合でも、どこか健かである。初代の茶器に見られる雅韻は、いかにそれが多量に迅速に作られた民衆的作品であったかを語る。茶器はその中から選んだわずかなものに過ぎぬと云う人もあろうが、しかし多量に作られる品でなくば、選ぶということもできないであろう。茶器の美は「多」の美である。民画の美を代表する大津絵《おおつえ》を見られよ（本書「挿絵について」挿絵第二十三図）。その淀《よど》みなき筆の走りと、活々《いきいき》した生命とは、いかに多くいかに早くいかに単純に画《えが》いたかを語るではないか。精密な錯雑な作が、生命を欠きやすいのは、一つには多量に迅速にできない弱みに因る。普通のもの、ざらにある品、これは工藝の恥辱ではなく名誉である。珍らしいもの、少ないものは、この領域においては誇りとはならぬ。多く作ることなくば、美しく作ることはできぬ。これが工藝に潜む一つの法則である。多産と粗製とが同一義になったのは、工藝が誤った制度の許に、機械生産に移された以後の出来事である。これと共に個人作家の少量の作が、工藝的美において民藝を超え得ないのは、「多」と結合することなくして終るからである。「多」の美はまた「廉」の美である。廉価がただちに粗悪を意味して来たのは、誤った社会の罪による。安いものは「安もの」「安っぽいもの」と蔑まれ、粗悪な品との意味に転じた。だがかかる不幸な聯想《れんそう》が許されていない時代があったことを熟知しなければならぬ。古作品は私たちに告げる。安くなくば美しくはならないのだと。この大胆な言い表しが極めて自然に受けとられる日が来ることを私は望む。真に美しい作が、どうしても高価に導くなら、それは時代が今重い病床に横たわっていることを告げる。正しい時代は常に「美」と「廉《れん》」との一致を示すであろう。美が高き代価においてのみ購《あがな》われると思うのは、全くの錯誤である。安く作り得るような事情に私たちを導く時、美にも近づきつつあるのだということを信じてよい。これに反し、もし作家が彼らの事情を高価な製作に導くなら、それは用を離れ、多を離れ、美を離れ、工藝そのものを離れると知らねばならぬ。今も北京の路上でわずか数銭を以て鬻《ひさ》ぐあの簡素な磁州窯の美しい器を見よ。作家は省みて、心に動揺を覚えないであろうか。高価に導く錯雑な工程、煩瑣《はんさ》な技巧、すでにそこには自然さが欠けるではないか。かかるものはなくてならぬ品ではない。民衆の生活に幸福を齎らす品ではない。否、その存在の意義が薄いのは真に美しい品たることができないからである。私はあの末期の蒔絵《まきえ》や、清《しん》朝の豪奢な五彩にかつて美しいものを見た場合がない。そこには驚くべき技巧と工程と価格とがあるだけで、哀れな美よりないではないか。

(四)　これにつれて私たちはさらに一個の法則に入る。工藝の美は労働と結ばることなくしてはあり得ない。人々は美しい作を余暇の賜物と思ってはならぬ。休む暇もなく働かずしてどうして多くを作り、技を練ることができるであろう。汗のない工藝は美のない工藝である。あの美術家たちが求める感興や気分や情緒や、それらの余裕に美が托《たく》されているのではない。あの反復や勤勉や努力が工人たちのなさねばならぬ生活である。それは慰みに作られるのではない。ましてあの低徊《ていかい》的な物語的な趣味がその美を左右するのではない。この世界には感傷もなく夢幻もない。それは現実に当面する課せられた仕事である。そこには廃頽《はいたい》の暇はない。安逸を貪《むさぼ》る者は、この仕事に堪えることができぬ。工藝は懶惰《らんだ》を許さない。労働のみが豊富な経験とそうして確実な結果とを約束するのである。

されば労働は工人たちの一生に課せられた運命である。だがその労働を不幸と解してはならぬ。否、労働がないところに幸福はないと云い切ってよいであろう。労働が全き苦痛に沈んだのは、資本制度の勃興による。労働は苦痛であるという定義は、経済学がこの不幸な現状に対する叫びに過ぎない。それが普遍な公理であると云うならば錯誤である。労働そのものが苦痛なのではなく、正しい労働がないのが苦痛なのである。だがかつて工人たちは彼らの労働において、創造の自由を得たのである。強いられた決定的仕事に、人格の自由を封じられた今日の労働者と、いかに相違があるであろう。工藝が手工より機械に移るに及んで、喪失したものは創造の自由であった。仕事への誠実であった。人格の存在であった。昔とても時としては欲せずして作ったこともあったであろう。止めたいと希《ねが》ったこともあったであろう。だが時代とその制度とは、彼らの作物に醜さを許さなかった。なぜならそこにはなおも自然への帰依《きえ》と、仕事への忠実とが保持されていたからである。そうしてそれらの誠実は労苦を忘れしめる力さえあった。進んでは仕事への情愛をさえ起させる力があった。あの親切な着実な諸々の器物が、単なる労働の苦痛とその忌避とから生れたと、どうして考え得よう。あの正しい古作品は余暇の所業ではない。労働と美との結合を示す人類の日誌である。あの工藝の大塔とも云うべき中世紀の伽藍《がらん》を見よ。それは工人たちの信仰と情熱と勤勉との一大記念碑ではないか。

私たちは労働を短縮することによって、幸福を保証しようとすべきではなく、労働に意義を感ずるように事情を転ぜねばならぬ。何故なら労働なき所に、工藝の美はないからである。人間の生活はないからである。労働には時として喜悦もあり苦痛もあるであろう。だがそのことは労働の意義を左右しない。労働には時として喜悦もあり苦痛もあるであろう。だがそのことは労働の意義を左右しない。あの感傷的な心をもって、労働を美しいとか楽しいとか云うならば、それは真の労働ではない。同じように苦しさの故に労働を避けるなら、真に労働しているのではない。完き善の行為には、善悪の念が入らない如く、完き労働には苦楽への忘却がなければならぬ。働くそれ自身に生活があるのである。働きを縮少することに幸福があるのではない。百丈懐《ひゃくじょうえ》海《かい》は「一日作らざれば一日食わず」とさえ叫んだ。苦しくとも楽しくとも労働は人間に課せられた任務である。これを受ける者に、運命は幸福を約束する。そうしてこれを拒否する者に天然の罰が与えられなかった場合はない。工藝の美は労働の賜物である。否、すべての幸福はその賜物であると云えないであろうか。

㈤　工藝において美が労働と結合するなら、労働の運命を担う大衆が、相応《ふさわ》しい工藝の作者である。否、民衆ならでは工藝の美を完《まっと》うすることができない。古作品はこの真理を如実に示してくれる。ある者はこう詰《なじ》るかも知れぬ。民衆を指導する個人があって大衆の工藝が成り立つのであると。よしかかる場合が多かったにせよ、工藝の美は民衆の手に移るに及んで、さらに冴えてくるのである。かつて個人の作で民藝の美に及び得たものがあろうか。工藝を大成するものは民衆であって個人ではない。あの卓越した古作品は、誰でも作り得た作であって、一人のみが作った作ではない。美の世界の中でこれより魅力のある事実があろうか。工藝は大衆の世界である。少数の天才によって代表される美術といかによき対比であろう。美は美術においては天才を選ぶが、工藝においては民衆を招く。いかなる個人もあの無名な民衆より、さらに偉大な作を残し得たことはない。工藝の美は誰にもできない作を作る時にあるのではなく、誰にもできる作を生む時にその偉大さが現れるのである。

あの美しく描かれた立派な磁州窯を見よ。その地を訪う者は、小さな子供が今も絵筆を執っているのを見かけると云われる。あの瀬戸《せと》で夥しくできた行灯皿《あんどんざら》を見られよ(挿絵第四図)。いかなる名画家がかくも美しく描いたのかと思うであろう。だがそうではない。その時代のその地方の誰でもが描いた絵なのである。老いた者も若い者も彼らの繰り返しと汗とによって、優れた画工となったのである。読者よ、あの卓越した乾山《けんざん》すらも、彼らほどにには自由に描いてはいないのである。

あの朝鮮に住む無智な工人たちの誰もが作り得た一個の飯碗《めしわん》、価《あたい》だになき粗末なる品、それをあの偉大な光悦《こうえつ》が驚歎したとはいかなることであろうか。そうして彼が謙遜深くもそれを模したいと希ったとはいかなる出来事であるか。そうして彼の驚くべき天才すら、なおその雑器が示す美の域に達し得がたかったとはいかなる意味であるか。

私たちは摂理が工藝を美術家 Artist にではなく、工人 Artisan の手に托していることを意味深く感ぜねばならぬ。民衆と美とが分離し始めたのは近代での出来事に過ぎない。だが民衆の質に今も変りはなく、この摂理に今も動揺はない。工藝を想う時、私たちがなすべきすべての任務は、自然の意志のままに再び工藝を民衆の手に返すことでなければならぬ。彼らに返すことなくして工藝の美が充たされることはないからである。工藝を「民主的藝術」'Democratic Art' と呼び得ないであろうか。

だがこの事実にも増して、民衆と工藝との間にひそむさらに一つの秘義を学ばねばならない。美の普遍化、この巨大な理念を現実にするものは、民衆の工藝ではないか。もし美がわずかの個人にのみ許されているなら、美における世界の救いは来ないであろう。だが万民にも信仰の許しがあるように、あの大衆にも美の許しがあるのである。そうしてそれを可能ならしめるために工藝の一路が許されてある。美が民衆に交わることなくして、どうして美の普遍化があり得ようや。世界を工藝の花に飾り得るのはただ民衆が、民衆のみがなし得るのである。工藝は公道である。万民の公道である。作家は彼の工藝を民衆的作品の位置にまで高めねばならぬ。美を私する作家として止まるなら、彼は彼の作がまだいかに低きかを覚らねばならぬ。工藝が民衆に結ばれる時ほどその美が深まる時はないのであるから。そうしてあの平凡な民衆の誰もが、卓越した作品を平易に作る時ほど、偉大な時代はないのであるから。真に工藝時代の現出なくして美の社会はない。

(六)　民衆の工藝であるから、そこには協力がなければならぬ。衆生《しゅじょう》の一人は弱くとも、集る時は力強い。共有の目的に向って互いは互いを助け補う。野に立つ一本の樹は嵐の前に弱いであろう。だが集る森は聳《そび》えるではないか。孤立は工藝を美しくしない。よき古作品を見られよ、合作でないものは何一つないではないか。それは異なる人々が力を併せた一つの仕事であった。各々の者は分業によって、自らの負うべき仕事を果した。分業は分離ではなく、完き結合への単位であった。一技に冴えた多くの者が合って全き一個の作を造る。果すべき各々の分業、併せたるその結合、ここに工藝が保証せられた。一人の個性に立つ美術といかに異なる姿であろう。

試みに一つ焼物を取り上げてその工程を見よう。土を練る者、轆轤《ろくろ》を挽《ひ》く者、削る者、絵附《えつけ》をする者、または象嵌《ぞうがん》をする者、白絵《しろえ》を引く者、釉掛《くすりが》けをする者、または焼く者、悉《ことごと》くが分業である。同じ轆轤を挽くとても、壺《つぼ》に働く者、盃《さかずき》を作る者、皿を挽く者、しばしば異なる。絵附においても、線で画く者、「ダミ」を入れる者、点を打つ者、色を添える者、それぞれに分れる。人々は自らの分け前を受けて、同じ形を一つの絵を、毎日毎日何百となく作る。この反復と努力とそうして協力とから工藝の美が出るのである。それは完全なる単位の完全なる結合である。この協力なくして民衆の工藝はない。

工藝はしばしば家庭の工藝ではないか。夫も妻も子供も孫も一つの仕事へと精進する。広くしては一村一郷の工藝ではないか。村の者は挙げて皆互いを助ける。そこには結合せられた衆生の姿が見える。

されば工藝の美は社会の美である。もし相愛と協力とが欠けるなら、工藝の美もまた傷ついてくる。工藝には結合せられた社会がなければならぬ。協団 Community の生活がなければならぬ。協団は自ら正しい制度と秩序とを要求する。よく結合せられた組織なくば、正しい社会はない。かかる社会の背景なくして民衆のよき生活があろうか。

工藝時代を見ればいかに製品の美が、その安定な基礎を協団的生活に置いていたかを知るであろう。美の背後には必ず生活の組織があった。それは単なる技術の成果でもなく、また単なる労作の収穫でもなく、組織そのものの結果であった。私たちは西欧において最も偉大な工藝の時期である中世紀が、ギルド Gild の時代であったことを熟知するではないか。あの統一を愛し秩序を守った中世紀にギルドが栄え工藝が栄えたのは単なる偶然ではない。東洋においてもそれは同じであった。そこには常に結合せられた組合の制度があった。そうして人々は組合を守り、組合は人々を守った。相愛はギルドの原則であった。そこには相互の補助があり相互の敬念があった。師弟の位置は固く結ばれ同胞の関係において互いに人格を認めた。かくしてその相愛の中に共通な目的が支持せられた。かかる社会が経済を安定し、生活を保証し、製作を確実にしたのは云うまでもない。民衆は強《あなが》ち富者ではなかったかもしれぬ。だが屈辱を強いられた貧困の時代では決してなかった。工藝はかかる組織のうちに種蒔《ま》かれ、花を開き、豊かな実を結んだのである。よき形式のうちに、よき内容は育った。

金権下に激しい上下の反目を醸《かも》した今日の状態といかに異なる光景であろう。工藝に現れたすべての醜さは一つに瓦解した社会組織に起因する。そこには暴虐があって相愛がない。奴隷のみあって同胞はない。人格の否定のみあって自由がない。離反のみあって結合がない。階級の争闘のみあって相互の補佐がない。生活の不安のみあって固定がない。貧富の懸隔のみあって平等がない。製品の目的は奉仕から利慾《りよく》へと転じ、労働は誠実から苦痛へと化した。この間から何の工藝が予期されようや。示されるものは公衆に媚《こ》びる俗悪と、自己に利する粗製とのみではないか。多と美とは分れ、民と美とは離れ、工藝は質を失い美を喪《うしな》ってきたのである。そうして多と廉とが結合した結果は醜のみである。その醜さが今や世を暗くしている。

資本制度は工藝の求める制度ではない。美が要する組織ではない。工藝はギルドを求め協団の生活を欲する。健全なる社会と工藝、この二者を分つことはできぬ。工藝の美は組織美である。人はそれを協団的美 Communal Beauty と呼ぶべきである。

(七)　私は一転して次の真理に移ろう。手工藝 Handi-craft にも増してよき工藝はない。この法則が破れることは永えにないであろう。工藝がなぜ手工において、最も豊かな美を示すか。どうして機械的作品が美において劣ってくるか。私の反省は次の真理を語ってくれる。第一手工は自然だからと云わねばならぬ。手より驚くべき器具があろうか。いかに精緻《せいち》な機械も自然の手に比べるなら、どんなに粗野であろう。機械的作品が劣るのは、あまりにその工程と結果とが簡単であるからと云えないであろうか。試みに一の字を描いてみよう。定規によるものと、自由な手によるものと、その間の美の相違について誰も疑う余地はないであろう。一つは決定の世界に終り、一つは創造の自由に活きる。後者の無限な変化に比べて、いかに前者が単調であろう。どれだけ機械が複雑であっても、人の手に示された造化の妙に匹敵することができぬ。続いてはこうも云おう。手工には仕事の喜悦が伴うということを。そうして機械にはそれが伴いがたいということを。一つ自らが仕事の主であり、一つは機械への従である。前者には自由があり、後者には束縛がある。ここに作る物への情愛においてまた仕事への満足において大きな差異が現れてくる。そうして美醜の運命がここに定められるのを見逃すことができぬ。手工の排斥と機械の過剰な使用とが、今日生活の幸福を奪い、作品の美を奪ったことを否むことができぬ。だが就中《なかんずく》、創造の点において、本質的差異を生じてくる。手工にとって封じられた宿命はない。一つの線にも無限の変化が宿る。だが機械には反復のみあって自由はない。決定のみあって創造がない。同質のみあって異質がない。単調のみあって、種々相がない。変化を欠く規則は単調に沈む。機械製品が冷やかであり潤いのないのはここに起因する。まして機械製品の目標は手工品の模倣に止まるではないか。創造性の欠如は美にとって致命である。限界ある機械を以て美の無限に迫ることはできぬ。そこにもなんらかの美は存在する。だがその限界を誰が左右し得よう。

だが手工が優れると云っても、すべてが手造りでなければならぬという意味ではない。また手工が機械を排するという謂《いい》でもない。何故なら人はなんらかの道具なくして手工を充分に働かすことはできないからである。ある意味では機械を用いることによって、手工はさらに冴えると云わねばならぬ。ここに、またここにのみ機械の重要な意義が存在する。機械は手工の自由を増すがためでなければならぬ。機械は手工の補佐としての存在でなければならぬ。手工を活かさんための機械である。よき機械は器具であり道具である。人間が主であり機械は従である。この主従上下の位置が保たれる時、工藝に美があるのである。

機械の使用そのものに何の善があり悪があろうか。ただこの主従の位置が乱れるか否かによって美醜の二に分たれてくる。いかに錯雑な機械を用いても、人の手が主たる間それは善である。これに反し、いかに単純なものであろうとも、機械が主となる時悪に転じる。そうして機械のみになって手工の余地を残さない時、それは最も悪である。近代機械工藝の醜さは、機械が手工を助けず、手工が機械に犯されるところから起る。

それ故必然な結果として次の傾きがこれに伴う。機械が単純であればあるほど、「従」の位置が保たれやすく、複雑であればあるほど、「主」の位置を占めやすい。あるいは言葉を換えてこうも云えよう。あの道具と呼ばれる単純な機械は、自然に近いが故に遥かに複雑な仕事を果すのである。これに比べて複雑な機械は人為であるが故に、遥かに簡単な仕事より果し得ないのであると。人は機械の主でなければならぬ。もし誤って人が奴隷となるなら、美もまた虐げられると知らねばならぬ。それ故こう云ってよい。機械は求めに応じて用いてよい、ただ人間の忠実なる僕《しもべ》であるかぎりは。だがその無限な使用は慎んでよい、人はしばしばその奴隷に陥りやすいから。それはちょうど霊と肉との関係と同じである。吾々の肉が霊をも犯す時は、節制がなければならぬ。そうして肉が主となる生活に心の平和がないように、機械が主となるなら、美の安定は来ないであろう。

(八) 正しい工藝は天然の上に休む。ここに天然とは工藝が常に要求する資材の謂である。よき材料に依らずして、よき工藝の美はあり得ない。そうしてよき材料とは天然の与うる材料との義である。人は工藝において材料を選ぶというよりも、材料が工藝を選ぶとこそ云わねばならぬ。自然の守護を受けずして工藝の美はあり得ない。器は作るというよりもむしろ与えらるるというべきである。美の驚異を司るものは、あの材料が含む造化の妙である。それに与《あずか》る私たちの力とてはいかにわずかなものに過ぎぬであろう。私たちは工藝においてむしろ天然の大を記念するに過ぎない。美は人為の作業ではなく、自然からの恩寵《おんちよう》である。自然の慈雨に濡れずして工藝の種は芽萌《めば》えないであろう。材料の貧しさは美の貧しさである。自然を遠ざかるものは、美からも遠ざかってくる。

試みに顔料を見よ、今日の化学は人為的に顔料を精製する。だがかつて天然の色に優った場合があろうか。例えば一つの壺に染附けられたコバルトと呉州《ごす》との色を比べよ。いずれが美しいかについて答えに躊躇《ちゆうちよ》はないであろう。今もなおコバルトさえ用いずば、古作品に比べ得る器は多いのである。あの藍《あい》から布を染める時代はほとんど過ぎ去ってしまった。だがこれは紺の美を布から永えに奪ったという不幸な追憶となるであろう。人為的精製は化学的に純粋だというまでであって、天然よりすれば不純な不自然なものに過ぎない。天然の智慧に競い得る人智はない。パウロは云う。「この世の智慧《ちえ》は神の前には愚かである」と。私たちの工藝を以て、天然の大を記念せねばならぬ。その栄光を語る器が、美しく正しい器である。

よき工藝には自然への全き帰依がある。自然の欲する以外のことを欲しないもののみ正しき存在を受ける。形にしろ模様にしろ色にしろ、もし自然さを無視するならば、処罰はたちどころに来るであろう。逆目《さかめ》を削る大工があろうか。流れに沿う舟は滑かに走る。「まかせてくれまかせてくれ」と弥陀《みだ》は叫んでいると教えられる。同じように自然も私たちに向って「まかせてくれ、頼ってくれ」といつも囁《ささや》いている。自然にまかせきった器、それを美しき器と呼ぶのである。

天然に休むが故に工藝の美は地方色に活きる。地には東西があり、処には寒暖がある。もし自然にこれらの異相がなかったら、工藝にも変化は来ないであろう。そこに現れる特殊性や多様性は地方性の現れである。工藝にはそれぞれの故郷があるではないか。否、故郷の名において工藝の名が呼ばれるではないか。Japan とは漆器を意味し、焼物を China と書くではないか。同じように瀬戸という一個の固有名詞は「瀬戸物《せともの》」という普通名詞に転じている。「唐津《からつ》」というのも、その土地を知らない人には焼物との意よりほかないであろう。「磁器」という二字が磁州窯より起ったのは云うまでもない。「久留米《くるめ》」とは久留米でできる絣《かすり》である。「薩摩《さつま》」というのも同じではないか。人々は「結城《ゆうき》」と云い、「大島《おおしま》」と云い、「八丈《はちじょう》」と云う。すべてが郷土を記念する呼び方である。「会津塗《あいづぬり》」とか「若狭塗《わかさぬり》」とか、そこには特殊な工藝の特殊な発達を促すべき自然の準備があるのである。すべての工藝は処を無視しては決してできない。工藝に現れる変化の美は、風土の美であると云わねばならぬ。

かくしてその風土に育つ民情が、器の美をさらに区別する。何人も自然に叛《そむ》き人情に逆らって、器を作ることはできない。自らを欺いたとて、器の前には偽ることができぬ。都会人にどうして農民の工藝ができよう。また日本の農民が露西亜《ロシア》の民藝を摸したとて何の意味があろう。工藝は模倣を許さず侵略を許さぬ。与えられた風土の岩の上に、工藝の城が固く築かれてある。故郷を離れる時人にも温まる席がないように、故郷なき工藝は流離《さすらい》に終るであろう。交通の発達した今日、地上の距離は非常に短縮されたではあろうが、それでも地方的風土や、民情や物資を無視するなら、いかなる工藝にも破綻《はたん》は来るであろう。「伊万里《いまり》」を離れて日本の磁器を発達させ得たであろうか。あの高麗人《こうらいびと》の心情なくして、あの「高麗焼」の線を産むことはできぬ。工藝の美は多元的美である。各々の必然な確実な単位が集って、工藝という大きな世界を形成する。この地方的単位なくしては、工藝の正しい発達はあり得ないであろう。

㈨　信の法則と美の法則とに変りはない。教えは「無心《むしん》」とか「無想《むそう》」とかの深さを説くが、美においてもまた同じである。無想の美に優る美はあり得ない。高き工藝の美は無心の美である。多く工夫せられ多く作為せられた器が、無心の器に優る美を示し得たことはかつてなく今もなく永えにないであろう。「これらの秘義は聡《さと》き者と賢き者とには隠されてある」とイエスは説いた。何故あの無知な工人たちの手になった古作品が、智慧に誇る美術家の作に優るのであるか。一つは無想に発し、一つは有想《うそう》に滞るからと云えないであろうか。聡《さか》しい智慧も無想の高さに比べてはいかに低いであろう。意識の加工は美の減退に終る。人々は今も技巧に謀って美に迫ろうとする。しかし結果において裏切られなかったことがあろうか。古作品を見よ、どこに作為があり、どこに錯雑な工夫の跡があるであろう。それは誰にも、しばしばあの子供にも作り得た作ではないか。

美意識でできる作として、私は末期の「織部焼《おりべやき》」や「志野《しの》」を挙げよう。もともとそれは趣味において作られた器であって、故意から来る病根がはなはだ深い。「わざとらしさ」がどこにも見えるではないか。あの無益に篦目《へらめ》を入れることや、形を強いて奇異にすることなくば、あのままでいかに美しくなるであろう。初期の作にその跡はほとんどない。今日赤津《あかつ》に残る家元の作の如きは悪品中の悪である。あの飾り気なく見える「萩焼《はぎやき》」といえども、今は全くこの弊に捉《とら》われている。もっと平凡に作るならば、いかに美は増すであろう。だが私たちは器を責めるとも職人を責めるわけにはゆかない。彼らは何も知らず罪なくして作っているのである。すべては誤られた趣味の犠牲に過ぎない。

近代の個人的作品の欠点は、彼らの悧巧《りこう》さから来るのである。それをこそむしろ未熟なる智慧とも呼び得よう。いつも知識はその無知に亡び、技巧は拙策に終るではないか。真の知は知にすら止まり得ないその知でなければならぬ。

無心とは自然に任ずる意である。無学であった工人たちは、幸《さいわい》にも意識の慾《よく》に煩わされることなく、自然の働きを素直に受けた。無心の美が偉大であるのは自然の自由に活きるからである。この自由に在る時、作は自ら創造の美に入る、近代の作に創意を欠くのは、自然への帰依が薄いからと云えないであろうか。すべての意図は概念的作為に落ちる。だが智慧と技巧とによって、何をか新たに産み得ようや。創造は自然の働きである。古作品が示す驚くべき創造の力は、その背後に自然があるからである。あの李朝の水滴《すいてき》を見よ、または伊万里の猪口《ちょこ》を見よ、いかにその小さな空間に画かれた模様に限りない変化があるかを。それは無学な職人たちが、一度自然にすべてを委せた時、いかに美意識ある吾々すら遠く及ばない創造の世界に入り得るかの、よき実証を語るであろう。

自然への帰依がない時、吾々に全き自由はない。そうしてこの自由がない時、いかなる独創もあり得ないであろう。帰依とは奴隷たるの意ではなく、自由を得る意である。創造は吾々自らの捻出《ねんしゅつ》し得るものではない。もし創意を工夫する者があるならば、彼に残るものはただ拘束のみだということを知るに至るであろう。今日の製作に全く創意が欠けてきたのは、自然への帰依を無視して、自己の力に一切を工夫しようとする結果である。

私はここにあの機械的生産が、創造の世界を示さないことを再び語る要はないであろう。作為への執着も、機械への過信も、自然に対する無益な叛逆《はんぎゃく》に過ぎない。美は自然を征御《せいぎょ》する時にあるのではなく、自然に忠順なる時にあるのである。自然に自己を投げるとは、自然の自由に自己を活かす意である。創造はその結果であって、自己を自然の前に主張するからではない。自然の愛を受ける器を、美しき器と云うのである。

この創造の世界に入らないかぎり工藝の美は許されていない。創造を人間の所業とのみ思うのは全くの誤謬《ごびゅう》である。民衆は彼ら自らにおいては創意をもたない。しかし一度自然と結合する時、驚くべき創造が彼らの手に握られてくる。彼らは彼らの小において器を作るのではなく、自然の大が彼らに器を作らせているのである。古作品はこの事実を明らかに語る。

㈢　無心とは没我《ぼつが》の謂である。無心が美の泉であるなら、個性に彩る器は全き器となることはできぬ。古作品の美は没我の美である。それは明らかに個性の道が工藝の道でないことを示してくれる。ここにおいても美術と工藝との明確な差異を知り得るであろう。前者は天才の道、理解の道、個性の道。後者は民衆の道、無心の道、没我の道。

もし工藝が個性に立つならば、いかに多くの制限をうけるであろう。器は奉仕の器である。個性は支配する個性である。もし器に特殊な個性が示されるなら、それは公衆の友とはなりがたいであろう。奉仕は没我的心においてのみ完くされる。もし個性に立つなら、必然作は少なく価は高きに終るであろう。そうして一切の工程を自らでなさねばならぬ不自由さに陥るであろう。それは公衆のための用途とはならぬ。したがって作は美術化せられ、意識に陥り、装飾に傾き、実用には遠ざかるであろう。工藝は「個人的藝術」'Individual Art' ではない。

しかし私たちは没我をただちに個性への否定と解してはならぬ。それは個性の否認ではなく開放である。没我に活きる工藝は個性の主張に止まることができぬ。自己の名において作を産もうとするかぎり、それは美術にはなるとも工藝にはならぬ。個性の無理な捻出、これに伴う無益な焦慮。その間からどうして平和な工藝が現れようか。自我を言い張る道は、工藝にはそぐわない。

作は仕えるためであって、自らを強いるためではない。よき器は静かな器ではないか。温味とは待つ心であって、圧する心ではない、強き個性は威力を持ち得るとも、親しさを持つことはできぬ。だが親しさなくして工藝の美が保たれようか。あの朝鮮の器がどうしてかくも美しいか。それは私たちを待ち侘《わ》びているからであって、私たちを強いることがないからである。個性の圧倒は器に対し忌避の念を起させるであろう。宗教は「我れ」とか「吾がもの」とかいう言葉を慎む。工藝においてもこの心は同じである。すべてを吾が名においてなすべきではなく、自然の御名においてなすべきである。そうして用のために民衆のために自らを投げ捨てて進まねばならぬ。だがそれは自らを傷つける道ではない、自らを大なる世界に救う道だと知らねばならぬ。

されば工藝の美は伝統の美である。作者自らの力によるものではない。自らに立つ者は貧しさと虚しさとに敗れるであろう。よき作を守護するものは、長い長い歴史の背景である。今日まで積み重ねられた伝統の力である。そこにはあの驚くべき幾億年の自然の経過が潜み、そうして幾百代の人間の労作の堆積があるのである。私たちは単独に活きているのではなく、歴史の過去を負うて活きているのである。私たちは長い伝統の一末端にあるに過ぎない。誰かこの伝統から外に出得る者があろうか。水を否む魚は死ぬではないか。この伝統にも増して卓越した存在への基礎があろうか。これに叛逆せずば自由はないと思うのは、浅い経験の現れにすぎぬ。伝統への帰依にまさる自由があろうか。個人のどの反抗の作に、民衆の伝統的作の自由さを越え得たものがあろう。伝統への無視は自殺に過ぎない。反抗と自由とを混同させてはならない。拘束に終らない反抗はない。そうして伝統への忠順が自由に活きなかった場合があろうか。あの公教が伝統を尊び「服従」の徳を讃《たた》えることを意味深く想う。あの念仏《ねんぶつ》宗《しゅう》が「異安心《いあんじん》」を誡《いまし》める心の必然さを想う。伝統の偉大は自然自らの力が働くことによる。超我の力がその根柢たることによる。これにもまさる工藝の基礎があろうか。

㈡　工藝においては単純さが美の主要な要素である。形にしてもそうである、複雑ならば弱く壊れやすいであろう。模様にしてもそうである、あの混雑な模様は用を殺すであろう。色にしてもそうである、あまり派手やかなものは四囲との調和を破るであろう。工程においてもそうである、煩雑な道は器の体に病いを起させるであろう。材料においてもそうである、錯雑なものは結果において無理を来すであろう。心においてもそうである、精密な意識は、かえって勢いを器から奪うであろう。何かむずかしい誰にもなし得ないことをなすのは、技巧のことであって美のことではない。ごく普通の道、簡単な法、単純な技、質素な心、それだけで器を現すには充分である。複雑さから得るものは美ではなく徒労である。単純なもののほどまちがいがない。

古来複雑なもので、美しいものは稀《まれ》の稀だといってよいであろう。あの印度《インド》や波斯《ペルシャ》のもので複雑なものがあるが、しかし注視するならそれは錯雑ではなくして、単純の複合であるのを気づくであろう。素材とか簡素とかいうことは、美の大きな要素である。あの極彩色の清《しん》朝の焼物より、二、三の筆致で単色で画かれた磁州窯の方がどれだけ美しいであろう。あの李朝の染附《そめつけ》はなぜかくも私たちの心を惹《ひ》くか。そこには質素な訥朴《とつぼく》な心があるからである。驚くべき模様の単純化があるからである。しばしば何が原画であったかさえ知りがたい。模様の精神は物象の精髄の把握にある。したがって複雑ならば外形の描写に終るであろう。古来偉大な模様は常に単純であった。「渋さ」の美は単純が失われる処には決してない。「無地もの」はしばしば最も深い美を示すではないか。ただの一色も無限な美の住家である。単純は単調ではない。古人は沈黙を「饒《じょう》舌《ぜつ》な沈黙」と呼んだ。単純に優る複雑があろうか。よき無地には一切の色が包含される。単純には煮つめられた美がある。弱い単純さはない。そこには生命が活々《いきいき》と躍る。

歴史を省みるなら時代の下降と共に、工藝には無益な複雑さが増した。しかしいかなる複雑も、単純の前に立っては、美において淡く乏しく貧しいではないか。複雑さによって特に美が増すような場合を除いては、単純さへと帰らねばならぬ。そこに最も多く美の保証があるからである。工藝を民衆の手に返す時、いかにこの摂理が意味深きかをさらに悟るであろう。もし複雑さにのみ美があるなら、工藝は民衆の工藝とはなり得ないであろう。

私たちはもう一度工藝を民衆の手に返さねばならぬ。また返し得ることを信ぜねばならぬ。また返すべきが吾々の任務であることを悟らねばならぬ。何故なら工藝は民衆より生れる民衆のための工藝だからである。目覚めた少数の個人は、時代をもう一度正しき方向に戻すために、また虐げられた民衆の位置を直すために、また乱れきった工藝の美を正しさに返すために、時代と民衆との間に立って、よき介在者たるべき任務を果さねばならぬ。

さて、以上の十一箇条が、古作品が私に語る工藝の美の法則である。動かすことのできない不変の原則である。かくてこの原理の上に立つものを私は「正しい工藝」と呼ぼう。法則であるから、かつてあり、今も変らず、未来も踏まるべき定めである。この法に則るものは悠久な美を示すであろう。この法に遠ざかる時、美は薄らいでくるであろう。そうしてこの法に逆らう時、美には乱れが来るであろう。そうして、この法を殺す時、美もまた全く死の床に横たわるであろう。

歴史家よ、もし器を見てこれらの法則に適うものあらば、高い位置を歴史に与えよ、それがいかに今日まで認められなかった作であっても。もしまたこれらの原則に叛くものあらば、歴史から抹殺する勇気を持てよ、いかにそれが今日まで高い称讃《しょうさん》を博したものであっても。

作家よ、もしこれらの法則に適わずば、自己の作に病いあるを厚く反省せよ、いかにそれが世から受け容れられるものであっても。もしまたこれらの原則に則るならば、救いは契《ちか》われていることを深く信ぜよ、いかにそれがこの世において認められないものであっても。

公衆よ、これらの法則に適えるものを購え、いかにそれが粗末に見えるとも。そうしてこれらの原則に悖《もと》る器を避けよ、いかにそれが華麗なものであっても。

正しく見る者、正しく作る者、正しく買う者。批評家と作者と顧客。私たちこの三つの結合において、工藝を守護し、来るべき時代を正しさの上に置かねばならぬ。

四

工藝の美に潜む法則の決定は、やがて工藝の美の標準の提示になる。だがこの標準に照らしてみて、正しいと思う工藝品の数々を並べて見る時、読者はいかにそれが在来の見方に対し一つの価値転換を迫るかを感じるであろう。それは鑑賞家に対しても、工藝史家に対しても、また個人作家に対しても、一つの抗議であるにちがいない。だが私は幾つかの具体的実例によって、読者の疑惑と誤解とを拭《ぬぐ》い去ろうと思う。私が列挙したこれらの法則は私の独断によるものではなく、古作品の美の真実な証左《しょうさ》による。それは単なる理論が抽象する原理ではなく、直観が示してくれる素裸《すはだか》な啓示による。

もとより直観の前に作品の上下はなく等級はない。粗末なものも美しければ美しく、高貴なものも醜ければ醜い。その鏡の前にすべての器物は姿を偽ることができぬ。しかも一切は平等な位置に併置される。だがその鏡に映る美しい数々の作を見た時異常な一つの場面が私の目前に表示される。そうしてそれは明確な体系をなす一群であって、そこには共通な美の法則が発見される。人々は驚くであろうが、そのほとんどすべてはあの民衆の生活に一番縁《ゆかり》の深い雑器の類であった。人々が俗称して「下《げ》手物《ても》」と蔑む低い器物である。そうしてその最後の審判の時、あの豪奢な僅少《きんしょう》な作で救い出されたものは稀の稀であった。

もしこの目撃が私一個の独断であるという批評があるならば、私は私のこの判断が、あの卓越した初代の茶人たちの鑑賞によって裏書きされているということを申し出よう。彼らが極りない美しさを感じた器は何であったか。多くのものの中から採り上げたものは何であったか。今日「大名物《おおめいぶつ》」と呼称される名器の一切は実に雑器類であったではないか。悉くが元来は「下手物」である。

ここで私は安全に次の定理を下すことができる。「下手物」の美に、工藝の美の最も本質的な表示があると。そうして「上手物」が正しい美を得ることは至難であると。そうして「上手物」に美しいものがある場合は、それが作の心において、また工程において、「下手物」と全く共通した基礎に立っている時に限るということを。それ故工藝の中心問題は雑器の領域に集る。工藝を論ずることと「下手物」を論ずることには密接な関係が生じる。否、「下手物」の問題を去って工藝の根本問題はない。何故なら工藝を審美的にまた経済的に追求する時、私たちはどうしてもこの問題に帰ってくるからである。しかし私のこの言い現しは、恐らく大部分の人に驚愕《きょうがく》を与えるであろうし、かつこれまでの美の標準に一転倒を来すであろうから、多少の解説を添えて真理の扉を開かねばならぬ。

誤解に導きやすいのは「下手《げて》」という俗語である。だがこれはなんら粗悪な下等なものとの義ではなく、「民衆の手で民衆のために無心にたくさん作られた日常用の雑具」という意味である。「下《げ》」とは「並」の意である。私は読者がこの定義を厳守されることを望む。これに対し、「上手物」というのは少数の富貴の人のために、美術的意識から少量に作られる高価な器物を指すのである。したがって前者は無銘の用器であるが、後者の多くは在銘であり飾物である。(モリスは工藝を、ある時は'The Lesser Art'とも呼んだ。'Lesser'という字は「下手」という義に近いともいえよう。「下手物」にあてはまる英訳を求めれば The Common-place thing であろうか)。

私は実例をとるに際し、再び茶器を借りて来ることが一番便宜であろう。何故なら工藝美の諸相がこの茶器の歴史においてほどはっきり示されている場合はなく、また恐らく読者にとってこれほど親しみの多い例証はないであろうから。初代の茶人たちが並々ならぬ直観の持主であったということに間違いはない。そうして彼らが茶器にと選び出したものが、真に美しい器であるということにも間違いはない。それらのものにはあの芭蕉《ばしよう》の言葉を借りれば「さび」を持った渋さの美の極致が潜む。だが私がここにとりわけ興味を覚えるのはそれらの事実よりも、その器物の性質についてである。忘れられてはいるが、それらの「大名物」と呼ばれる茶器は皆朝鮮および支那から伝来した全くの「下手物」に過ぎない。否、もし彼らが「下手物」でなかったら決して「大名物」とはならなかったであろう。私はここに工藝における驚くべき一つの真理に邂逅《かいこう》する。あの初代の大茶人たちはその美を静かに見、深く見、そこに美三昧《びざんまい》を感じた。彼らは何が美を形造る秘密であるかを探った。彼らは「七つの見処《みどころ》」をさえそこに数え挙げた。鑑賞もここまで入れば全しである。

だが歴史はここで転廻する。人々は「七つの見処」を守って、器を産もうと欲した。器は趣味の好個な対象に変じた。誰々の作として、それは今日までも続く。だが私たちはそこに何を見たか。作はすでに「下手物」たることを去って「上手物」に移っている。なぜなら無心からではなく、意識から作られるからである。民衆からではなく名工から産みなされるからである。「多」から出るのではなく「寡」がその性質となるからである。その結果何の美が示されているか。不思議にもすべての知識は無想の前に哀れな敗北を示したに過ぎない。在銘の作でかつてあの無銘器の美を超え得たものは一つだにない。彼らの陥った驚くべきディレンマがこの結果を招いたのである。彼らは「下手物」の美を「上手」の心で産もうとする無謀を犯したではないか。

何が初代の茶器を美しくさせているかについて、あまりにも盲目であった。よし形は似るともその心に何の一致があろうか。あの茶人たちが一つの貧しい器にさえ「七つの見処」を数えたその眼の深さを私は尊ぶ。だが、「七つの見処」によって器を新たに作ろうとした時、一つの見処もない醜い器に落ちたその愚を見過ごし得ようや。あの光悦《こうえつ》作と云わるる著名な「鷹ケ峯《たかがみね》」と銘する茶碗を見られよ。あの手作りの高台《こうだい》、あの一条《ひとすじ》の篦目《へらめ》、何たる技巧の仕業であるか。あの自然な自由な「井戸《いど》」の茶碗の前に何の面目があろうか。なぜ鑑賞において偉大な彼が、製作において不充分であるか。「下手物」に彼の鑑賞が及びながら、作為ある「上手物」に彼の製作が終ったからということができる。あの「下手物」であった「井戸」の美を、「上手物」において示そうとした時、矛盾の悲劇が来たのである。

概して後代の茶器にはこの弊害が多い。「楽《らく》」と銘打つ作の如き、この悲劇に陥らなかったものがどれだけあろうか。いかに意識して削《けずり》を作り、高台を考え、形を奇にしているであろう。だがそれはあの無心な奔放な雅致を、技巧で作為しようとする悪戯《いたずら》に過ぎない。原作は別として、あの「沓形《くつがた》」と称する茶碗の如き、醜の醜である。あの窯の中で誤って歪《ゆが》んだその形を強いて模すとは何たる愚劣さであろうか。工藝の美を最も深く認めた茶道が、今や最も醜い邪道に陥っていることを、誰が見逃し得ようや。

知識から信仰に達することが無理なように、意識の道から無想の美に達することはいかに至難であろう。だが私は自然が吾々のために平易な一途を別に準備してくれたことを感慨深く思わないわけにゆかぬ。あの民衆にできる平凡な雑器、そこに工藝の美の極みが許されていることに至玄の理法を感じる。もし「上手物」にのみ高い美が許されるなら、いかに呪《のろ》わしい工藝であろうか。なぜなら工藝の大部分が醜を余儀なくされてくるからである。しかし自然の準備は永えに用意深い。見られよ、あの苦心になる絢爛《けんらん》な柿《かき》右衛《え》門《もん》の赤絵《あかえ》に対し、明《みん》代の下手《げて》な五彩は圧倒的捷利《しょうり》を示すではないか。あの聡明な木米《もくべい》の煎茶器《せんちゃき》も、支那の雑器に見られる染附に、太刀打ちができないではないか。無心な美の前には賢い智慧もまだ愚に見える。

日本の焼物のうち「上手物」の代表はいわゆる「お庭焼《にわやき》」とか「お国焼《くにやき》」とか呼ばれるものであろう。藩の守護による官窯である。だが私はかつてそれらのものの中に真に美しい作を見たことがない。品格はあろうとも軟弱であって、生命の勢いに欠ける。それらは少数の富貴の人々のために少数に作られたものであって、一種の娯楽的な技巧的な作に過ぎない。比較的無難なものを選んできても、誰かそれらのものを宋《そう》窯《よう》や明窯の前に陳列する勇気をもち得よう。だが一度「下手物」の領域に来る時、私たちは誇るに足りる日本独自の作を世界の前に出すことができる。私は絵《え》高麗《ごうらい》の美を人々が賞めながら、なぜ瀬戸で焼かれたあの無銘の煮染皿《にしめざら》や行灯皿《あんどんざら》（挿絵第一図と第四図とを見よ）を讃美《さんび》しないかを不思議に感じる。あの九州に夥しい数で現れた藍絵《あいえ》の猪口《ちょこ》や徳利《とくり》を、どうして明の染附と共に讃えないであろうか（挿絵第五図）。あの民家で用いた信楽《しがらき》の茶壺《ちゃつぼ》（挿絵第二図）が、支那のいわゆる「黒壺《くろつぼ》」にどこが劣るだろうか。同じ支那から渡った貧しい茶入《ちゃいれ》に美を説きながら、なぜ立杭《たちくい》の壺に盲目であるのか。実に「大名物」の兄弟や姉妹は「下手物」の世界に数限りなく在るのである。

　もとより私は「下手物」にのみ工藝の美があると説くのではない。ただ最も美しい工藝を選んで来る時、その大部分が日常の用品であることを強く云いたいのである。そうしてこの事実にも増して工藝の意義を深めているものはない。私は近頃私の友達から次のような問いを受けた。高麗焼のような官窯の「上手物」の美をどう説明するかと。だが私に答えは明白であった。㈠それは極めて多量な生産品であった。あの唐津郡各地の窯跡は今も青磁の破片で鏤《ちりば》められているといってよい。㈡それに工人たちは全く無学な民衆であった。わずかの名工からできたのではなく、いかに多くの者がその仕事に携わったであろう。㈢そうして悉くが合作である。どこにも個人の跡は見えていない。㈣それに富貴の人々のために作ったものでも、ほとんどすべてが実用品であって用途を無視してできたものでは決してない。㈤しかも高麗焼は支那の民窯を手本としてできたのである。絵附は北方の磁州窯を、青磁は南方の龍泉窯の系統を汲《く》むのである。両窯共に民窯の代表的なものであるのは云うまでもない。高麗窯に現れる模様の単純さを見られよ、またあの無造作な高台を見られよ、その釉掛けやまた焼き方、それは極めて素朴な自然なやり方ではないか。そこに見られるあの女性的な繊細な美は、高麗人それ自身の情想の偽りない表現であって、特殊な意識的画策《かくさく》から成ったものではない。よし官窯であろうとも、その美を構成した力は、「上手物」の故ではない。全く「下手物」と共通の基礎に立っているからである。あの雑器に見出せる美の法則は、すべての工藝美を貫く法則と云わねばならぬ。

試みに個人作家の手になる在銘のもので最も美しいものを選んでこよう。私は日本における在銘陶としては（奥田《おくだ》）穎川《えいせん》の作を最も尊ぶ。それは真に美しい。どの個人がかくまでに自由な筆致を示し得たであろう。そうして誰かがかくまでに模様の真髄を鋭く摑《つか》み得たであろう。だが同時に誰か彼の卓越した赤絵が明清五彩の全き模倣に過ぎなく、しかもそれが無銘陶たる民窯の遺韻を伝えたのであるのを否定し得ようや。しかも誰か彼の作が原品たる「下手物」の美を凌駕《りょうが》し得たと言い切る勇気をもとう。実に多くの優れた作家たちは民器の美を彼らの高い目途《もくと》に置いていたのである。茶器はもとより同じく茶室も、その正格を民家の美から仰いでいるのである。豪奢な珍奇な建物と何の縁があろうか。今の茶室は金銭と技巧とのほか何ものもないが、初代の茶人たちがこれを見たらいかに嘆嗟《たんさ》の声を久しくすることであろう。

日本でできた「上手物」の内、最も美しいのは織物であろう。特に美しいのは刺繡《ししゅう》類や友禅《ゆうぜん》である。だがその美しい初期の作を見よ、いかに手法が単純であるか。工程が簡単であるか。模様が簡素であるか。そうして染色が自然であるか。それは技巧が齎らした美ではない。また個性が生んだ美ではない。あの自由と創造とを意識の所産と思い得ようや。友禅は琉球《りゅうきゅう》において特に民衆化された。そうして染織品としての「下手物」として最も美しい花を開いた（挿絵第二十二図、紅型《びんがた》を見られよ）。蒔絵の如きも「上手物」として一方を代表する。その初期のものに至っては美しい。まだ技巧や意識や、煩雑な工程が発達していないからである。後期のものに至っては見るに堪えぬ。ただ残るものは無用なる奢侈と、徒労なる過程と、そうして生命なき美と、ただそれだけに過ぎない。それは技巧の歴史を語るとも、深い美の歴史を語ることはできぬ。

工藝、そこは民衆の世界である。その美は民衆の労作と民衆の協力とのよき記念である。民衆の手からその名誉を奪ったのは、近代制度の罪業である。私たちは再び偉大な工藝を民衆の手に返すように、すべての事情を転ぜねばならぬ。そうしてすべての企業家や作家に、今や工藝が民衆の手にないということが一つの明確な社会的悪として考えられる時が来なければならぬ。何故なら民衆をおいて、正しい工藝、完き工藝はあり得ないからである。工藝を少数の資本家が左右する時、また個人作家が私する時、どうして真の工藝が現れようや。社会はその制度を改めねばならぬ。相愛の協団なくしてどこに正しい労働があろう。作家は工藝を個人的美術に止めてはならぬ。それがどれだけ深く民衆に結ばり得るかによって、仕事の運命は決するであろう。制度を立て直すことも、美の標準を示すことも、一つに工藝を民衆の手に返すがためではないか。工藝を真に想う者は、社会的愛に燃えるであろう。この熱情と理解と意志とを一般に喚起させることが私のこの論文に課せられた主要な任務である。

（昭和二年三月十九日稿　増補）

誤れる工藝

序

作られつつある醜い器《うつわ》が眼に映る。私は思わずも眼をそらせる。長く見るに堪えないからだ。私は不快なくしてそれを使うことができない。その醜さについて、また醜さを醇《かも》した事情について、私の心は平らかではいられない。罪を見て安らかでいられる僧があろうか。器が悩むが故に私の心もまた悩む。あり得べからざる悲劇が目前に演じられているのだ。作る者も購《あがな》う者も何が起りつつあるかを知らないのだ。今日も東に日は昇るとも、工藝の世界は闇《くら》い夜に封じられているのだ。美しかるべきその姿が、何の力に虐げられてか、深い淵《ふち》に沈んでいる。まざまざとその醜さを見せつけられる時、私の胸は迫る。傾きかけたこの世をどうしたらよいであろうか。誰か末世《まつせ》だという悲哀の情をおさえることができよう。日に日にその美しさは衰えて行くのだ。しかし器自らはどうすることもできない。人々の無知が歴史を破壊しつつあるのだ。

公衆は今何をなしつつあるかについて少しも知るところがないのだ。今のままに放置するなら、健かであったあの昔に二度と帰ることはできないであろう。歪《ゆが》められた工藝の姿を見ると、もう致命の傷からは癒《い》えないように見える。血脈は沈む一途《いっと》である。誰かが生命の医薬を齎《もた》らさないなら、もう起《た》つことはできないであろう。あるものはすでに死に、あるものはもう臨終の床に横たわっている。運命の幕は永《とこしな》えに閉じられねばならないであろうか。今のままならどこに明日の生命を保証する者があろう。

私はそれらの器から悶絶《もんぜつ》の声を聞いている。なぜかくも病むかを訴えているのだ。そこにはこの世への呪《のろ》いが含まれ、救いへの求めが響いているのだ。私は聞き流すわけにはゆかない。その醜さを責めるよりも、なぜ醜くされたかを聞く務めがある。そうしてでき得るなら、再びそれを美しさへと戻すことを勤めねばならない。何が病根であるか、いかなる事情がかかる悲境に彼らを導いたか。「正しき工藝」を想う私は、「誤れる工藝」についても盲目であってはならぬ。何の力が器をかくも醜くさせたか、どうして潤いがあせ冷たさが増してきたか、なぜ健康が衰え用に堪えなくなったか。なぜ俗に媚《こ》び悪に染まってきたか、工藝を毒したその諸原因について私は無知でいるわけにゆかない。

器は私に向って四つの悪を数える。その内二つは彼らを囲む社会の罪により、残る二つは彼らを作る個人の罪による。前者は制度に現れ後者は思想に係わる。数えられるものは資本主義と機械主義、また主我主義と主知主義。前二つは労銀の制度に伴う悪、後二つは個人の作家に伴う罪。一つは外なる病い、一つは内なる煩い、合せて四個の著しい悪が今の工藝を毒しているのである。私は語られたその訴えをありのままに記してゆこう。

一

あの器に心がないと誰が云い得よう。もし人情の中で育てられないなら、その心は歪んでくる。ちょうど虐げられた子供が、素直な心を失うのと同じである。沈んでゆく工藝の歴史を省みると、このことが著しく目に映る。そこには情愛の水が涸《か》れきっている。器は愛なき世界に放たれているのだ。傭《やと》う者は、作る者への愛がなく、作る者は働くことへの愛がない。どうしてかかる場合に作る器に愛を持つことができよう。すべての事情はかかることを余儀なくしてしまった。喜悦の念や誠実の心から生れた器は、過去の物語に属してしまった。どの器も今は人情を受けてはいない。健かに仕えよとて、心を込める者は絶えた。相応《ふさわ》しい装いをと着せてくれる母はない。

人々の愛はただ利慾《りよく》にのみ注がれている。器の生産は商品としての意味に過ぎない。もし売れるならば、脆《もろ》くとも醜くとも問わないであろう。たまたま美しく作られたとしても、それは美しさを愛してくれたためではない。多くの顧客を受けるからにすぎない。もし醜いものが売れるなら、即刻にその美しさは棄てられるであろう。どんな運命に器が陥ろうと、それを想うような情愛はない。利慾は美を器から奪った。体は瘦《や》せ骨は細く、色はまもなく褪《あ》せる。「こんな姿になっては」と器も訴えるように見える。だがその声を聞く人情はない。器は愛に飢えているのだ。それさえ満たされるなら、昔の兄弟たちのように立派な役目を果すことができよう。仕えるべき身でありながら、仕えるに堪えないのは、何より器にとって苦しいであろう。私は醜いその姿を嘲《あざけ》ることができない。すべては移りゆく時代の哀れな犠牲《いけにえ》に過ぎない。何の勢いが彼らにこの運命を強いているのであろうか。

利慾は終りなき利慾に誘う。村々で平和な生い立ちを受けた工藝は、激しい競争の都市へと拉《らっ》し去られた。顧客を得るためには、あらゆる手段が余儀なくされる。かつては心を込めて作られたものも、今は利得のために荒らされてしまった。競うためには多く作らねばならぬ。多く売るためには安く拵《こしら》えねばならぬ。ここに粗悪が迫り濫《らん》造《ぞう》が強いられてくる。作られるものは刹那《せつな》刹那の運命である。利に適《かな》うものは弱くとも愛され、叛《そむ》くならば美しくとも悪と呼ばれる。人々を引きつけるためには競って濃く装わねばならぬ。かつてなかったけばけばしい姿が無遠慮に現される。この刺戟《しげき》への求めが俗悪に陥らなかった場合があろうか。私は罪なき器を呪うことができない。だが器をかくも醜くさせた暗い力に怒りを感ぜずにおられようか。利慾の前には何ものもないその心を許し得ようか。

見れば作る者も疲れている。作りたくないと希《ねが》いながら、作ることを強いられている。どうして器の運命等を省みる暇があろう。働かなければ一日の糧を得ることができない。情愛が器の母となるのではない。生活への恐怖が彼の手を働かせるにすぎない。よき器を作るとても、利得を得るものは貧しいそれらの人々ではない。自らでは働かず、彼らをつかっている富んだ少数の人々である。作る者は苦しいのだ。その働きには傭う者への憎しみが含まれているのだ。そこには苦痛のほかほとんど何ものもないのだ。だが一日でも手を休めるなら、なお大きな苦痛が生活に迫る。彼らは苦痛に起き出でては苦痛に眠る。かかる日々の生活から、どうして安らかな器物が作られるであろう。彼らには何を作るかの自由はない。作るものにどうして興味が感じられるであろう。彼らは自らが用いたきものを作るのではない。否、もつことすら許されない多くのものを作っているのだ。喜悦があり創造が許された昔といかに異なる事情であろう。すべての器は愛なく作られることを強いられている。その醜さは虐げられた心の現れである。

これは古い器が住んだ社会ではない。驚くべき変化が社会の上に来たのだ。かつては生活が相愛の糸に結ばれてあった。互いは互いを助けてこの世の幸福を守った。そこには敬念が見え礼節が保たれてあった。社会は秩序を守り、組合は固く守護せられた。利潤は富める個人に帰したのではない。それは協団を富ませ、働く者を貧しさから救った。師匠は弟子を愛し、弟子は師匠を敬した。そこにはよき順次が保たれ、生活は整頓《せいとん》し、価格は支持され、経済は保証せられた。人々は力を協《あわ》せて作業に対し商業に対し道徳を支えた。働く者には創造の自由があり、仕事への愛着があった。何よりも正しく作ることに心が注がれてあった。利得はこれに伴う穏やかな報いに過ぎない。営む者と作る者とは多く同一人であった。そうして作る者と鬻《ひき》ぐ者とはしばしば同じであった。そうして作る者は、その器を用いる一員であった。彼らは自ら用いたき品を人々に贈ることができた。かくて作る者は協団の名誉のもとに責任を負うた。品質は選ばれ、健康は保たれ、よき奉仕のためにすべてが準備せられた。かかる事情から、誤った工藝が生れるであろうか。器の正しさは制度の正しさを要求する。

器の美に破綻《はたん》が来たのは、社会に破綻が来たからである。労働は協団の組織を去って、労銀の制度に転じた。営む者は工匠自らではなく、働くを欲しない富者である。利潤に浴する者は、作者としての民衆ではない、それは少数の金権を握る個人である。ここに平等の理想は敗れ、相愛の否定が起った。上下に階級は分たれ、相互の反目は日に強められた。この傲慢《ごうまん》と屈辱との対峙《たいじ》から、どうして労働への喜悦があり、作物への愛情が起ろう。そうしてこの冷たさの中から、どうして正しい工藝を期待することができよう。美しさは惜しみなく器から奪われて行った。静けさは永えに葬り去られた。あの着実とか健康とか、それらの徳はかえって罪と呼ばれる。利とは係わるところがないからである。それは用のための器ではない、まして美のための器ではない。利の前にはすべてが従である。醜い器の陰には社会の醜さが潜む。私たちは器を咎《とが》める前に、誰がかくさせたかを咎めねばならぬ。腐った根から、美しい花が開き得ようか。良きも悪しきも、器は世を映す鏡である。器が病むなら、それを生む社会もまた病いにある。

人々は器の短命をどう想うであろうか。それは一時の需用や一時の注意を集めるために作られたに過ぎない。品質の粗悪や、装いの俗化は長き奉仕を許さないであろう。まして美しさの故に、永く顧みられることはあり得ないであろう。行く末工藝の美術館を訪う人があるなら、この現代から作が絶えているのを知るであろう。そうしてその堕落史を繙《ひもと》く人があるなら、それは近代から筆が起され、現代において絶頂に近づいてきたのを知るであろう。いかなる弁明があるにせよ、資本制度が工藝の歴史に貴重な遺産を加えなかっただけは明確である。

この粗悪につれて、公衆もまた器への愛着を見失ってしまった。今の世に母が纏《まと》うた着物を感謝をもって着る娘があろうか。物がそれを許さず、心がそれを許さない。誰か愛なくして作られたものに、愛を感ずる機縁をもち得よう。人々はそれを棄てることに躊《ため》らいを感じない。「もったいない」と云う声は、まもなく消えるであろう。事情をかくまでに不幸にさせたのは、誰の罪によるのであろうか。器自身でもなく、器を作る手でもない。利慾の刃が器を殺し美を殺し、世を殺し心を殺しているのである。

いかに虐げられたそれらのものが、さらに世を毒しているであろう。人々は彼らが放った矢によって、自らを傷つける愚かさに落ちる。世を温めるべき器は、心をいら立たせる器となった。荒《すさ》む人の心が、いかに醜い器から導かれるかを気づいている者は少ない。何も知らない公衆は、俗悪を華麗であると解している。そうして刺戟を求める社会は、繊弱を文化であると見做している。醜い工藝なくしては今の文化はあり得なくさえなった。人々にはあの病いあるものが相応しい。この事実より恐るべきことがあろうか。誤れる工藝、今はそれのみが是認される工藝である。

渋さよりも刺戟が新しい近代美であると考えられるかも知れぬ。ある人々は進んでこう云うように見える。「頑丈とか誠実とかは原始的作品の道徳に過ぎない。私たちは感覚的作品へと進まねばならない。耐久に美があるのではなく、変化に美があるのである」と。感覚的な美が一つの美であることを誰か否む者があろう。しかし私はそれを美の大道だと考えることができぬ。またかかる美に人類の幸福が安定されると考えることもできない。そうしてかかる美が常に繊弱と廃頽《はいたい》とを伴うことは否定することができない。そうして刺戟が俗悪に陥らなかった場合がどれだけあろう。私は美へのかかる要求を過渡期のものと考える。それは一時的現象に過ぎない。個人主義的社会を離れて、かかる変態な文化があり得ようか。人々は、ついに正しい美を見失ってしまった。否、むしろ醜さを選ぶようにさえ見える。器に降りかかった不幸のうち、これより致命的な不幸があろうか。そうしてまた社会の上に降りかかった不幸のうち、これより暗黒な不幸があろうか。誰がこの腐爛《ふらん》した状態から工藝を救い起すであろう。

器はこう訴えているのだ、「活《い》きたい志を封じてくれるな。昔の兄弟たちのように、なすべき務めを果したいのだ。健康な美しさと誠実の徳とを保ちたいのだ。何の意味があってかくまでも虐げようとするのか。天然の怒りが来ないであろうか。美を屠《ほふ》るものは、その刃で自らを屠る時があるであろう。その悲劇がすでに迫っているのを気づかないであろうか」。

私はこの声に耳を欹《そばだ》てないわけにはゆかぬ。そうして誰一人醜い世から起るこの不幸について、弁明の資格をもつ者はない。しかも罪の物語はここに終るのではない。私はさらに多くの訴えについて、筆を続けてゆかねばならぬ。

二

ここに記すことは、来るべき工藝の上に被いかかる暗い勢いについてである。特に器の美を愛する者は、このことに想い及ばないわけにゆかぬ。

工藝の運命が協団の組織を離れて、資本制度に移された時、著しい激変がこれに伴って起った。かつては手工に工藝が托《たく》されてあったが、機械がその位を奪う時は迫った。天然の手が造り主であった時代は過ぎて、人為的動力が作物を支配するに至った。しかしこの変化からいかなる結果が導かれたであろうか。そこには二つの事実が数えられる。一つは仕事から創造の自由が奪われてしまった。そうしてそれは労働に情愛を許さなくなった。二つには器から美しさを取り去ってしまった。そうしてそれは美に対する社会の心を冷たくしてしまった。しかし美の創造が封じられる時、社会は正しい社会であり得るであろうか。美の下降は文化の下降を告げる。正しい工藝がない所に、正しい文化はあり得ない。機械は多量と廉価とを保証すると人は云う。しかし現代において多量が粗悪に陥らなかった場合があろうか。廉価とはいうも、作る者はそれを購い得ないほど貧困に沈んで来たではないか。機械の無制限な使用が、現代に幸福を約束しなかっただけは確かである。もし工藝の美を未来にも守護しようとするなら、機械に向って明確な智慧《ちえ》がなければならぬ。さもなくば二度と美しさは工藝に戻らないであろう。そうして美を見失う時、文化はついに正しい文化たることができないであろう。善が沈む時、世には乱れが来るではないか。信が失せる時、心の平和は破れるではないか。もし機械が美を殺すなら、世をも殺しているのだと悟らねばならぬ。

しかしかく云う時、次のような批評が私に集る。「手工に帰るのは時代を戻す企てに過ぎない。あの道具の時代は去ったのである。私たちは機械製品に美を盛って行かねばならぬ。発展せられた機械を見棄てるのは、愚かに帰れという声に過ぎない。人口の増大は機械をさらに要求する。経済の前に美は二義である。美を救うより生活を救わねばならない。もし社会の制度が資本家から離れるならば、機械も必然に美しい作を産み得るであろう。機械の発達はいつか美を保証するであろう。そうして自然に対する人工の捷利《しょうり》に、大なる文化が樹立される」と。

しかし私は躊躇《ちゅうちょ》なくこう尋ねよう。手工は過去の道であろうか、何かそこに永遠な力が含まれてはいまいか。誤った現代から見て、過去のものと呼ぶまでではないか。そこには工藝の公道がありはしまいか。私たちは「美しさ」や「正しさ」を放棄してまで、機械を選ぶべきであろうか。機械の発達は今の制度がそれを要求したまでではなかろうか。資本制度なくして機械がかくまでに要求されたろうか。この制度は継続するであろうか、また継続してよいであろうか。もし社会の組織に一転換が来るなら、手工藝は甦《よみがえ》りはしまいか。それが必要として迎えられはしまいか。それは今の時代と相容れないに過ぎなくはないか。手工の道に誤りがあるのではなく、現代に誤りがあるのではないか。手工藝を棄てるよりも前に、今の制度を棄てるべきではないか。どうして美しさにおいて今の工藝が貧しくなったか。何の事情がかくはさせたか。そうしてその醜さからいかなる幸福を社会が得たか。道は二つよりない。今の制度を肯定して、美しさを見棄てるか、今の制度を棄てて美しさを甦らすか。今の社会制度と美とを調和さす道は断じてない。資本制度それ自身が美を駆逐するからである。何故なら利慾は美を犠牲にすることを少しも躊躇してはいないからである。そうしてかかる制度の許《もと》に美への認識は衰頽《すいたい》する一途だからである。かかる社会を正しい社会と云い得ようか。もとより機械はなんらかの幸福を齎らしたであろうが、手工藝を失うことによって得た不幸に比べることはできない。

ここに手工藝というのは、機械を排する道という意味ではない。また手工と機械とに調和がないという意味でもない。否、機械の助けなくしては手工はその働きを全くすることができないともいえよう。だが機械は補佐であるが故に、どこまでも人間の従でなければならぬ。なぜ今日の作がかくも冷やかになったか、この上下の位置が顚《てん》倒《とう》したのが一つの起因である。機械そのものには何の悪もないであろう。だが機械主義に転じる時、それが醸す醜悪について、なんの弁護があるであろう。手工は機械を排してはいない。しかし機械が手工を退けてしまった。この叛逆《はんぎゃく》から機械の罪業は開始せられた。手工に帰れとは人を主の位置に戻せよという謂《いい》である。機械を棄てよという謂ではない。機械に蹂躙《じゅうりん》された人を救い起せよとの意味である。

美よりも生活を救えよと人は云う、美は二義であると人は思う。だが美なき生活を生活と呼ぶべきであろうか。まして美を保証し得ない文化を、正しい文化と云えるであろうか、生活が美に悖《もと》るなら、真の生活にも悖るのである。美は娯楽ではない。生活をして、真の生活たらしめる大きな基礎である。善に冷やかな社会から、正しい生活が出ないように、美を無視する制度から、よき文化を期待することはできぬ。

ある者はまたこう詰《なじ》るであろう。手工に帰れとは、発達せる機械を棄てて、原始に戻れというに過ぎないと。しかし人智の適用が人類を不幸に導く場合がある時、それを放棄する勇気をもつことは愚かであろうか。私たちは極めて発達したあの武器が、無用となる日を嘆ずべきであろうか。人類の幸福のために、その捨棄を議することは愚かであろうか。あの盲腸の手術は、人間を猿猴《えんこう》に戻したであろうか。私たちは「発達した」という事実に捕われて、そこから導かれる不幸を阻止しないでよいであろうか。人智の向上は常に善である。だが一度方向を過つなら悪に転じるであろう。私たちは美を犠牲にしてまで、機械を謳歌《おうか》してよいであろうか。

機械への弁護は、常に人口の増大を語る。そうして機械が与える多量生産と廉価とを説こうとする。しかし今日示された結果を見れば、機械は競争を生み、競争は生産の過剰を来し、かくて失業者を増加したではないか。しかも多量は品質の粗悪を伴い、富は個人にのみ集中したではないか。民衆はますます貧苦に陥り、社会は全く俗悪に染まったではないか。増大される人類の人口に幸福を約束する機械の制度は、果してその意志を実現したであろうか。機械の偏重から得たものは、新たな深刻な生活の不安に過ぎない。

国家ギルド社会主義者は云う、「機械の悪は資本制度の余悪に過ぎない。もしそれが倒れてギルドがこれに代るなら、生産は調節され、過剰は去り、価格は安定し、民衆はその利得に浴するであろう」と。しかし国家と国家との対立は新たな機械の競争を酵すであろう。制度が資本家から離れるとも、作がただちに美しくなると誰が云い得るであろう。機械が与うる不幸は癒《いや》されることなくして続くであろう。私たちは機械そのものの限界をいかにすべきであろう。機械が工藝の基礎となる時、そうして手工が追放の悲運に逢う時、美は二度と甦ることなく終るであろう。ギルドへの復興は手工への復興を意味する。否、手工への復帰のためにギルドが切要されるとも云えるであろう。

私は再び云おう。現代の機械工藝は資本制度の招いた結果である。もし制度に一転換が来るなら、社会は機械を無制限に要求することはなくなるであろう。これに反し今日よりもなお手工の必要が求められるであろう。手工それ自身は過去のものではなく、今の制度がそれを殺したに過ぎぬ。そうして工藝に対する機械の捷利《しょうり》は永遠なものではなく、今の制度の改変と共にその捷利は過去のものとなるであろう。そうして人が機械の主たる時は再び来るであろう。その時こそ労働には喜悦を伴い、器物には美が伴うであろう。社会はかかる将来を求める。手工とは機械の排除ではない。機械の統御を云うのである。

人々は自然を越えて、人知の捷利を得ようと求める。そうしてその征御《せいぎょ》に文化の誇りを謳《うた》おうとする。だが自然に叛くものに悠久なものがあろうか。自然に従順なものは自然の加護を受ける。エックハルトは云う、「完《まった》き霊は神の欲する以外のことを欲しない。それは奴隷たるの謂ではなく、自由を得るの意味である」と。自然への叛逆は自己への徒《いたず》らな拘束に過ぎない。自然に即するものは、自然の自由に活きるであろう。自然の岩に築かかる文化、それをこそ正しい文化と呼ばねばならぬ。機械を無視する文化は成り立ち得ない。同時に機械に奴隷となる文化も成り立ち得ない。まして手工を排除する文化が成り立つであろうか。

三

無学な工人に何の罪があろう。沈黙する器に何の咎めがあろう。彼らに苦しさや醜さを強いたのは制度の罪である。傾く時勢を見る時、すべては暗く見える。悪の勢いは、もう世界のほとんどすべてに行き渡ってしまった。人々はなんら顧みるところなく祖先が遺したものを日に日に毀《こわ》しつつあるのだ。建築から、器物から、衣服から、そうしてあの橋梁《きょうりょう》や石垣に至るまで。そうしてさらに美しきものを代え得る資格なくしてすべてを葬って行くのだ。そうして貴重なすべての伝統も惜しみなくすたれてゆくのだ。罪なき民衆はまた顧みることなくして悪作を生み続けているのだ。この新しい社会の制度のもとに、何ものもまだ美しいものはなく、また美しいものがあり得る望みはない。事情が変らないなら、美の世界は決して甦ることがないであろう。

だが民衆の工藝が意義を失って来た時、もう一度美しい世界へ戻ろうとして志す人々が起った。それはもはや民衆ではなく、目覚めた少数の個人である。その要求には常に正しい意志が宿る。もしそれらの人々が起らなかったら、社会の惰眠は目覚めることなくして終るであろう。ここに個性と意識とにもとづく工藝が新たに発足せられた。ちょうど文藝復興期において、絵画が伝統から独立し個人の作に移されたのと同じである。人々の自覚は、工藝を民衆から、個人に移した。そうして工藝は、実用の世界から分離して美術の境地へと転じた。購う者も誰々の作として愛するに至った。それはもはや日常品ではなく貴重品である。在銘のものが価値をおびて、無銘のものは放置される。よし無銘のものであっても誰々の好みとか誰々の極《きわ》めとかが尊重される。作者が作るものもすでに民藝ではない。また求める者も民藝としてではない。作られるものは公衆への用ではない。購い得る者も少数の富者である。そうして美は民衆の無想《むそう》から出るのではなく、作者の意識によって構成される。自然がその美の基礎ではなく、個性がその保証である。工藝の歴史には異常な転換が迫った。だがこのよき意志と覚醒《かくせい》とから何が導かれているか。個人が示し得たものを真の工藝と呼び得るだろうか。それは工藝を離れて美術の道となりはしまいか。それは悪しき制度に伴う一つの変態な現象と考え得ないであろうか。民衆から離れた工藝を正しい道と云えるであろうか。もし個性の上に工藝を築くべきなら、それは独り天才の領域となって、民衆の携わり得る世界とはならないであろう。そもそもこの個人主義から、工藝はいかなる美を加え得たか。作家によき意志と理解とがあるにかかわらず、私たちは多くの欠如をそこに見出さないわけにはゆかぬ。何がかかる困難と欠陥とを個人作家の上に齎らしたのであるか。それはもはや制度に関わる罪ではない。作家彼ら自身の思想に係わる。それはすでに外なる敵ではなく、内なる敵、心の敵と呼び得るであろう。私はその敵を二つに数える。一つは主我の念、一つは主知の心。前者は自我や個性の跳梁《ちょうりょう》により、後者は意識や作為の超過による。

私は工藝における個性の問題をどう取り扱うべきであろうか。私は器の種類を三様に数える。一つは個性を越えたるもの、一つは個性を否《いな》めるもの、一つは個性に活きるもの。第一は自我を越え自然に即せるもの、第二は自我を虐げ自然を無視せるもの、第三は自我を言い張り自然に抗するもの。昔の民藝は第一を示し、今日の資本下の作は第二を示し、そうして作家の作は第三を語る。一つは民衆より現れ、一つは制度より強いられ、一つは個人より生れる。第一は無心の作、第二は無知の作、第三は意識の作。

私は美よりして第二種のもの、すなわち資本制度より発したものが語るに足りないことを述べる必要はないであろう。それは卑俗と繊弱と粗悪とのほか、何ものをも示してはいないからである。そうしてそれは栄誉ある工藝史のいかなる位置をも占めないであろう。第一のものが卓越していることについてはすでに述べた。否、そこにこそ工藝の主潮があることを強く説いた。しかし第三のものがここに多くの問題を提供することを見逃すことができない。否、今日までの工藝史はむしろ個人作家史の観を呈している。そうしてそれらの作こそ最高の位置を歴史に占めた。特に個人主義と天才崇拝とに渦巻く近代思潮において、彼らの位置が高く評価されたことは必然であった。だが第一と第三のものとを比較する時、私の直観と理性とはかかる批評を承認することができぬ。どの個人作家が美において民衆を凌駕《りようが》し得たであろう。ある人はあの仁清《にんせい》の存在を日本の栄誉として激賞する。彼の功績が無であると誰が敢えて云おう。だが彼の作より遥か美しい無数の無銘な作が存在することに盲目であるのを許し得ようか。例えば瀬戸《せと》でできた絵附《えつけ》の煮染皿《にしめざら》を見られよ（挿絵第一図）。歴史を書き改めることを強いられるではないか。私の眼に映る最大な工藝は名もなき大衆の間から発した。意識らしい意識さえないあの無心の境から発した。不思議にも個人の作は異常な努力と、準備せられた理解と、鋭い感覚とから出たものでありながら、民藝の前には敗残の歴史を示すに過ぎぬ。そこに現れる一個の人間は心を引こう。しかし人間の深さすなわち器の深さとはならぬ。もしそうなら、あの凡庸な民衆の作に何の美が可能であろうか。このことは何を告げるか。いかに個性の道が工藝においては難行道であるかを示すであろう。そうして天才すら工藝においてはいかに多くの制限を受けるかを語るであろう。そうして個性美が必ずしも工藝の美の保証とならないことを悟るであろう。

民藝の美を支えた力は自然であった。民衆は自然の前には従順であった。彼らは自然の意志から遠いものを試みることがなかった。叛逆の子となるにしては心はあまりに訥朴《とつぼく》であった。自らの名を刻むにしては、あまりに通常なものを作った。それも無銘がよいという彼らの智慧によったのではない。しかもなぜかくも平凡な彼らの作が美しいのであるか。そこには個性が沈み、自然そのものが現れるからだと云えないであろうか。彼らの美は没我《ぼつが》の美であった。民衆に個性があったとしてもそれは平凡な個性に過ぎなかったであろう。しかし自然の大に支えられて、大きな仕事を果した。

そうして彼らは彼らの作がいかに美しいかを知ることさえなくして終った。

昔エックハルトは「我ありと真に言い得るのは神のみである」と告げた。古作品は同じ教えを示しているではないか。ただ「神」という字を「自然」という字に代えればよい。篤信であり純朴であった時代には、自己の主張はなかった。西史を省みれば我《が》の自覚史は哲学においてはデカルトより始まる。宗教においては新教に発する。藝術においては文藝復興期より起る。すべての思想やすべての作は個人の名によって表示せられた。だがこの個性主義は工藝において許されるであろうか。それが宗教において信を乱した如く、美を乱したことをどう否定できよう。個性が起ったのは誤れる時代への反動に過ぎない。再び正しい時代が来るなら、個性に工藝が発することはなくなるであろう。個性道を工藝の本道と見做《みな》すことはできぬ。個性の作が、美において民藝を超え得ないのは、個性と工藝とに容れない性質があるからである。個性の作はいわゆる「工藝美術」とはなり得ても「工藝」となることができぬ。個性の道が果かく云う時工藝において個人主義を否定するかと問われるであろう。個性の道が果して美を生み得ないかを詰《なじ》るであろう。私は答えよう。工藝において個性は否定されてはならぬ。だが個性に満足することも許されてならぬ。自我を失う所には何物もあり得ない。だが主我に執する時は、すでに二義に落ちる。没我の境に入らずば美を産むことはできぬ。没我は我の否定ではない。否、没我より、より深く自己を活かす場合があろうか。個性に執するものは個性を縛る。主我の念に自由は許されておらぬ。何故個性の作が民藝に劣るか。そこには個性の開放がないからである。自由がないからである。自我に執せず個性に著せず、一切を自然に任じた古作品により深い美が宿ることをどうして否むことができよう。(個性すら不満足な場合、個性すら持たない作がいかになお不満足であるかを述べる必要はないであろう)。

個人の作を見よ、いかに自然への帰依《きえ》が薄いか、いかに主我の念が強いか、いかに個性の捻出《ねんしゅつ》にいら立っているか。そこには帰依は見られず尊大のみ残る。敬虔《けいけん》は失われ傲慢《ごうまん》のみ残る。無欲に住まず名誉にのみ煩う。いかに自己の名を出すことに急であるか。その焦慮の間からどうして静寂な素直な作が生れ出ようか。彼らは用いられるためよりも見られるために作る。それは展覧を求める作ではないか。したがって個人の手になる通有の作は、あの素朴な日常の諸道具ではない。床に飾られる華《はで》やかな置物に傾く。それは工藝の求める心ではない。

挿絵の歴史を省みるならば、この真理がまともに語られているではないか。なぜあの装飾稿本 Illuminated MS. や初期活字本 Incunabula の挿絵があれほどまでに美しく、そうして時代を経るに従って醜くされたか。それは挿絵たるべき性質を去って、単独な絵画に移ったからである。本文に対する従の位置を忘れて、個性が現れてきたからである。挿絵はちょうど音楽における伴奏と同じである。単独に個性を言い張るなら、伴奏の美はないであろう。個性に立つ画家は、画家とはなり得ても挿絵画家となることはできない。古版本に見られるあの古雅の風韻には私なき素朴があるではないか。挿絵には木版が相応しい。版に附するに及んでさらに原画にある個性の角《かど》がとれ、再び自然に戻されてくるからである。古き挿絵を見られよ、それは時代の美であり伝統の美であって、個性の美ではない。だが現代のものはそうではない。画家は挿絵の工藝的性質について何も知るところがないのである。すべての醜さはこの錯誤の結果に過ぎない。個性は美しい挿絵を産まない。美しいものは常に用に仕える私なき純朴な心の現れである。彼らには稚拙美《ちせつび》があるではないか（挿絵第二十四図を見よ）。

さらに一転して個人的立場の欠陥を次のようにも見ることができる。個人の作に終るかぎり、作は極めて少量である。多量に生れた民藝といかに異なる事情であろう。そうしてこの少量の生産からいかに工藝の美が制限を受けるであろう。作はしたがって高価である。しかし作物が高価な事情に導くなら、そこには何か病根があるからであろう。高価においてその作は全く民衆と分離する。それは工藝と呼ばれながら、用具となることはできぬ。たとえ日常の用具を作ったとても、高価な作をどうして日常に用い得よう。それは用を尽すのではなく、装飾品として終るであろう。それを購い得るのはただ富める者ばかりである。あの金権下の現代工藝を慨して起った作家が、再び彼の作を富める者にのみ贈るとは、いかに奇異な矛盾であろう。作家が彼の作を用具として民衆に届け得ないかぎり、それは一つの社会的悪を構成する。しかも個性に活きようとするかぎり、一切の工程を自らでなさねばならぬ不自由さに沈むであろう。そうして変化を求めるために、幾多の手法を試みねばならぬ無理に陥るであろう。かくして協団を離れる作者は、これらの事情のもとに、一層美から遠ざかる境遇に自らを見出すであろう。

私たちには自己を否定して進む道はない。だがこのことは自己の肯定に執せよという意味にはならぬ。自我の否定と自我の執着と、何の上下があろうか。共に相対の域に沈む。私たちは進んで我執を脱する域へと達せねばならぬ。さもなくば永劫《えいごう》の美が手に握られる時はないであろう。否我は愚かである。有我は賢である。だが没我にして始めて聖である。第一は沈止、第二は動律、第三は静寂。第一は無、第二は有、第三は一切有《いっさいう》を含む無。民藝たる古作品は第三を語り、個人的作は第二に止まり、そうして現代の俗作は第一に沈む。

個性を活かそうとする者は、自性《じしよう》に執してはならぬ。自己を越え得る場合にのみ、自己は真に活きるであろう。そうして自己に立つ時自己に病み、自己に終る時自己に死すであろう。作家は自己の小を自然の大に解かさねばならぬ。その時、自然の大に自己の小が充たされるであろう。よき工匠は自然の意志に活きる。聖書に云う、「吾れはエホバの言葉を越えて、善きも悪しきも云うことを得ず」「しかれど我ら己《おのれ》に由て自ら何事をも思い得るに非ず、我らの思い得るは神に因れり」善と呼ばるべきすべてのものは神に属する。同じように美と呼ばるべきすべてのものは、自然彼自身の力に属する。イザア書に云う、「神は告げて、我は栄光を他の者に与えず」と。私たちは私たちの作において自己の名誉を現すべきでなく、自然の栄光を記念せねばならぬ。

四

信仰に活くる者は体験したであろう、いかなる意味で宗祖たちが、厚く「我空《がくう》」を説き「無念《むねん》」を説いたかを。我執《がしゆう》と有想《うそう》とは信仰にとっての二つの敵であった。この心霊の法則は引いてまた美の法則である。個人の工藝を見れば、いかにこの二つの勢いが彼らの作を濁りに沈めているかを気づくであろう。主我《しゆが》の念と共に意識の超過が、さらに美を殺した。

個人的作者は彼の自覚において、多かれ少かれ主知主義の立場を占める。彼は無学な工人ではない。彼は歴史について、科学について、また藝術について知識の持主である。何が美しく何が醜いかについて知が常に審判の位置を占める。作はかくて意識に発し意識に活きる。彼は何を作るかについて無知ではいられない。だが彼のこの賢明な思惟が、果して美の創造者たり得たであろうか。美を乏しくしたのはその意識であると云えないであろうか。意識は美を知り得た力であっても、美を産み得る力となろうか。知ることが生みの母たり得るであろうか。知が主たる時、かつて美が生れたことがあろうか。主知主義に新たな病いは宿る。

今は意識の時代であり、反省の時代である。何ものも観察せられ吟味せられる。知ることなくして今の生活はない。この反省によって史学は栄え、科学は進んだ。今日ほどすべてが認識の圏内に取り入れられたことはないであろう。いかなる古人が「知る悦《よろこ》び」を今日ほど多く味わい得たであろう。用いられる工藝は、今は思われる工藝である。あの「下手《げて》」と呼ばれるものが、真理の対象になり得ると、いかなる古人が想像し得たであろう。私たちはものの美について、恐らく過去のいかなる人よりも、意識的な悦びをもつであろう。「知る悦び」、このことは現代に与えられた特殊な恵みであるとさえ云うことができる。

その与えられた恵みを封じるのは愚かである。だが私たちは意識についても意識するところがなければならぬ。知るとは何であるかを知らねばならぬ。このことを思う時、私たちは知の性質について、また知の限界について悟るところがあるであろう。私たちの知は知の相対性について無知であってはならない。限界ある知によって、無限の美に迫り得るであろうか。知は果して創る世界において主たり得るであろうか。知識が創作の基礎たり得るであろうか。意識に発した個人の作が、無想から生れた古作品に劣るとは何を語るのであるか。それは完全なる知識に欠けるが故ではなく、知識それ自身の有限な性質に因る。主知に立つかぎり、示し得る美は相対の域に止まるであろう。

知は無知に勝る。だが知は無心《むしん》より勝ると誰も言い切ることはできぬ。南泉禅師《なんせんぜんじ》の句に云う、「道は知に属せず、不知に属せず、知はこれ妄覚、不知は無記《むき》」と。誰か人々に不知を勧め得るであろう、だが誰か知に止まれと同時に勧め得るであろう。知も不知も共に二義に落ちる。荷沢大師《かたくだいし》の『顕宗記《けんそうき》』に云う、「無念を宗となし、無作《むさ》を本となし、真空を体となす」と。どこに愚を選ぶ者があろう、だが賢を選び賢に止まるなら新たな愚である。四十二章経にも云う、「仏言わく、吾が法は無念の念を念じ、無行《むぎょう》の行を行じ、無言《むごん》の言を言とし、無修《むしゅ》の修を修す」と。知識の実《み》を犯した私たちは、もはや無知に帰ることはできぬ。だが知識に滞るなら、無知に沈むのとなんの選ぶところがあろう。真に知に活きる者は「知に止まる勿《なか》れ」と云うであろう。知に拘《こだ》わる者は知を知らない者と言い得るであろう。私たちは知を養い知を越える世界に進まねばならぬ。「無念」が往くべき吾々の帰趣《きしゅ》である。美は知にも属せず、不知にも属しない。ただ無念の境にのみその故郷がある。いかに知を養い知を脱すべきか、これがすべての作家に課せられている公案《こうあん》である。これを解くことなくして、美を産むことはできない。

知を主座に置く者は、美を見ることはできないであろう。知識が信仰の位を犯す時、宗教の生活がないのと同じである。もし知識が不当な位置を占めるなら、美には乱れが来るであろう。古作品の美は無心に発した。私たちはなぜ宗祖たちが、あの嬰《えい》児《じ》を讃《たた》えたかの心を味わわねばならぬ。それは無心の世界へ出でよという謂である。無知に帰れとの声ではない。無念と無知とを混同してはならぬ。なぜ僧良寛《りょうかん》が私たちの心を惹《ひ》くか。無念に達し得た彼が慕わしく思える。彼の学識は彼の信仰を乱すことがなかった。彼も好んで子供と戯れたと云われる。

なぜ古作品がかくも美しいか。人々は知って後作ったであろうか。知ることによって作ったであろうか。賢い知がその美を産んだであろうか。すべての美しさはそれを否む。どこに知識らしき知識があったであろう。どうして民衆が知識の持主であり得よう。どこの片田舎に学園があったであろう。そうしていずれの過去に美学があったであろう。彼らは彼らの作ったものに、高い美があると考えたことがあろうか。彼らに美が何であるかを論ずる資格があったであろうか。どうして知がその作を産んだということができよう。彼らの作の美しさを知っているのは、彼らではなく私たちではないか。その作が美しいと認識せられるまでに今日までの時がかかった。だが彼ら自身は無知であるとも、自然の叡智《えいち》が彼らを守った。それは無想から、自然さから生れた美だと云わねばならぬ。

意識ある作家はこの事実をどう処理したらいいか。今陥りつつある有想の境をどう考えたらよいか。もしそこに止まるなら、彼の作は二義に堕するであろう。すべての醜さは則を越えた意識に発する。人々は自然に知を委ねるのではなく、知によって自然を判《さば》こうとする。だが自然への帰依なくして美が生れようか。神への帰依なくして、信はあり得ない。知に止まる者はいつも信を見失うではないか。昔大慧《だいえ》は禅が知に堕するのを恐れて、あの『碧巌録《へきがんろく》』を火に投じた。作家は一度彼が誇る知を火に投ずる勇気を持たねばならぬ。何事よりも自然への帰依が尊重せられねばならぬ。私たちは人智を拘束するすべての態度を斥《しりぞ》けてよい。ただ卓越したすべての人智よりも、なお高い叡智が自然に宿ることを敬虔深く承認せねばならぬ。自然の意志に悖らないかぎり、いかなる人智をも愛してよい。だが悖るかぎりはどんな小さな知識をも謹んでよい。そうして最も賢明な智慧は、自然の意志を重んずるその智慧であることを承認するであろう。今日の社会の最も大きな欠如は、愚かなる精《くわ》しい智慧の無遠慮な跋《ばっ》扈《こ》にあるであろう。私たちの智慧は自然の智慧を読むその智慧でなければならない。美しい工藝は自然の叡智に包まれた工藝である。私たち自らの知が欲する前に、自然が何を欲しているかを問わねばならぬ。知そのものに悪はない、だが知が不当な権利を主張する時、それは罪に転ずるであろう。

意識は作為であり加工である。技巧はその反映である。醜い工藝はしばしば技巧の工藝ではないか。意識と技巧とはいつも並び進む。末期の工藝が痛ましくもその生命を失ったのは、無益な技巧の超過による。知識に立つ個人作家は多くこの弊に落ちる。また見る者もしばしば技巧と美とを誤認する。だが美は生命であり、技巧は形骸《けいがい》に過ぎぬ。技巧に美が依存するなら、古作品の美をどう解き得るであろう。それは画策や奇略の生んだ美ではない。技巧なくば美がないと思うのは錯誤である。技巧に立つものは技巧に亡ぶであろう。私たちは形骸に向って生命を望むことはできぬ。多くの場合貧しい美と驚くべき技巧とは結合する。古作品が示すように、充分な美への表現は、単純な技巧によって事足りるであろう。実に驚くべき美と単純な技巧とはよく一致する。そうして技巧が主たるかぎり、美は永えにその作から別れるであろう。技巧は多く作為に陥る。

知る世界は限られた世界に過ぎぬ。美は常に知に余る。知の室に全き美を迎えることはできぬ。理知に活きる工藝はない。宗教において信仰が招かれるように、工藝も自然への信頼を求める。美の発足は理知ではなく直観である。もし工藝が知の上に立てらるべきなら、それは民衆の工藝とはなり得なかったであろう。そうしてあの無心な美は歴史に与えられることなくして終ったであろう。何の摂理か、浄土への道は知には托されておらぬ。すべての作者はこの秘められた真理について深く悟るところがなければならぬ。

知識の最後の任務は、いかにその知識が自然の前には愚かであるかを明知することにあるであろう。一度美の世界に来る時、知識は自らの無知について謙譲な承認をもたねばならぬ。そうして知識が自らの限界を知る場合ほど、その知識が偉大である場合はないであろう。そうしてこの敬虔の念に浸って、始めて自然への感謝が油然《ゆうぜん》として湧《わ》き上るのを覚えるであろう。聖十字のヨハネの祈りに云う、

「この人生の上にしばし与えられた神の恩寵《おんちょう》のうちで、最大なものの一つは、吾々が神について全く何事をも知り得ぬということを、かくも明晰《めいせき》にかくも深遠に、吾れらに知ることを許し給うたということである」と。

心霊の法則は信においても美においても一体である。もし一つの作が自然の栄光を現さないなら、それは自らの小を示すに過ぎないであろう。器の存在は人間が彼自身を語るためではなく自然を記念するためでなければならぬ。もし器において恩寵の福音《いん》を示し得ないなら、かかる作を一つの罪と考えねばならぬ。自然の意志を離れて、正しき意志はない。人知によって示し得る美があるなら、かかる美を美と認めてはならぬ。分別は二義である。人は彼の沈黙において自然の言葉を聞かねばならぬ。無想に勝る有想があろうか。無念のみが正念《しょうねん》である。この境に入ることなくして、何の安心があろうか、何の静寂があろうか。作る者は心の準備を整えねばならぬ。彼の作が常に救いの福音として読まれるように。

（昭和二年五月三日稿）

来るべき工藝

(上) 工藝の基礎

一

古き工藝への愛は、来るべき工藝への愛でなければならぬ。私たちは過ぎた時代への理解の中に、いかに未来を生むべきかの準備をも整えねばならぬ。美しい古作品を見て、私たちが幸福を感じたように、私たちからもかかる幸福を未来へ贈らねばならぬ。もし顧みて工藝の偉大な時代があったなら、私たちは同じような一時代を未来にも劃《かく》さねばならぬ。認識は作られた品への認識であると共に、作らるべき品への認識でなければならぬ。正しく過去を見るということには、正しく未来を見るとの意味がなければならぬ。かかる任務を感ずることなく単なる鑑賞に陥るなら、私はそれを怠惰なる鑑賞と呼ぼう。それは一片の安逸な享楽に過ぎない。もし未来の幻像を過去の中に見つめ得ないなら、過去の幻像をも見てはいないのだと言い得るであろう。美を識ることは美を生むことへと高められねばならぬ。もし美を味わうに止まって、美を創ることに進まないなら、それは創られた美についても真に味わうところがないからである。未来への愛を含まない過去への愛は、過去への正しい愛と云えぬ。

私はここに過去への認識より転じて、未来への認識に入る。そうしてこの問題より至難な問題はなく、またこれを越ゆる巨大な問題はない。だが私は希望を以て開けてくるこの広大な展望の前に立とう。工藝に関するいかなる批評家もこの問題に会する時、ついに自らの力に最後の判《さば》きを受ける。すべての者はこの問題の前において自ら懺悔《ざんげ》する。想えば私のすべての反省も思索も、いかにこの審判の日を迎えるべきかの準備に過ぎない。

私は今まで考えてきたことをもう一度省みよう。そうしてそこからいかなる真理を来るべき工藝のために準備し得るかを吟味しよう。私は当然「かくあらねばならぬ」規範の世界において工藝を語る。だが「かくあり得る」可能の世界に入ってその規範を語ろう。さもなくばそれは「思い得る」規範に止まって、「行い得る」規範にはならないであろう。それ故私はこの重要な一篇において「来るべき工藝」を可能ならしめる原理を語る。それは当然正しくしかも平易な原理でなければならない。もしも不可能な内容に止まるなら、それは原理たる資格を帯びないとさえ言い得るであろう。しかし私は私の考想において、それを平易な原理に強いて還元しようと試みるのではない。無理があっては規範とはならない。だがいかに摂理が工藝の未来に向って、平易なる原理を準備しているかを明確にしようとするのである。与えられた私の任務は、私の見解を主張することではなく、自然が与える不思議な準備を忠実に描写することにあるのである。これによって私は未来への希望を多くの人々に伝えることができよう。

それ故あり得べき最も容易な、したがって可能な工藝の諸原理が、もし遂行に困難を伴う場合が来るなら、それは原理そのものが不可能にさせるのではなく、私たちの誤った理解が、または歪《ゆが》められた社会が、それを困難ならしめているに過ぎない。想えば民衆のために温かい福音を語るあの他力宗《たりきしゅう》の易行道《いぎょうどう》は、かえって知識ある者には難解の道であった。だが道が難いのではなく、彼らの知識がそれを難くするのである。私はこの一篇がどう知識ある読者に受け取られるかを知らない。なぜなら可能なる道が、不可能なる道と思い誤られやすいほど、私は平易な可能を説くのであるから。そうして歪められた現代においては、この「平易」ほど奇異にまた難渋に感じられるものはないのであるから。

二

いかにして来るべき工藝は可能であるか。何がそれをして可能ならしめる基礎となるか。私は次の諸原理を考察することなくして、その可能を思うことができぬ。衆生《しゅじょう》への肯定、あの天才ならざる者への肯定、この至難な仕事を最初に果すことなくして、誰も工藝論を発足せしめることはできない。なぜなら工藝は民衆の上にその存在を委ねているからである。あの天才への崇拝に何の抗議を差し挟む余地があろう。偉大な者への景慕がない時、私たちの生活は停止する。だが天才への崇拝が一度天才主義に陥るなら、私は許すべからざるその矛盾に向って進んで挑戦しよう。なぜならそれは民衆への否定と侮辱とを意味してくるからである。天才が「選ばれた者」であるならば、選ばれざる大衆を予期せねばならぬ。すべての者を天才にしようとするほど架空な望みはない。ひとり天才のみが肯定すべき人間であるなら、この世より呪《のろ》わしい世があろうか。だが自然の仕組みはかくまでに無謀であろうか。大衆をも肯定する温かい福音《ふくいん》がないであろうか。宗教は虐げられた者への福音ではないか。民衆への肯定なき理解に、正しい思想を見出し得るであろうか。私はしばしばあの道徳家が一切の者を善人にしようとする努力を目撃する。そうしてその志が満たされない時、憤慨の情を洩《も》らすのを耳にする。善を愛するその望ましき志に対してなんの異議があろう。だが一度それが悪人を拒否する意味に転ずるなら、私は抗議を申し込もう。なぜなら一切の者を善人にする権利と資格とが誰にも許されてはいないのであるから。そうして大衆は多くの罪と悪とに染まることを余儀なくされているのであるから。だがすべての者に善人たることを強いることなくして、悪人がそのままに救われる道がないであろうか。天才たり得ない民衆がそのままに美の浄土《じょうど》に摂取される道がないであろうか。否々、凡夫《ぼんぷ》たるが故に、必定救われるその誓いがあり得ないであろうか。天才よりもさらに固く救われるその保証がないであろうか。もしこれが見出されるなら、これより雄大な思想はないであろう。これより神秘な福音はないであろう。私は工藝に対して、この福音を見出すまでは、私の思想を休めまい。そもそもこの福音なくして工藝が成り立ち得ようか。あの衆生の工藝が成り立ち得ようか。何たる幸《さいわい》なことか、古作品はその誓いの誤りなきことを私の目前に証拠立てる。逆説を説くように思われるかも知れぬが、その誓いに鼓舞せられて、私は次々の真理を言い切る勇気をもとう。

もし天才に美しい作品を産み得る力があるなら、民衆にはさらになおその力が準備されていると。数々の古作品は私たちにこのことを確信させる。この事実にも増して工藝を可能ならしめる基礎があろうか。民衆彼ら自らにそんな力はないかもしれぬ。否、ないと言い切ってもよいであろう。だが彼らを守る自然が彼らを偉大にさせる。彼らは小さくとも、自然に支えられる彼らは大きい。小さい運命を受けて生れたからこそ、自然は彼らのために救いを準備する。自然が誓うこの救いを破り得るほどの民衆はない。私たちは彼らの凡庸を恐れてはならない。なぜなら自然の守護を棄てる力も、その凡庸に許されてはいないから。民衆は自然の力に加護せられて非凡な世界に入る。あの天才すら近づき得ない異常な世界に入る。この驚くべき事実に、来るべき工藝に対する私の信頼が集る。

私も敬念を以て天才を崇《あが》めよう。だが情愛を以てさらに民衆に近づこう。天才の作よりさらに偉大な工藝を産み得るその民衆を。その民衆すら偉大な工藝を産み得るということ、否、民衆こそそれを産み得るということ。私はこの感謝すべき真理を示すことなくして、来るべき工藝を進めることができぬ。すべての民衆は救わるべき世界の中に在るのである。これより悦《よろこ》ばしい事実があろうか。

私は言葉を転じてこうも云おう。もし聡《さか》しい者が美を産み得るなら、無学な者はなお産み得るのだと。誰か無学たるそのことを讃《さん》美《び》することができよう。だが無学を強いられている大衆のために、準備せられた不可思議な摂理を謳歌《おうか》しないわけにはゆかぬ。私はあの賢明な作が、無心《むしん》の作に優り得た場合がほとんどないことを驚きの眼を以て見つめている。智慧《ちえ》が智慧に亡びなかった場合がどれだけあったであろうか。そうして工藝の世界において、あの無心が美を保障しなかった場合がかつてあったであろうか。しばしばその審美的価値は、知識的無価値から発した。そうして知識的富者がかえって審美的貧者に陥ったことをどうして否むことができよう。知に執するなら新たな愚ではないか。知は尊くとも知の離脱はさらに尊い。無知は自らにおいて何の力をもたぬ。だが一度自然に便《たよ》る時、自然の智慧に甦《よみがえ》ってくる。かつて無心より優れた智慧があったであろうか。真に知を有《も》つ者は知に止まり得ないであろう。私は無学を余儀なくされるあの大衆の運命に固く望みを抱こう。無知に望みがあるのではない。彼らを守護する自然の叡智《えいち》に固き信頼をもとう。その叡智に抱かれる彼らの運命に私は祝福を感じる。かつてそうであったように、工藝の美は今後も民衆の手に托《たく》されねばならぬ。あの凡庸と呼ばれる大衆の世界が、この偉大な使命を担い得るとはいかなる摂理であるか。否、彼らによってますます工藝の美が冴《さ》えるとはいかなる造化の企てであろうか。私はこの神秘をすなおに受けるところに、工藝の輝かしい未来を感じる。

パウロは鋭く云う、「世は己の智慧をもて神を知らず、これ神の智慧に適《かな》えるなり」と。彼は続いてまた強く云う、「神の愚は人よりも賢く、神の弱きは人よりも強し」と。私は民衆の無知の中から、聡しき者に優る智慧が輝くのを見よう。人の智慧は乏しくとも、自然の智慧が豊かに溢《あふ》れる。自然の愚かさは人よりも賢く、人の賢き智慧をもなお愚かならしめるであろう。私はこの世の智慧にのみ工藝を托すまい。それは自然の前には小さな智慧に過ぎないからである。私がなぜ工藝の未来を天才にのみ委《い》托《たく》しないか、私がなぜ聡明な知識にのみ工藝を依存せしめないか。私は天才よりもなお輝かしい民衆の幻像を見、そうして知識よりもなお明るい無心の影像を目前に見つめているからである。来るべき工藝に対する私の希望は、この目撃なくしてはあり得ない。

三

工藝のために備えられた神秘の深さに、私はなおも入ってゆこう。そうして見出された真理を再び次のような言葉に托してゆこう。もし在銘の作に美しさがあるなら、無銘の作にはなおさら美しさがあると。またはこうも言い換えよう。美しい作に名を刻むことが不必要となる時のみ、偉大な工藝の時代があり得るのだと。または進んでこうも云おう。彼の作る美しい作が誰も作る普通のものとなる時ほど、彼は見事な作を作っている場合はないのだと。私はまたこの真理を次のようにも翻訳しよう。一つの器が個性の名によって美しいなら、自然の名によって示される器はさらに美しいのだと。「吾れ」とか「吾が作」とかの意識が絶えた時ほど、その作が「自然の作」となる場合はないのである。そうして「自然の作」よりもっと美しい作はあり得ないではないか。それ故私は再び云おう。在銘の作が美しいなら、必然無銘の作はさらに美しいのだと。

試みに想え、今すべての人々が善人であったとしよう。そうしたら個人の名を挙げて善人を讃《たた》える者はなくなるであろう。否、その時は善人という意識すら地上からなくなるであろう。かかる時代を今よりもさらに驚くべき時代だと云えないであろうか。道徳が一々讃美せられる日より、意識せられなくなる日がさらになお道徳的な世であろう。同じことが工藝においても云えないであろうか。吾が名が意識せられ美が主張せられるのは工藝がすでに低い世に沈んでいるからである。西欧のあの中世紀において、工人たちはあの美しい絵硝子《えガラス》やまたは透彫《すかしぼり》の窓枠に、彼らの名をいちいち刻んだであろうか。またはあの高麗《こうらい》の人々は、彼らの美しい「雲鶴」や「絵高麗」に、作者の名を記したろうか。美に浸り得た時代は美を忘れていたであろう。すべてが美しいが故に、とりわけ美しさが意識されてはいなかったのである。彼らは美しい作を、通常の作と感じたに過ぎない。どうして彼らの名を記す心が起り得たであろう。美的価値と美的無意識とが結合する時代ほど、偉大な時代があろうか。平凡な通常な工藝になり得るほどに工藝を高めてゆかねばならぬ。私たちはとりわけ讃美さるべき作を未来に望んではならぬ。偉大なものが平凡な雑具として考えられる未来を建設しなければならぬ。かくて私の愛と注意とは無銘の作に集る。なぜならその世界においてほど驚くべきことが起り得る場所はないから。ここで工藝の中でも民藝がいかに重大な意義をもつかを知り得るであろう。

私は重ねて云おう。もし美術品として作られるものに美しさがあるなら、雑器にはなお美しさが約束せられていると。真に美しい工藝品でかつて日常の用に役立たなかったものがあろうか。そうして牀《とこ》に飾られる器が、美しさにおいてよく実用の品を超え得た場合があろうか。美しい古作品を列挙するなら、期せずしてその大部分が用具であったのに気づくであろう。優れた工藝品の数々は実に一種の消耗品ですらあった。だが捨てられるその運命は、美の世界に受け取られる運命である。運命は彼らに美しき器たることを約束せずして、実用品たることを許しはしないであろう。あの日常の世界に美が盛られるとはいかなる摂理であるか。あの使役せらるる運命に美が輝くとはいかなる備えであるか。そうしてあの美の奢侈《しゃし》にではなく、美の遠慮に、美がいよいよ冴えるとはいかなる意義であるか。低いこの世界に交わらずば高い工藝の美はあり得ない。これより驚くべき神秘があろうか。かかる摂理があればこそ、工藝には希望ある未来が宿る。来るべき栄誉ある工藝は雑器の工藝であらねばならぬ。救いの誓いが果されるその世界に、工藝の未来を托すほど、安定な措置があろうか。私たちはあの着飾る贅沢《ぜいたく》な工藝を夢みる心を早く放棄せねばならぬ。そうして雑器を作る場合ほど、美しい作を生み得る場合はないのだと悟らねばならぬ。そうしてあの用いられた雑器ほど牀に飾って美しいものはないと知らねばならぬ。正しい雑器のない世界に、工藝の文化を見出すことはできぬ。

四

私は来るべき工藝が徒労な彷徨《さまよ》いをしないために、疑い得ない美の目標をさらに語ってゆこう。私は言葉を換えてこう云わざるを得ないのである。

もし稀有《けう》なものを作る時に美があるなら、普通のものを作る時にはさらに美が加えられると。一つの器の高き美的価値と、その存在の低い平凡とが結合し得るという言葉ほど、耳を欹《そばだ》たしめる福音があろうか。私は空想を語ることに興味を覚えるのではない。この真理こそ疑い得ない事実ではないか。史家はあの偉大な茶器が、真に平凡な普通の品に過ぎなかったことをついに匿《かく》すことができない。ほとんどすべての偉大な工藝はこの平常の世界から来たのである。工藝はあの詩人ホイットマンが云う「神聖なる尋常」'Divine Average' の世界にある。昔、禅師南泉《なんせん》が道を問われたのに答えて、「平常心是道」と云った時、同じ真理を心霊の世界に感じていたのではないであろうか。「道」の世界をあの稀有な異常な彼岸《ひがん》に描く者は、この一語の前に何の面目があろう。作家よ、もし貴方が何人にもできない作を作った時に歓喜を覚えるなら、貴方の作が美に遠ざかりつつあるのだということを反省していないからである。そうして何人にもできる作を作った時、恥辱を感じるなら、貴方の作が美に近づきつつあるのだということを悟らないからである。だが私は注意深く言い添えておこう。もし貴方がわざと平凡を目当に作るなら、すでに稀有なことを試みているに過ぎないと。すべての工藝家は「平常心」に活きねばならぬ。来るべき工藝は普通のものを作ることに躊躇《ちゅうちょ》してはならない。なぜなら、かかるものを作る場合ほど、美しさが慥《たし》かとなる場合は決してないのであるから。かかる平易な道が、与えられた工藝の道なのである。かかる事実にもまして工藝を可能ならしめる基礎はないではないか。

私は同じ原理をこうも言い得るであろう。もし高価なものに美しさがあるなら、廉価なものにはなお美しさがあり得ると。否、私は積極的にこう云おう。安く作り得るような事情に私たちを置かないなら、決して正しいものはできないのだと。私たちは審美的価値と経済的無価値とが、一致し得ることを驚いてよい。否、経済的無価値に近づかずば、審美的価値にも近づき得ないということを信じてよい。そうしてこの信念ほど、私たちを経済的苦界から救い起すものはないであろう。工藝の正しい歴史は私たちの目前にこのことを立証してくれる。私はこの事実の裡《うち》に来るべき正しい文化の理念を感じる。廉価が粗悪を意味して来たのは、全く現代の社会制度の罪に過ぎない。したがって私のこの理念は現代の文化をそのままに肯定することに矛盾を感じる。

最も低い価の中に、最も高い美を盛ることが可能だということだけでも、すでに大きな福音ではないか。まして低い価のものでなければ、現し得ない高い美があるという時、一つの価値転換が起るであろう。かかる意味で正しい廉価の作は、最も高価に評価せられてよい。あの元来安物であった茶器が「大名物《おおめいぶつ》」として今は万金に評価せられるに至ったその運命を意味深く思う。経済的無価値のものでなくば、真に経済的価値は起らないのだとも云えるであろう。最初から経済的価値を要求する器は、いつか経済的無価値に陥る場合が来るであろう。高価な品は非常にしばしば審美的価値の貧弱を伴うからである。あの価を誇り技巧に憑かれた末期の蒔絵や清朝五彩の焼物を私に贈る者があるなら、私はそれをどこにしまうかに困却するであろう。尊い故ではない、醜いからである。そうしてそれを所望する人が私の前に現れるなら、私は躊躇なく即刻にそれを無代価で与えるであろう。むしろその時こんな価値のないものを与えてよいかをさえ疑うであろう。高価にしてしかも醜い時、私にとっては二重に経済的価値を帯びない。いつか高ぶるものは亡びるであろう。だがあの「下手《げて》」と嘲《あざけ》られるものは、不思議にも悠久な命数をうける。私は来るべき工藝の祝福せられた運命を、何人も求め得る価低き作物の中に見出そう。そうしてこのことはいつか価格にまつわる桎梏《しっこく》からの離脱を、来るべき社会のために準備するであろう。

五

私は工藝の問題において認識さるべきこの秘義を、さらに次の言葉においても示唆することができよう。

もし少量に作るものに美が現れるなら、多量にできるものにはさらに豊かな美が現れると。もしこの真理が肯定せられないなら、民藝は不可能だと云ってよい。私はこれの事実の中に再び驚くべき摂理を感じないわけにゆかぬ。多量ということ、人はこれを凡庸の世界だと蔑《さげす》むようにさえ見える。人々は軽侮の意味なくして「ざらにある」という言葉を使わない。だが少量な特殊な世界への讃美には深い病根が潜む。わずかな数個の作にのみ美しさが宿る時、その時代が今低い水準にあることを裏書きするであろう。そうして美しい作が多量であるため、平凡となる時、その時代は最も高い標準に達していることを告げるであろう。私は多量生産と粗製濫造《らんぞう》とが一致する近代を謳歌《おうか》しているのではない。多き作と高き美とが結合した歴史を省みているのである。そうして高き美すら意識されなかった多産的作品と、小さな美すら意識される少量的作品との対比について、浅からぬ興味を感じる。

だが私は美しき作が多く作られることに興味を感じているのではない。多く作られるものに美が現れることに一層の驚愕《きょうがく》を感じる。正しき工藝の歴史はこのことを目前に示してくれる。あの中世紀やあの宋《そう》代やあの李朝期やあの江戸時代の栄誉を語る作品は、少しよりできなかった作品であろうか。そうしてかつて多くできたために醜さが増したであろうか。自由さが欠けてしまったであろうか。私は輝かしい未来の工藝を、とりわけ多量な作品のうちに感じる。そうしてもしこのことが実現されないなら、工藝の歴史もその栄誉ある頁を閉じるであろう。美のために多量を恐れてはならない。

もし多量に作らないなら、価格の低下は来ないであろう。そうして廉価でなくば、民衆の用に備えることができぬ。そうして民衆の用に仕えずば、奉仕の美を失うであろう。そうして奉仕の美なくば工藝たる意義を失ってくる。技巧よりの解放、自然に托された創造、狐疑《こぎ》なき自由、あの無駄なき単純、これらの美こそは多量より起る諸徳ではないか。そうしてその美をすら、通常の域に高めるのは、多量が齎《もた》らす驚くべき酬《むく》いではないか。特殊な意識からの離脱なき所に、真の美は実現されておらぬ。工藝の世界は普遍の世界であり多数の世界である。

美を前に見て美を意識するなら、まだ二義である。美の内に入って美の意識を忘れる時、始めて全である。美の充実なき処に、この「美の忘却」は来ないであろう。偉大な作はかかる神聖な忘却の中から生れた。そうしてこの「美の忘却」は多数の世界において最も可能である。未来に工藝を計る者は、「多」と「美」との間に結ばれるこの秘義を、蔑《ないがしろ》にしてはならぬ。多に交わらずしては真の美は存在しがたい。それなら少量に作るあらゆる事情は打破されねばならぬ。さらによき美に入るために、まださらに幸《しあわせ》な社会を生むために。

したがってもし複雑なものに美があるなら、単純なものには一層の美がある。正しき一切の工藝はこのことを左証するではないか。かつて単純の要素を欠いた所に美があったであろうか。そうして単純の中に無限の美を盛り得るという可能はすでに驚きではないか。だが単純でなくば深い美はないという真理に至って、驚きはさらに深まる。美を想う時、これに過ぎた感謝があろうか。平易への接近が美への接近である。この驚くべき運命の設備が無視せられて、あえて錯雑に美を殺す今の愚かさを許し得ようか。美は最も易しき道においてすべての者に許されてある。この事実なくして、私は来るべき工藝に何の希望をか抱き得よう。工藝の道をまた「易行道」と呼び得ないであろうか。

‘Simple Union is The Best’「単純な合一こそ最良なれ」詩人カビール Kabir はかく歌う。これこそはまた美への讃歌《さんか》ではないか。純一な帰依《きえ》に最も深い信仰があるように、単純な器にこそ、最も複雑な美が含まれるのである。あの色なき白光こそすべての色を含む。美に単純があるのではない、単純に美があるのである。そうして単純なほど複雑な美が含まれる場合はない。それをこそ「不言之言」と言い得るであろう。単純に最も美があるということ、この真理なくして来るべき民藝が成り立ち得ようか。私は「美」と「民」との結合のために、準備せられたこの単純の世界に、工藝に与えられる限りなき摂理を感じる。

六

私は同じ真理を異なる一角に立ってこうも云おう。もし複雑な工程によって美が現れるなら、簡単な工程においてはさらに美が現れやすいと。工藝をして容易ならしめるこの原理は次のようにも私たちに語る。精緻《せいち》な人為的作法に陥れば陥るほど美は乏しく、自然な簡易な工程に依れば依るほど、美が確かにされる。もしこの真理の顚倒《てんとう》に工藝の基礎があるなら、その未来は全く封印せられてしまうであろう。繁雑なる手法からかつて活々《いきいき》した作が生れたことがあろうか。それは無益なる迂遠《うえん》に過ぎなく、その結果が貧弱でなかった場合は極めて少ない。そこには二重の損失さえ見えるではないか。だが自然はかかる道において美を贈ろうとしているのではない。単純な工程にこそ最もよく自然の力が活きる。

材料を思えよ。賦与せられた天然の物資を素直に受け容れること、この簡単な出発にも増して工藝の美を保証するものがあろうか。細かな知識と煩瑣《はんさ》な装置と、そうして多くの労力とによる人為的材料が、自然のそれに優り得た場合があろうか。人々はそれを「智の捷利《しょうり》」と呼ぶであろうが、「美の敗北」たるを匿し得ようか。あるいはそれを「精製」と呼ぶであろうが、自然からするならいかばかり「不純」であろう。

「吾れに頼れよ」、自然はそう囁《ささや》いているのである。この囁きに優る悦ばしい音ずれがあろうか。私たちは自然が準備してくれたこの厚誼《こうぎ》を無にしてはすまない。

手法を思えよ。錯綜《さくそう》と配慮との重荷に悩む時、残るものは単に驚くべき技巧の跡に過ぎないではないか。そうしてそれが生命を殺さなかった場合がどれだけあろう。だが技巧のことすなわち美のことではない。自然は工藝を守るのに煩瑣の道を選びはしない。平易な技法にあり余る美を托そうとする。これにもまして賢明な心づかいがあろうか。私たちはその志を拒むような愚かさを犯してはならぬ。失敗と軟弱とそうして徒労とはいつも錯雑に伴う。そうして単純は生命と健全とそうして有用とを招く。それでも好んで前者を選ぶなら、それを無益な冒険、無謀な投機と呼ばない者があろうか。

そうして費される時間と労力とを思えよ。単純な操作において、易々たる速さにおいて、美が保証せらるる道。面倒な過程を辿《たど》り、遅々たる時間を経て、しかも生命を失いがちな道。この二つの岐路に立ってその選択を躊躇《ためら》う者があろうか。だがあり得べからざる取捨が今もなお行われつつあるのである。平易なしかも確実な道、これが工藝に与えられた大道である。否、これのみが許された唯一の大道である。すべての者が歩み得る坦々《たんたん》たる公道である。これにも優る感謝すべき神の用意があろうか。あの狭隘《きょうあい》な蹉跌《さてつ》の多い谿谷《けいこく》が、美の都への唯一の道であったなら、いかに呪わしき命数であろう。だが神は彼の無上な叡智において、彼の決定せる宇宙の設計に少しの誤《ご》謬《びゅう》をも示してはいないのである。

何の要あってかくは自然に素直にまた容易に生るべき美を、強いて曲げ作り工夫しようとするのであろうか。私たちは将来の工藝を、可能ならざる至難な道において果そうとしてはならぬ。それは自然の志に悖《もと》るが故に、用からもまた美からも離れるであろう。自然は工藝をして民衆の手に成就せしめるために、最も平易な道を準備している。そうしてこれに依存する者に向って、自然は必ず美を約束する。しかもこの約束にかつて異変はない。もしこの誓いがないなら、民藝は全く不可能である。私は仏教で言い慣らされた言葉を借りて、かかる福音を「他力道《たりきどう》」と呼ぼう。私は実に可能なる工藝の輝かしい未来を、かかる「他力道」に見出そうとするのである。

私はあの『歎異抄《たんにしょう》』に書かれた親鸞上人《しんらんしょうにん》の言葉を感慨深く想い起す。「善人なおもて往来をとぐ、況《いわ》んや悪人をや」と。心霊の世界における驚くべき秘義について、これまでに深く見破った言葉は世にも稀《まれ》であろう。私は宗教におけるこの秘義を、工藝においても深く体験する。私が費した多くの言葉もついにこの一句に尽きる。もしこの世に工藝の聖典があるなら、この言葉によってこそ書き起されているであろう。そうしてこれより深く希望を民衆に贈る音ずれがあろうか。そうしてこれより深く工藝の美を約束する言葉があろうか。

念仏《ねんぶつ》の法語は繰り返して云う。弥陀《みだ》の誓願《せいがん》を信ぜよ。その誓いに誤りはなく洩れはなく怠りはない。済度《さいど》こそは如来《にょらい》の本願《ほんがん》である。救うことと如来たることとは同じ意である。「救いを果さずば吾れ正覚《しょうがく》をとらじ」とまで記されたではないか。どんなに悪が強くとも、その誓いの強さに勝つことはできぬ。悪はすでに救われている世界での出来事に過ぎない。

かかる声が響くなら、これにも増した悦ばしい福音があろうか。だが凡夫の手になるあの貧しい器にも、この声が響いていないと誰が言い得るであろう。この声にこそ不易不変な工藝の基礎を感じる。

（昭和二年六月五日稿　増補）

（中）　工藝と個人作家

序

偉大な工藝の美を熟視する時、私はそこに救われた衆生を見、かくてまた救わるべき未来の相《すがた》を見る。彼らのために救いを誓う自然の意志に、もう疑いを挿む余地はない。私たちの任務は、この福音を伝えることと、確信させることと、そうしてその自然の意志が充たされるように、すべての事情を準備するにある。工藝は再び民衆の手に帰らねばならぬ。帰るべきが至当であり、帰らずば正しい工藝はあり得ない。工藝は民間にその正しい姿を現さねばならぬ。それは「通常」の世界から出、「通常」の世界に活《い》きる美である。そうして「通常」の中に偉大な美を見得るということほど、非凡な出来事はない。あの忘れがたいホイットマンのすべての詩は、この真理を謳《うた》ったのだと云えないであろうか。

民衆と結合することなくば、来るべき工藝はあり得ない。否、工藝たる本来の意義を保つことができぬ。だが今日誤った社会のすべての事情が民衆の生命を封じてしまった。この世は俗悪と冷却との淵《ふち》から、もう起き上り得ないかのように見える。工藝の世界が今日ほど暗黒にされたことは、かつてなかったであろう。そうしてこの暗い勢いがいつ衰えるかを誰も予告することができない。自然から離れまたよき社会から別れた民衆は、ついに美を産み得ず、また美がどこにあるかをも見失ってしまった。そうして今や美と醜とがその位置をかえた。もし誰か目標を示す者がないなら、道は失われるままになるであろう。

かかる間に伍《ご》して個人作家は立ったのである。彼らは来るべき工藝に対していかなる位置にあるか、いかなる任務を彼らが負うているか。そのことへの自覚は現代において最も重要な問題と云えよう。だが最初私は個人作家の特質について語り、それがもつ意義と限界とを列挙し、来るべき時代のために何を準備せねばならぬかを語るであろう。したがってこの一章は個人作家が未来の工藝に対し考察せねばならぬ諸々の事項についてである。どこに彼らの任務があるか。彼らは彼らの個人的位置に止まってよいか。民衆の工藝といかなる関係に立つべきか。それらのことについて私の管見を披瀝《ひれき》しようとするのである。

一

過去の偉大な工藝時代が、民衆的作品によって示されているのに対し、現代のよき作は、わずかな個人的作家によって代表される。何故かかる推移が来たか。この現象は何を告げるか。この事は工藝に対していかなる意味をもつか。個人作家の勃興には二つの理由があると考えられる。もし民藝が今なお栄えているなら、かかる作家は要求されなかったであろう。一般工藝の驚くべき堕落が、個人の奮起を促したのである。歴史が明らかに語るように、時代の下降につれて工藝が衰えた時、それを再び美しさへと戻すために、個人作家の数は漸次に増した。二つには近代における自己意識の発達による。特に近代において個性の独立は主張せられ、自我の位置は尊重せられ、天才は讃美せられ、英雄は謳歌せられた。この思想の流れは工藝にも渡り、数多くの工藝家が自己の名において起った。そうして特殊な個性的表現によって、工藝を高めようと欲した。

民衆それ自身の素質に変りはない。だが誤った制度のために、才能は歪められ作る者は粗悪に沈んだ。正しい質は失われ、姿は卑俗に流れ、すべては弱く醜くせられた。かかる時代にもし目覚めた個人作家が出なかったら、工藝はその命脈を断つであろう。一般工藝に正しい美の目標は失われてしまった。だが一つの高い目標を追って各々の作家は進む。萎靡《いび》した工藝の運命は今個人的守護によって、その生命をわずかに保有する。

かくして工藝において個人の名はほとんど偶像視されるに至った。在銘のものでなくば貴重視せられなくなった。購う人々はむしろ姓名を購《あがな》うように見える。誰々の作ということが美の根拠にさえなった。特に定見のない一般公衆に対して、それは好個な審美的ならびに経済的標準を投じた。稀有な古作品を除いては、今日個人的作品ほど高く評価せられる器物はない。在銘であることが美の保証とさえなった。かくして真の工藝は個人的作であらねばならぬとさえ考えるに至った。そこには民藝に見えない手法と技巧と個性との提出がある。かくして民衆の工藝は忘れられ、工藝の民衆的意義は見失われるに至った。無銘のものは今愛を受けない。工藝史はほとんど個人工藝史の観がある。個人作家の出現は工藝という観念に一転換を来した。

個人作家はすでに昔の無学な職人ではない。彼らは意識に充ちた藝術家である。美への認識があり主張がある。そこには個性的色彩があり思想的生活がある。彼らは伝統的制度に属する人々ではない。彼らは彼らにおいて自由であり独立である。したがって特殊な性格やまた生活が作物に表示される。美への知的理解においてまた生活の複雑な様式において、過去の職人たちに比すべくもない。

これも時代の反映である。すべてに対して意識が今日ほど進んで来た場合はない。現代の教養ある人々には意識の喜悦がある。これは時代の大きな賜物と云ってよいであろう。私たちは時代の恵みによって、古人がもち得ない多くの歓喜を所有する。個人作家は美が何であるかを省みつつ作る。その材料の性質についてまた工程の結果について、決して盲目ではあり得ない。ある者はすでに科学的世界の圏内にさえ進む。何を作るか、なぜできるか、いかに作らるるか、これらのことについて決して無知ではない。しかも歴史への反省があり、美学への考察がある。作家はなんらかの意味で藝術論者である。かかる基礎なくして工藝が示された時代と、いかに大きな隔りであろう。

だが工藝が藝術として意識されるかぎり、そこには天賦の才が要求される。知識に精《くわ》しき者、必ずしもよき作家たることができぬ。個人作家は「選ばれたる者」でなければならぬ。このことは作家たちに対する第一の制限とも云えよう。文学や美術と同じように、誰でもそれにたずさわることは許されておらぬ。多くの者は知識の保有者であることはできよう。だが知識はただちに創作に転ずることができぬ。ただわずかの「選ばれたる者」のみが創作の扉を開くことができる。ただ天才のみが正しい個人作家である。しかし天才が求められるかぎり、それは稀の稀な場合にのみ逢うことができる。誰も一時代に数人の天才を予期することはできぬ。(選ばれざる個人作家がいかに多いであろう!) だがもし天才が稀有であり、稀有な天才に非ずば美の領域に入り得ないとするなら、私たちは来るべき工藝をどう考えたらよいか。私たちはそれを少数な稀に見る天才にのみ依存して行くべきであるか。個人作家が将来の工藝に対していかなる位置に立つか。あの衆生の工藝をどうすべきであるか。ここに重要なしかも困難な問題が提出される。だが私はこの問題へ入る前に、個人的作品の性質についてさらに吟味を加えねばならぬ。

二

民衆から転じて個人作家に来る時、そこに見出される著しい特質は、無心から意識への推移である。没我《ぼつが》より個性への傾向である。器より見るならば日常品より貴重品への転向である。一言でいうなら工藝より美術への進展である。しばしば名づけられたようにそれは「工藝」と云われずして「工藝美術」と呼ばれる。しかしこの推移は私たちに何を語っているか。未来の工藝は「工藝美術」でなければならぬか。また「工藝美術」でなくば美しき工藝と呼び得ないか。

工藝と美術とは造形美の領域を流れる二つの河とも云えよう。あるいは頂きに登りゆく二つの山路にも譬《たと》え得よう。泉も頂きも一つであるにはちがいない。だがその道《みち》条《すじ》においては二つである。私たちは「工藝の道」をただちに「美術の道」と云うことはできぬ。だが個人作家に現れた近代の工藝を見る時、そこに混同と錯綜とがありはしまいか。むしろ工藝が美術に置きかえられていると云えないであろうか。かくしてここに「工藝美術」と名づける特殊な一現象が示されるに至った。否、それはすでに純工藝ではなく、ほとんど美術と同意義にさえなった。私は個人的作品たる「工藝美術」の中に安全に次の事実を挙げることができよう。

工藝から「工藝美術」に転ずる時、そこには必然に絵画的（もしくは彫刻的）要素が著しくなる。進んで云えばかかる美術的要素がその作品の主要な価値に転ずる。私は例証に入ってこの傾向を指摘しよう。例えば著名な個人陶工として乾山《けんざん》を選ぶとする。もし彼の焼物からそこに描かれた絵画を取り去ったら、何が残るであろうか。絵画が彼の焼物を支える力である。素地とか釉薬《うわぐすり》とか、私はそこに卓越した彼を見ることができぬ。彼の焼物は私たちに、彼が陶工たるよりさらに画工であることを告げてはいまいか。実際彼の筆画、特に彩画に転ずる時、彼は常に陶工たる彼よりも偉大である。彼の純粋絵画は彼の陶器より遥かによい。これは彼が工藝家たるより、一層美術家であったことを告げるであろう。

柿右衛門《かきえもん》を選んでもそうである。私たちは「無地もの」の世界を柿右衛門の中に聯《れん》想《そう》することができるであろうか。彼の価値はほとんどすべて絢爛《けんらん》たる赤絵《あかえ》に集中しているではないか、もしその作に絵画的要素がなかったら柿右衛門の存在はなかったであろう。あの仁清《にんせい》もまたこの例に洩れることができぬ。いかに彼の焼物の上に描いた彩画が彼の名を集めているであろう。

常に最も偉大な工藝家として考えられる光悦《こうえつ》においてもそうである。彼の種々な作品を羅列する時、私には彼の陶器よりも漆器よりも、彩画が最も偉大な作と考えられる。それは真に一宗の開拓であった。光悦に続いて宗達《そうたつ》、光琳《こうりん》、乾山と燦爛《さんらん》たる命脈が持続されたのも無理はない。

このことは木米《もくべい》についても云えるであろう。私は木米の焼物で、彼の南画以上に美しいものを見たことがない。私は書家としての画家としての木米をはなはだ好む。だが陶工としては未《いま》だしである。抹茶の堕落を慨して、新たに煎茶《せんちゃ》の道を開こうとした彼の覚醒《かくせい》に敬意を払うことはできる。だがそれは思想的価値であって、ただちに作品そのものの価値ということはできない。彼の作が支那の作を越え得なかったことについてはすでに書いた。

あのトフト Toft やシムスン Simpson のいわゆるスリップ・エアーはどうであるか。彼らは英国の陶工中私の最も心を引く人々であるが、しかも彼らの価値は掛って彼らの絵の上にあると云わねばならぬ。実際絵画的要素を陶器に求めるために好んで皿《さら》類を選んだ。それも実際に用いがたいほどの大きな皿を好んで選んだ。私は私の全く好まないあの有名なエッジウードの焼物が、その彫刻的特質にあることをいうだけに止めておこう。そのいやな彫刻がなかったら、彼はまだしもよかったであろうが、同時に世界的な名を失っていたであろう。

近代工藝家として最も著名なモリスを挙げよう。少なくとも私の知る範囲において彼の工藝品はあまりにラファエル前派の絵画的束縛を出ない。彼の作がかくも純美術に近づくに及んでますます工藝を離れたということができる。そもそも工藝に彼の浪漫主義が適合するであろうか。

現代の日本における個人陶工として、私の尊敬する富本《とみもと》（憲吉《けんきち》）の例を挙げよう。彼は特に模様を重要視する。元来は下図であった模様をついに独立せしめ、彼は、その「模様集」を出して世に問うた。それは南画の真意に迫り、その筆画の美は彼の陶磁器より一歩先んじている感を抑えることができぬ。

これらの例証は何を語るか。個人作家の作が工藝に向って多分の絵画的（または彫刻的）要素を加える傾きをもつのを示すであろう。これは個人的立場が純粋工藝に対するより、一層美術に適合するのを語るであろう。作者は多く絵画的分野において、彼の個性をより自由に、より充分に表現し得るからである。これに反して工藝に要する素材と、その物理的工程とは幾多の自由を拘束する。彼らの工藝は彼らの絵画より優れていた場合はほとんどない。

さて、これらの被い得ない事実から、私は真理を次のように清算することができよう。個人作家の作は純工藝ではなくして美術である。あるいはこうも云えよう、「工藝美術」なるが故に不純工藝にすぎないと。これ故工藝美よりすれば、「工藝美術」の美は純工藝の美に劣ると。美術化された工藝より、純工藝の方がさらに美しいと。私のこの言い現しは単なる推理ではない。私はすでに幾多の例を以て、個人作家の作で民藝の美を越え得たものがないのを指摘したではないか。

私はあの高価な貴重な作、例えば蒔絵の如き、明清《みんしん》官窯五彩の如きが、いかに絵画的効果にその価値を委ねているかを興味深く感じる。だが同時にそれらのものが純工藝の本質たる用の世界から遠いことをも注意せねばならぬ。しかしかく云う時、民衆的工藝にも、絵画があると評するであろう。だがそれは個人作家に見られるような模様だけが単独に秀でているのではない。素地と形態と用途とその模様との間には驚くべき結合があり平衡がある。しかも模様は個人的作における場合よりも遥かに単純であり無心である。それは工藝であって美術ではない。美術的絵画として表示せられたものではない。

個人作家への是認は美術的要素への是認である。しかしかかる要素を来るべき工藝にも要求すべきであるか。工藝をして工藝美術に転ぜしむべきであるか。かかることは可能であるか、また正当であるか。ここに重要な問題が提起される。

三

しばしば主張せられたように、個性の表現に近代美の特質があると考えられる。私もまたそこに特殊な美があることを否むことができぬ。しかしこの主張はより多く美術の原理として考うべきではないであろうか。果してかかる主張は工藝にも適応されるであろうか。また工藝の道が果して個性の表現に適するであろうか。多くの個人的作家が「工藝」を去って「工藝美術」に転ずるのは、「美術」の分野でなくば個性が現れにくいからではないか。純工藝に止まることは、それを許さないからではないか。このことから何が導かれるか。工藝美と個性美とが相反撥《はんぱつ》することを語るであろう。(あの用途を旨とし奉仕を心とする工藝が、個性を言い張る時、よき器《うつわ》たり得ないことについて私はすでに記した)。それ故個性美は工藝美ではなく美術美である。それなら私は安全にこういうことができよう。個人工藝家の美術的作品に見らるる美は個人美であろうとも、工藝美ではないということを。私たちはその作を通して、作者の躍如《やくじょ》たる個性を尊ぶことはできる。だがこれは工藝品としての美を讃えているのではない。人間としての面白味であって、ただちに作そのものの価値とは云えない。人々が在銘のものを尊ぶのは、作者を見て、作そのものを見ていないからである。

私は再び木米を例に挙げよう。私はすでに彼の筆蹟《ひっせき》や南画が、彼の焼物よりさらに美しい旨を述べた。しかし恐らく彼の価値のうち一番躍動するのは、木米その人の性格であると思う。彼は必ずや驚くべき鋭い性格の保有者であったであろう。譲歩を持たず妥協を知らず不羈放逸《ふきほういつ》な強い性格があったであろう。そうして彼の神経は恐らく休息を知らないまでに働いていたであろう。そうして彼の美に対する感覚が鋭敏であったということに疑いはない。だがその個性の現れであった彼の焼物はいかなる美を吾々に示してくれたか。それを平凡の作と誰もいうことはできぬ。だが同時に平易でないが故に、いかに角《かど》が多いであろう。そこには悧口《りこう》さから来る意識の患いがあまりに多い。もし彼の如き神経質な作を健全な作というなら、すべての工藝家は神経衰弱に罹《かか》ることを余儀なくされるであろう。人間の魅力ただちに器の魅力とはならぬ。

個人工藝家として最も偉大であると誰も許す光悦を見られよ。彼が私に与える一番強い誘引は、彼の作よりも筆よりも、実に彼自身である。その円《まど》かな温かなすべてを包みすべてを識る賢くしてしかも潤いある彼の人格そのものである。彼は高さと深さと広さとを一身に具足した真に稀有な人格であったと云わねばならぬ。彼は彼の作品よりさらに美しく大きい。そう云えないであろうか。彼の作物にはなおも作為の傷が残る。

彼の衣鉢《いはつ》を伝えた乾山においてもそうである。彼の人物は彼の焼物より遥かに完備する。そこには静寂と温情との結合があった。彼は優に一禅家の位ある人であった。私は彼の人となりを慕う。だが彼の工藝は彼の一生より偉大な藝術であったろうか。モリスを選んで来る時、この対立は一層明確になる。彼において一番偉大な価値のあるのは、真理のために戦ったその驚くべき性格、熱烈な真摯《しんし》な倦《あ》くことなき生涯である。そうして彼のうち一番価値の少ないのは、恐らく彼の遺した工藝品である。むしろ創意の乏しい美術化された作品である。あるものは見るに堪えぬ。彼が愛した中世紀の無銘な古作品と何の連絡があろうか。姿は似るとも心の相違をいかんともすることができぬ。中でよいものはほとんど皆伝統的作品に止まる。

特に工藝において個人作家の価値がしばしばその作品よりその一生にあったということについては、次の例証がさらにその事実を強めるであろう。あのパリッシーPalissyの作を見よ。私はそのどこにも心を誘われる美を見ることができない。だが彼は偉人列伝中に載るべき人ではないか。彼は彼が作るものにではなく、彼自身の一生に、美を焼きつけたと云えないであろうか。

私は現代の陶工としての（板谷《いたや》）波山《はざん》氏について、しばしば涙ぐましい多くの物語を耳にしている。貧と失敗とに甘んじてその努力を曲げることのなかった彼の信念について景慕の情を禁ずることができぬ。しかし彼の価値はパリッシーのそれと同じであって、その作品にあるのではない。そこには美と技巧との錯誤よりほか何ものもない。人々は決して彼の一生より、より美しい焼物を見る場合はないであろう。いわゆる「名工」と呼ばれる匿れた幾多の人々がある。それらの人々の性格を耳にする時、私の興味を惹《ひ》かない場合は少ない。彼らの一生は必然に奇行放逸に富む。よしその行為に不道徳な幾多の個所があっても、性格にはなお藝術品たる面影が見える。しかし私は彼らの作品に心を惹かれる場合がはなはだ少ない。その「名工」の称号は多く技巧のことに属して美に属するのではない。

私たちは個性美をただちに工藝美と誤認してはならぬ。否、工藝において個性美はかえって一つの致命的傷を残すであろう。工藝品の価値に関する認識は、作に現れた結果において加えねばならぬ。作者いかんが作品の価値を左右するのではない。もし作者の偉大な個性のみが、偉大な工藝を産むなら、民衆の工藝は全く不可能であったはずではないか。

人間として見るならば、いかに教養ある個人作家の方が、無学な工人たちより上であろう。しかるに作物より見るならばいかに個人的作より民藝の方が上であろう。驚くべき不可思議な対比ではないか。知識と無知、有想《うそう》と無想《むそう》、自力《じりき》と他力《たりき》、私はこの両者の対比について多くの暗示を受ける。民衆のどこに美の認識があろうや。そうして個人的作のどこに無想の美があろうや。これらの事実は私たちに何を告げるか。両者の結合と補佐とが来るべき工藝において果されねばならぬ。

四

私は個人工藝が、ついに純工藝になりにくい幾多の性質を挙げ得るであろう。それを特殊な工藝と呼び得ても、正当なる工藝と呼ぶことはできぬ。何故その美術性が作物に多くの制限を来すか。第一社会性の欠如に非難が加わるであろう。個人の世界であること、それもわずかな天才の仕事であること、作品が僅少《きんしょう》であること、高価であること、貴重品となること、日常品となり得ないこと、一言で云えば民衆への生活や社会への用途とほとんどなんらの関係がなくなってくる。だが社会性なき工藝を、正当な工藝と云えるであろうか。

私は天才以下の、個性以下の作について語り添える何の必要もないであろう。そうしてすでに個人主義と主知主義との欠陥については先に書いた。そうして天才主義が工藝に対して、なんらの光をも与えないことをすでに述べた。個人作家がもし個人道に工藝の行くべき方向を感ずるなら誤謬である。そうして彼の作が工藝の本旨を満たしているということを思うなら錯誤である。ましてその歩んでいる道が、純な工藝の道であると考えるなら空想である。作家は個人道が陥りやすい欠如について盲目であってはならぬ。そうして工藝と美術との混同が一つの混乱せる立場に彼を落し入れていることを反省せねばならぬ。そうして彼らの立場が社会に向い美に対し、何を意味するかを思わねばならぬ。そうして彼がなすべき任務が何であるかを自らに問わねばならぬ。その時来るべき工藝に向って彼らがいかに彼らの出発を改めねばならぬかを熟慮するであろう。すべての個人作家は自らに向って、鋭くこう反問せねばならぬ。

作るものは真に用いらるるものであるか。用途への誠実が果されているか。器の美は用と固く結ばれずしてはあり得ないではないか。もしや用は後で自らを示そうとする心が先ではあるまいか。奉仕は匿れ自我が顕《あら》わではないか。よし用いられるとも、あの民衆に役立つものであろうか。また日々の不断《ふだん》づかいに堪えるものであろうか。誰もの役に仕えないようなものを作ることに工藝の目的があろうか。ただ特殊な少数の人にのみ与え得ることに満足してよいであろうか。もし不満足ならそのことへの準備を進めているか。あの普通のものにかえって豊かな美を示している古作品の前に何の弁解があるか。かえって器を民衆の伴侶《はんりょ》として作る時に、高い美が生れることを忘れてはいまいか。質素なものに自然の加護があることを無視してはいまいか。

個人的境遇は多量の生産を許しているか。事情はそのことを封じるではないか。だが多く作らずしては、民衆の用に備えることができないではないか。多く作ることが美を、いや自由になすことを顧みたことがあるか。民藝においては多が美の一つの基礎であるのをどう考えたらよいか。多量は私たちを技術の成就に導くではないか。そうして意識の拘束から解放してくれるではないか。少量生産を余儀なくするような事情に打ち委せてよいであろうか。少量に良いもののみを作るとするのは可能な考えであろうか。多量から安らかな美が生れるのをどう考えたらよいか。多量が粗悪になったのは、ごく近代での出来事に過ぎないではないか。

個人的に作る時、作は高価に導かれるではないか。事情はこのことから作家を救い得ないではないか。しかし高価なもののみを作ることは一つの社会的悪を構成しはしまいか。しかも高価な作が美を約束するであろうか。むしろ廉価が美を約束する場合が遥かに多くはないか。この事実が破れたのはごく近代のことではないか。高価ならそれは顧客を富者にのみ予期せねばならないであろう。だが近代での工藝の堕落が富者の貪慾《どんよく》に起因している事実を否定できるか。その堕落を救おうとする個人作家が、再び富者に依存するとは矛盾もはなはだしいではないか。誰でも買える品を作る時、作る心は一層平和であり安らかではないか。技巧の超過より来る醜さは高価なものを作るところに遠因すると云えないであろうか。

かくして個人的作は日常品になり得ずして、貴重品に止まりはしまいか。たとえ日用品を作るとも高価なものを日々用い得ようか。それは床に飾るより仕方なくはないか。まして最初から贅沢品を作ることに陥りがちではないか。それは用途を心とする工藝の本旨に悖るではないか。だが多年用につかったものを、床に飾る場合といかに異なるであろう。それは用いられるより見られるがために作られはしまいか。だが古作品は展覧されんために作られたのであろうか。彼らに用具でなかったものがあろうか。工藝を去って美術に転ずるのは、工藝からの離叛《りはん》ではないか。

個人作家は天才を要求する。だが天才は一時代に幾人もあり得るであろうか。よし天才に秀でた作があっても、未来の工藝をかかる天才にのみ依托《いたく》してよいか。民衆との結合なくして工藝があり得るであろうか。偉大な古作品は天才の作であるか。平凡な民衆から工藝の美が生れたことを否定できるか。もし天才のみが工藝に触れ得るなら、民衆を放棄せねばならないではないか。しかし民衆なくして工藝が可能であろうか。天才よりなお不思議な力がそこに現れ得ないか。古作品はその可能を語ってはいまいか。個人作家に止まることによって、いかなる偉大な工藝が現れ得るか。

個人的作は工程に無理がありはしまいか。一切を自らでなさねばならぬ不自由に陥りはしまいか。かかることには限界があるではないか。一人で糸と染と織とを充分になし得るであろうか。単独で、土と轆轤《ろくろ》と絵附《えつけ》と釉掛《くすりがけ》と焼きとをなすべきであるか。優れた古作品が多くは合作であるのをどう見るべきであるか。しかも個人は量よりも種を追う傾きがあるではないか。かかる多種への要求は健全なものであろうか。一身で青磁と楽《らく》と染附《そめつけ》と赤絵《あかえ》と型と磁器と陶器とこれらのすべてをなすことに誇りがあるべきであるか。そこにはどこか嘘《うそ》がありはしまいか。試みるとも無理がありはしまいか。

作家は何人にもできない作を作ることに誇りを感じてはいまいか。異常な特殊なものに美があると考えてはいまいか。だが何人にもできる作を作ることはより深い意義をもってはいまいか。工藝は公道であってよいではないか。工藝を私すべきであろうか。民衆と隔つべきであろうか。工藝を特殊化すべきが任務ではなく、普遍化すべきが任務ではないであろうか。平凡の世界を恐るべきであるか。偉大な作がかつて平凡な器であったのをどう考えるか。それを「偉大な凡庸」と呼び得ないであろうか。最も高き時代は、偉大なものが通常となる時期ではないであろうか。特殊な異質が偉大さの型相であろうか。

個人的作品は主我の念に傷ついてはいまいか。自己の個性への過信がありはしまいか。個性の道が果して最後の道であるか。工藝は自力の道であるか。あの自然の材料をどう考えたらよいか。自然を棄てて工藝が成り立ち得るか。工藝の美は半ば材料の美だと云えないであろうか。美しき作で自然への従順を示さないものがあるか。自己の力を自然の前に言い張ってよいか。自然を無視してまで自我を主張すべきであるか。伝統を離れて美があろうか。その結果において裏切られなかったことがあるか。救いは自然よりの贈物ではないか。自然への帰依が美の保証ではないか。それなら工藝には他力的意義が含まれはしないか。

主知は美を産むか。意識や作為から美が生れたろうか。有想に美を産もうとする心を難じてよいではないか。知識が工藝の美を導き得たか。創造の世界に対してそれが何の役に立ったか。科学からどれだけ美が歴史に追加されたか。科学の力が美において無学な古作品を越え得たろうか。かつて意識され作為されて良き美が生れたろうか。無心の尊さを省みたことがあるか。知識が無心よりも驚くべき美を産んだことがあるか。意識の病いに陥りがちな個人はこのことをどう処理したらよいか。精しい知も美に向ってはなお鈍いことを感じたことがあるか。

個性への讃美は英雄崇拝時代の遺物と云えないであろうか。個性を包み個性を越えたさらに大きな世界はないか。自我が最後のものであるか。個性の表現が最後の任務であるか。個性の内容が何であるかを問わずともよいか。個性に止まり得るか。個性に世界を局限してよいか。個性への執着が個性への拘束でなかった場合があるか。個人はさらに高い世界へと進むべき使命がありはしまいか。人間は個々に活くべきであるか。結合せられたる民衆に世界の意志が集りはしまいか。協団への所属なくして、真に個人の生活があろうか。来るべき社会はこの実現へと今急いでいるではないか。すべての個人作家はこの流れをどう観じるであろうか。彼らは彼らの位置に止まり得るか、止まってよいか。

もしこれらの疑義を率直に勇敢に自己に向って加えるなら、そこには一転機が迫るであろう。そうして今後何をなすべきかについて新たな考慮へと入るであろう。

五

店頭で鬻《ひさ》ぐ品々を見ると、伝統的なものを除くすべての新しい品で、質の粗悪と工程の粗雑と、そうして美の低下とを示していないものはない。しかも残るわずかの古風なものが、もう臨終の床に横たわっていることをどうすることもできない。四囲の事情はもうこの傾きを引き戻すことはほとんどできない。しかも民衆はかつて自らの作ったものがいかに美しいかを知らなかった如く、現に作るものがいかに醜いかについて何も知るところはない。かつて彼らの作に美を保証した自然と組織とは彼らから隔離された。彼らに美を産む機縁は断たれたのである。まして美の正しい目標が彼らの間にあり得るであろうか。すでに美を失った今日、誰かが出て美の目標を示さないかぎり、正しい工藝が甦《よみがえ》ることはあり得ないであろう。しかも工藝は依然として民衆の力なくば成り立ち得ない。かくして吾々に残された道は一つよりない。理解ある個人と、民衆との結合、よき指導のもとに集る労働、このことをおいて来るべき工藝の正しい生長があろうか。

民衆が自らにおいて美を産み得ないことは今も昔と変りはない。だが同時に民衆の労作なくして工藝の世界はない。このことに対し個人作家は重大な一つの任務を負うと云えないであろうか。よし制度が改まるとも誰か彼らに美の標的を示さないなら、道は失われるであろう。民衆には歩行のみあって方向がないからである。何が正しい美であるか、今この認識より重大な意味をもつものがあろうか。もし美に対し社会に対し正当な理解をもつ者が、彼らの道を開かないならば、民藝は迷路に入るであろう。来るべき時代の選ばれたる個人作家の任務は、かかる指導にあると云えないであろうか。

偉大な工藝時代を省みる時、そこには二つの力の相互の補佐があった。一つは工匠

Craftsman としての民衆、一つは彼らを導く師匠 Master-artisan である。特にこの結合は中世紀代のギルドにおいて表示せられた。道が見失われた今日私は切にこの組織の復興を欲する。もとより昔の工匠は主として技術の工匠であったからであろうが、来るべき時代においては、同時に美への正確な審判者でなければならぬ。民衆はこれによって始めて方向を得るであろう。そうして個人作家はこれによって始めて個人に伴う幾多の欠如を償い得るであろう。民衆の欠くものは美に関する正しい理解である。そうして個人が欠くものは作における自由である。これらのものの結合から新しい力が湧《わ》き出《で》ないであろうか。

将来個人作家と民衆との関係は、ちょうど僧侶と平信徒との関係でなければならぬ。それによって美の教会が成立されねばならぬ。僧は衆生の運命を背負うて立つ僧である。何が信であり何が善であるかを彼らに説かねばならぬ。充分なる神学と熱情とを以て民衆のためにその踏むべき道を指示せねばならぬ。この説教なくして信の世界は保たれがたい。だがこれと同時に彼らに集る平信徒なくして護法の教会は成り立ち得ない。神の王国をこの世に守る者は、あの篤心な平信徒たちである。あの伽藍《がらん》には聖僧たちの深い思索と、信徒たちの篤い信心とが結合されているのである。宗教史は聖者たちのみの歴史ではない。同時にそれは平信徒の歴史である。同じように個人作家は指導の任に当り、工藝の美の王国を民衆の中に建てねばならぬ。

かかる結合が、今や社会の求める協団の理想と合一するのは論を俟《ま》たぬ。作家がもし来るべき工藝を負う作家であるなら、彼らは彼ら自身をのみ表現しようとすべきではない。況んや自らの名に急ぐ愚を重ねてはならぬ。作家は彼の個性の小さい室と、彼独りの工房とから外に出ねばならぬ。彼らは自らを民衆の世界に投ぜねばならぬ。「多」と離れることによって「孤」を守るべきではなく、「孤」を「多」の中に活かさねばならぬ。彼らの存在を彼ら自身で保とうとすべきではなく、民衆の中にその生命を見出さねばならぬ。そうしてその時より、彼らがよき作に酬いられる場合は決してないであろう。個人に立ち止まるかぎり彼らは偉大な作家となることはできぬ。一度自らを越えて民藝に彼らの種が花開く時、それは不滅の香りを含むであろう。それ故作家は自らに大を選ぼうとすべきでなく、かえって民衆の中にその大を実らせねばならぬ。その時彼らは彼ら自らではなし得ない異常な仕事をなし遂げるであろう。種蒔《ま》く者は彼らであるとも、刈り入れる者は民衆である。

来るべき工藝はかかる結合にのみ可能である。結合、このことなくして工藝は全く不可能である。

（昭和二年七月三十日稿　増補）

(下) 工藝と協団

序

嘲られつつもラスキンは美の問題より社会の問題へと転じた。その折人々は何故彼の注意がかくも拡げられたかについて理解するところがなかった。だがラスキンはかくすることによって彼の美に関する考察をいやが上にも深めた。彼は嘲弄《ちようろう》の間に座って、静かにしかも燃えながら彼の信ずる道を進んだ。私は今来るべき工藝を論ずるに当って、しみじみ彼の気持に活きることができる。それは工藝の美を想う者にとって極めて必然なまた当然な帰結に過ぎない。彼の後を受けた詩人モリスはさらに生涯を賭《と》して、社会問題に入ったではないか。何が彼をかくまでに真摯にさせたか。彼は工藝の美を保証するために、正しき社会を組み立てようと欲した。工藝を個人の問題に止めてはいられない。正しき工藝は正しき社会を喚求する。私はモリスの社会論者としての休息を知らない一生の努力に限りない敬念を感じる。いかなる論者も、来るべき社会を想うことなくして、来るべき工藝を論ずることはできぬ。

一

私の心は今、来るべき時代に繋《つな》がる。しかし私は単なる時間の経過に未来を画《えが》いているのではない。私はその継続に向って「当《まさ》にかくあるべき」内容を盛りつつ進まねばならない。未来とはいうも、時に打ち任すならば、あるいは病める未来ともなり、邪《よこしま》な未来ともなろう。この暗い現代が、そのままに続いたとて何の意義があろうか。私はかくあるべき未来においての工藝を語る。かかる未来への準備を試みずして、私たちの生活に何の使命があろうか。来るべき工藝は当為の工藝でなければならぬ。誰か歪める未来に、美しい工藝を予期することができよう。来るべき工藝とは、単に今後の工藝との意ではなく、かくあるべき時代における工藝との義である。

私たちは明確に現にある社会の組織が悪に沈んでいることを目撃する。私はいかなる意味においても現代の社会が美を工藝に保証しなかったということを否むことができぬ。もし今の制度がこのままに続くなら、私は未来に正しい工藝を予期することができぬ。私の注意は必然改めらるべき社会の上に繋がる。

だがこの単純な二個の認識――続く未来と、かくあるべき未来との区別が果して工藝界に反省されているであろうか。これに準じて工藝への見方も自《おのず》から二つに区分される。一つは現代の社会を是認して、その未来に工藝を産もうとする。すなわち新しい工藝を今の社会組織の上に求めようとするのである。だが第二のものは現代の制度の改革において、未来の工藝を開こうとするのである。したがって前者は現代の継承の上に、後者は未来の建設の上に工藝の未来を求めようとする。一つは資本主義に立ち、一つは社会主義に入る。いずれの道が工藝の美を保証するであろうか。私はラスキン、モリスらとともに、当然前者から輝かしい未来を期待することができぬ。

二

私は労働の喜悦を許さない金権下の社会と、あの利慾《りよく》より知らない資本制度と、そうして小我《しょうが》を出ない個人主義とが、工藝の美に対し全く相容れないものであることをすでに述べた。美を高めるために、現代の社会制度に順応しようとする一切の努力は、ついに空しい結果に終るであろう。そうして現代を改革する企てのみが、真に現代を新しい生命に甦らすであろう。

私たちは病いある身をそのまま続けようとすべきではなく、病いそのものを絶やさねばならぬ。私は健康な未来の工藝を、健康な新しい社会の上にのみ感じる。正しい工藝はそれ自ら正しい時代の表現である。工藝を高めることと社会を高めることとを分けて考えてはならぬ。

しかしかかる考想は「かくあるべき」規範に止まって、「かくあり得る」可能を含まないと云うであろうか。私はそうは思わぬ。一つは内より一つは外より、遠からず今の社会には変化がくるであろう。つのる病勢はすでに今の制度を支える力を持たない。そこにはあまりにも多くの暗さがあり苦しさが宿る。そこには経済的瓦解と道徳的瓦解とが迫るであろう。のみならず私は幾多の勇敢な思想家たちが、正しき社会を産もうとして外に努力しつつあるのを見守っている。時代は今生みの苦しみに喘《あえ》いでいる。何か匿れた力がそこから現れるであろう。それは程遠いことではあるまい。私はそれを信じ、力ある未来を待ち、輝かしい工藝の時代を感じる。それが今いかに批判せらるるにせよ、早かれ晩《おそ》かれ社会主義時代は来るであろう。

美を保証しない制度を正しい制度ということはできぬ。私たちは美の実現のために正しい社会を喚求する。社会組織への問題を除去して、工藝を考えるのは徒労な反省に過ぎない。工藝問題は自から社会問題に転じる。社会性こそ工藝の重要な性質である。その醜は非社会性より来る醜ということもできよう。私たちは工藝の美を守護するために、組織の力を欲する。（私は多くの経済学者が、なんら美に対する反省なくして、彼らの経済学説を建設するのを不充分に感じる。進んでは美を二次的意味にさえ説き去ろうとする人々がある。しかし何故社会に正しい経済学的組織が必要であるかは、それによって真善美を保証し得るからであろう。もし美を欠く社会があるなら、その社会は欠陥をもつことを証拠立てる。ラスキンの偉大は彼に社会の目標としての美が認識されていた点にあると云ってよい。彼は彼のいかなる社会的理論においても美への守護を忘れたことがなかった。美を欠く文化に、正しい文化は決してあり得ない。特に社会の反映である工藝において、この真理が如実に明示される)。

三

資本制度の罪過に関する経済学的難詰に対して、専門家でない私は常識以上に何事をも論ずる資格がない。だが純に工藝美より社会相を見る時、私には資本制度の許すべからざる罪過について、もはや疑を挿む余地は残らぬ。その制度の勃興と共に工藝の美は急速に沈んだ。私は美に対する私の直観と理性とが、社会主義的結論と一致するのを発見する。その制度の続くかぎり、民衆から起る工藝の、あの偉大な美はあり得ず、またあり得る望みはない。今人間のみが貧に悩んでいるのではない。工藝も今や瀕死《ひんし》の状態にある。否、無数のものが横死をとげていると云ってよいであろう。

その制度が招く罪業は、すべてのものの隔離である。絶縁である。そこには人間と人間との反目が露出され、続いては人間と自然との疎遠を醇《かも》した。その結果、心は正から離れ、物は美から遠ざけられた。すべてのものに和合がない。罪とか醜とかは、かかる二つの相《すがた》である。

この悪から、私たちを救おうとするなら、私たちは結合の世界へと転ぜねばならぬ。同胞の思想が固く保持される社会へと進まねばならぬ。かかる社会を私は「協団」の名において呼ぼう。それなら工藝に美を甦らすために、組織を協団へと進めねばならぬ。再び人間と人間とを結合させ、人間と自然とを結縁《けちえん》せしめねばならぬ。二つの事実が一層私のこの思想に根拠を投げる。

かつて語ったように一切の正しい工藝が、処の東西を問わず、あのギルドから発していることを再び挙げる。そうしてギルドの衰頽《すいたい》（すなわち資本制度の勃興）と工藝の廃頽《はいたい》とは併行する。美しい工藝には、いつも協団的美が潜む。離叛と憎悪との社会から、美が現れる機縁はない。美の背後にはなんらかの意味で愛の血が通う。神への愛、人への愛、自然への愛、正義への愛、仕事への愛、物への愛、かかるものを抹殺して美の獲得はない。相愛の基礎に立つ協団は工藝によって喚求される社会であると云えないであろうか。工藝のために準備すべき組織を思う時、私は私の理念を協団以上のものへまた以下のものへ置くことができぬ。工藝を「協団的藝術」Communal

Art と呼ばねばならぬ。

純経済学の立場は、ある者をしてギルド社会主義に転ぜしめた。この必然な経路において、私は再び私の見解を裏書きしてくれる力強い根拠を見出す。それはある一個の主義に終ると評する者もあるであろうが、少くとも工藝に関する主張のうち、実質的に最も正鵠《せいこく》を得た着想であるのを否むことができぬ。私はそこに最も妥当的な社会的要求を感じる。幸《さいわい》にも私の審美的判断は、この経済学的判断に合一する。(ギルド社会主義者中、最も尊敬すべき A. Penty は、彼の特色ある著書において、稀により美の問題に触れておらぬ。だが真に正しい工藝を再建しようとする趣旨において、彼は Ruskin の正統な継承者と呼ばれてよいであろう)。美より観じて、歴史より見て、また経済学よりして、工藝がその本来の美を示すために、協団を切要する理由を充分に知り得るであろう。

四

もし個人の道が、美へ導く大道でないとする時、私たちは再び協団の道へと出るであろう。そこは協力の世界である。結合の世界である。共有の世界である。ホイットマンが驚くべき幅《ひろ》さと深さとで歌ったあの 'Open Road' である。路地ではない。あいかの都に入る誰でもが踏むべき大通りである。かつて民藝はかかる公道を歩いたではないか。そこには平安がある。足は大地を踏むからである。あの個人道に見られる焦慮と執着とは、危険に充ちた迷路を迂廻《うかい》するからではないであろうか。個人道が示す視野の狭隘は、大道を進まないためだと云えないであろうか。個人はしばしば狂う。彼自身に執着すればするほど狂う。そこにある鋭さはあるかもしれぬ。しかしかかる鋭さに世界の平安はない。私たちは各々私たちの仕事において世界を明るくする任務を帯びる。個性の競争にではなく個性の協力にこそ未来の理念を感じる。

個人主義より結合主義への転廻、私は明らかに来るべき社会の理念をそこに感じる。それはあの感情的な同胞主義の空虚を意味するのではない。それは将来の人間が真のために美のために、依って立たねばならぬ根拠である。考えらるる空想ではなく、求めらるる事実である。迫る事情は特に今結合を要する。何人も歩き得る共有の大道を求める。私は協団に、今求められる世界を感じる。もし個人作家に隠匿できない良心があるならば、彼らは彼らの個人道に明らかな社会的欠如を発見するであろう。そうしてこの欠如がいかに彼らの作を局限しているかを悟るであろう。工藝はその本質において、社会的意義に立つことを否むことができぬ。

私は資本下の社会に、工藝の美を再建する努力を徒労に感じる。同じように個人道に工藝の美を期待する根気を放棄する。そうして絶大な希望を協団に抱くことを禁ずることができぬ。

五

今の工藝界を見る時、いかに方向が区々《まちまち》であるか。そこにはなんらの統一がない。ある者は天平《てんぴょう》の模倣に一生を献げる。ある者は伝統の無視に専念かかる。ある者は折衷の工案に腐心する。ある者は茶器の世界に耽溺《たんでき》する。ある者は欧風の讃美に尽瘁《じんすい》する。ある者は科学的工夫に傾倒する。ある者は技巧をこれ美とし、ある者は刺戟《しげき》をこれ表現とする。そこにはなんらの秩序をも見ることができぬ。人々はさながら自由を特権であるかの如く振舞う。しかしそこから何の創造が現れ得たか。いかなる工藝の一時代が生れているか。そこには明らかに滅裂する時代のみ残る。

私は人々の家を訪ねるごとに、分割された統一なき時代を感じないわけにゆかぬ。室に通れば床には宋画が掛る。だがその前には、あの見るに堪えぬ今出来の銅器を据える。主人は茶事を好んで、あの金襴《きんらん》の袋から井戸《いど》の茶碗を取り出す。だが私を饗《もて》なす番茶器はあのコバルトの湯呑《ゆのみ》である。そうしてあのヌーボー式の絵を染附けた色絵の菓子器である。私は洋館に通る。建物は米国風。応接室の中央に据えられるのは支那黒檀《こくたん》の机。椅子は籐《とう》。飾棚はセセッションの組立。一方には禅僧の筆になる五言絶句《ごごんぜっく》。一方には油絵裸婦の像。娘は人絹の洋装。息子は久留米絣《くるめがすり》。雑然とした世相のよい展覧会である。不統一な時代に生れた私たちは、かかる不統一を生活の上に強いられている。

だがわずか一世紀の昔に遡《さかのぼ》る時、光景は突如として変る。まだ伝統は死んでいない。よし西洋のものが交わるにしても、互いに一脈の通じるところが残る。二世紀三世紀と遡れば、ほとんどすべては一系統である。私はあの宋代や、ゴシック時代の渾然《こんぜん》たる万般の統一について語る必要はないであろう。現代は個人主義において、自由を撰《えら》び得たというであろうが、同時に秩序を失ったことを否定することができぬ。

私は省みてこういうことができよう。正しいすべての工藝には、秩序の美があると。それは勝手にできたのではない。その背後には自然法が潜み、また制度の掟《おきて》が宿る。その美は理法の許《もと》に生れたのであって、任意に作為されたものではない。時代や地方によって種々なる異相が示されてはいる。だが作の心には共通がある。時と処とを越えた普遍の美が宿る。正しい工藝時代のものを一室に並べてみる。私はその間に反撥を見ない。私は長い間それらのものを室に置いて暮してきた。あるいは宋代明代のものを、あるいは高麗《こうらい》李朝のものを、あるいは足利《あしかが》あるいは徳川期のものを、あるいは西洋ここ数世紀のものを。だがかかる多様にかかわらず、それが正しい民藝である場合には、渾然として調和する。美の本道が示されているかぎり、そこに東西はなく古今はない。私は私の室をそれらの多様においても統一することができる。私は工藝に関する大きな真理をここに学ぶ。

正しい工藝には普遍の世界が潜む。時代は異なり地方色は別れても、それらを越えたある共有の美が示現《じげん》される。人も物も正しい美において結合することができる。差別にあってなお差別に終らない公の美がある。何がこのことを可能ならしめているか。そこには超個人の世界がある。結合の世界、共有の世界がある。かかる普遍性は協団的背景なくしてはあり得なかったであろう。偉大な工藝はあの金権下の反目から出たのではない。あの個人下の主我から出たのではない。真によき作は無銘ではないか。そこには小我はない。だが超我《ちょうが》――一切の我が融合するその超我がないとどうして云えよう。正しい美は個性を越える。このことを想い私はここにも個性を越える協団への要求を抑えることができぬ。

六

工藝には綜合がなければならぬ。何故なら工藝品は単独に暮すものではないからである。一室には衣、それを入れる箪笥《たんす》。また一隅を占める机、その上に置かれる多くの文房具。または運ばれる盆、または茶器、菓子器、座蒲団。降って台所に行くならば、甕《かめ》、鍋、炉《ろ》等。多くのものが使用を待って準備される。ひいては料理、またすべてを包むその建築。その間には調和があり統一がなければならぬ。これがくずれたのは近代の出来事である。わずか一時代前まではすべてのものが歩調を並べて進んだ。私たちは今無秩序の時代に活きる。現代における工藝の醜は、無秩序の醜であると云えないであろうか。

個性美より、秩序美への転向、私はそこに来るべき工藝の幻像を見守る。もし各種の作に、調和せられた統一を欲しようとするなら、秩序の美をと追わねばならぬ。人々はいかなるものを作ってもよい権利を持っているのではない。正しいものを作るべき義務を負担する。そうして正しさはただ自然の法則と組織の法則とに準ずる時のみ可能である。正しい工藝は秩序の工藝である。ゴシック代を見よ、宋代を見よ、そこに秩序の美が乱れたことがあろうか。

個人道にこそ自由の獲得があると云うかも知れぬ。そうして法則の下には、ただ服従の屈辱のみがあると難ずるかもしれぬ。しかし宗教的経験は繰り返して教える。帰依にまさる自由はないことを。自我の主張が自我の拘束に終らなかった場合があろうか。そうして従順な帰依が、自己の真の解放でなかった場合があろうか。捨身にまさる自由感はない。秩序への帰依、私はそこにのみ解放せられた個人を感じる。秩序の美より、さらに自由な美はどこにもない。そもそも自然への帰依が器を醜くした場合があろうか。そうして自我への執着が器を醜くしなかった場合があろうか。放縦は自由ではない。自由は責任である。

資本主義は秩序なき拘束を、個人主義は秩序なき自由を、そうして協団は秩序ある自由を私たちに送る。私は真の自由をすべての者が分有するために、協団の組織を求める。この要求は工藝にとって本質的であり必然であると云えないであろうか。

すでにギルドが秩序の社会である。私は工藝の美がかかる社会によって支持せられたことを、偶然と思うことができぬ。私は繰り返して云おう。すべての正しい工藝の美は、秩序の美を示していると。不幸にしてこの真理は今日まだ了得されておらぬ。個性にも自由はあろう。しかし秩序の中に、さらに大きな個性の自由が発見される。個性の美よりもさらに自由な秩序の美。来るべき工藝はかかる目標へと進まねばならぬ。さもなくば、どこに統一の美があろうや。いつ綜合の美が現れようや。

協団への求めは秩序への求めである。その求めが、今すべての分野において喚求せられていると云えないであろうか。古いあの秩序の社会より、より新しい社会があろうか。ギルド社会主義はしばしば中世主義と呼ばれる。しかしそれは復古主義を意味するのではなく、中世紀に最も新しい形の社会主義を見出しているのである。そこには秩序の社会がある。今の人々が失ったその社会がある。すべての苦しむ者は今秩序に向って飢える。今日見られる社会的争闘は、争闘を愛するからではない。秩序を得ようとする悶《もだ》えであると云えないであろうか。

七

かかる意味で協団は超個人的である。だがそれを個人への否定と想い誤ってはならぬ。何故なら超個人的世界に入るより、より深く個人が活きる場合がない。大我《だいが》に入らずして、真我《しんが》があり得ようか。美しい古作品を見られよ、そこには誰々の個性はない。だが救われた作者をその中に見得るではないか。貧しい民衆は誇るに足るほどの個性を持たぬ。この謙譲は彼を没我に導き、この没我が彼を美の浄土に導いたのである。民衆の名もなき作が偉大であるのは、そこに超個人の美があるからである。宗教において「大我」と云い「超我」と云い、「没我」と云い「忘我《ぼうが》」と云い、また「我《が》空《くう》」と云う。すべてこの理想を追う種々なる言い現しである。

そうしてこの理想が求められる時、人は個人的限界に止まることができぬ。生活は孤独より協団に移る。我執《がしゅう》を戒めるすべての宗教は宗団を形造るではないか。隠者は去って「孤」を守る。しかし「孤」もまた、我執である。彼は「孤」を越えて「集」に入る。かかる求道者の集団を人々は修道院と名づける。いわゆる Eremite は Cenobite の生活に移る。誰が云いそめたのであるか、かかる団結をしばしば 'Order' と呼ぶ、「宗団」の意ではあるが、「秩序」の義をも含む。神意の法則に依れる生活、法典の命に則る生活、人々は始めて個性を越え秩序の信仰に入る。魂に活きるものは宗団に集る。どこに団結なき宗教があろう。美に活きるものは等しく協団を求める。結合なくして、究竟《くっきょう》の美があり得ようか。工藝もまた、美の Order 宗団を求める。自らを救うことに吾々の責務が終るのではない。共に救わるることに、さらに大きな任務が宿る。私も自我の救いを求める。しかしさらになお、美の王国の建設を求める。自己の救済は歓喜である。しかしそれは歓喜の最少なるものであってよい。私たちは美に義とせらるる世界の現れに、私たちの熱望をもたねばならぬ。それをこそ最大の歓喜と呼んでよい。そうしてかかる歓喜は、結合の道を歩まずして可能であろうか。あの神の王国を来さんとする信徒が、宗団の秩序を求めることになんの不思議もない。宗教に個人主義が成り立ち得ないように、美の宗教においても、個人主義は、高い意味をもたぬ。

美に義とせらるる世界、かかる世界が現れないかぎり、個々の工藝に連鎖はない。陶磁器や木工や金工やそれらの分野は今なんの関わりもなく別個に進む。そうして各々のものすら、新旧に左右に放縦な道を歩む。しかし工藝にはよき歩調がなければならぬ。その間に綜合的統一がないならば、美に義とせらるる時代はついに来ない。ここに統一とは一様という意ではない。結合の意である。進む道は異なるともエルサレムは一つではないか。すべての航路は港に集る。同じような結合が諸々の工藝にもなければならぬ。ただ一種の工藝が救われることに悦びがあるのではない。すべての種類が、集って美の王国を来さねばならぬ。工藝の綜合、私たちはこのことへと精進してゆかねばならぬ。特殊な一個の工藝を得ようとするよりも、偉大な一時代を工藝に齎らさねばならぬ。かかることの実現のために、協団の組織が切要される。資本制度はそれを封じる。個人道もまたそれを封じる。そこには単独な発展のみあって、秩序の示現がない。わずかの個人と個物とは救われても、美の王国はついに来ない。統一せられた工藝の時代はついに来ない。

八

単独より統体への推移、私はそこに来るべき工藝の方向を感じる。

偉大な工藝時代を想う時、あのゴシックの時代や、唐宋《とうそう》や高麗の朝を想う時、そこには常に彼らの心を結合する焦点があった。その工藝に見られる正しい秩序は、すべて一点の中心から流れ出たことを想わないわけにゆかぬ。篤信な時代であるから、すべてが信仰において結合せられてあった。イエスを父に、マリアを母に、または如来を主に、菩薩《ぼさつ》を親に、かくて浄土を憧れ奈落《ならく》を恐れた。真理を極めるのは僧の務めであり、それを信じるのは衆生の務めであった。神は僧を守り、僧は民を守り、民は寺を守り、そうして寺は神を守った。そこには固く結合せられた秩序があった。人々は教えに対し、自然に対し素直であった。異安心《いあんじん》を彼らは務めて恐れた。(ほとんどすべてが異安心である今日の趨勢《すうせい》と、いかに異なる場面であろう!)

かかる環境の内に工藝のギルドが保たれてあった。所属する人々は各々の意にまかせて作ったのではない。定められた掟の許に作った。そうして美はかかる素直な心への酬いであった。何も自ら工夫しようとしたのではない。もし自我に立っていたなら時としては誤ったであろう。だがかかる時代にかつて醜いものができたであろうか。秩序への帰依が彼らの作に誤謬を与えなかったのである。彼ら自身の手に美の完全さを握ったのではない。誤謬を許さぬ世界に彼ら自身を置いたのである。(すべてを自己において選ぶ今日、幾人の者が誤謬なき美を握り得たであろう!)

私は過日キリスト教中世藝術に関する書を読んで、その中に驚くべき記述を見出した。その頃は「藝術の無謬《むびゅう》」が考えられていたと記してある。私は思わず本を取り上げていかに'Infallible'「無謬」という字に見入ったであろう。人には誤謬があるが、藝術には誤謬がない。あの自然に守護される藝術に誤謬があり得るはずがない。すべての過ちは吾々が藝術を作ろうとするからである。無謬な藝術に私たちを任せればよい。なぜ個人の工夫になる「上手もの《じょうてもの》」に病いが多いか、なぜ自然に委ねてある「下手《げて》もの」に誤りが少ないか。私たちはこの不可思議な密意を、中世紀に現れた信仰の言葉において解くことができる。

仏の誓願は無謬であると説かれる。私たちは自らを救おうとすべきではなく、どうしても救おうと誓う仏に一身を任せねばならぬ。工藝においても同じ福音が読まれるではないか。どうかして自身で美を生もうとするより、どうしても美を贈ると誓うあの自然に一切を委ぬべきではないか。人には誤謬がある。しかし自然の約束に誤謬はない。自然に守らるる工藝、それは無謬な工藝である。来るべきすべての作者は、敬虔《けいけん》深く「工藝の無謬」を信じてよい。定まれる掟、素直な心、天然の素材、自然な工程、それだけで工藝は無謬である。一切の正しい作品はこの秘義を目前に語る。

私たちはどうかして正しい作を得よう得ようと焦りに焦る。右に作為し左に腐心し迷い惑う。だがかかる疑念を棄てて、どうして「工藝の無謬」を信じないのであるか。悪いものはあり得ない、また作り得ない、なぜそういう信念に入り得ないのであろうか。あのどうしても太陽が照り輝く真昼に、物を見ようとして灯火を捜す者があろうか。すべての誤謬は美を自らで選択しようとするからである。自然への帰依がないからである。あの自力を説く禅僧すら、次の句を繰り返して唱える。「至道難なし、ただ揀択《けんじゃく》を嫌う。ただ憎愛すること莫《なか》れ。洞然《どうぜん》として明白なり」と。まして他力を説く浄土門《じょうどもん》は断えず云う、「ただ頼めよ、委ねよ」と。取捨には誤謬がある。だが帰依には誤謬がない。あのゴシック時代や宋朝の工藝に、醜い作を捜しても、それは全然徒労である。驚歎すべき事実である。

「工藝の無謬」'Infallibility of Craft' 私たちは私たちの信念をここにもとうではないか。早く「誤謬の私」'Fallible I-ness' を放棄しようではないか。そうしてこの信念において結び合おうではないか。その時よし私たち自らに力がなくとも、私たちは絶望しまい。自然が私たちを救ってくれるその力を破るだけの力もまたないのであるから。ちょうどあの仏徒たちが弥陀の誓願を信じるように、自然の救いを信じよう。救おうとする仏の意志に洩れはなく過ちはない。一切の衆生は残りなく彼に受けとられてゆくのだ。同じように自然への依托は、一切の作を美の浄土に運んでくれる。本来救われざる作はあり得ない。私は「工藝の無謬」を確信する。

九

工藝に関する私の思想は漸次結論に近づいて来た。工藝に美を求めて、ついに社会に美を求めるに至った。強き組織、固き結合、正しき秩序、完《まった》き統体、これらのことなくして工藝の美はあり得ない。進んではそれらのものに工藝の美の相《すがた》を読むことができる。かかる美を求める時、私は古くして新しき「協団」の理念を画く。現代の一切の学もその方向をこの焦点に集めてはいないであろうか。

だが全き了解を得るために、私は協団の本質について終りの数言を費さねばならぬ。ギルド社会主義は、農業において工業においてまた商業において、公正を保証するためにギルドの制度を要求する。ただに考想においてギルドを最良の道と考えるのではない。特に中世紀という歴史的事実にその強い根拠を求める。この中世主義は社会の公正に達する方法論である。だがギルドを、考え得る最もよき方法として省みることに、私はなお満足することができない。私は単に正しい工藝を保証するための方法として協団を求めているのではない。方法としても多分の意味はあろう。だが意味はそこに尽きているのではない。

協団は理念である、イデアである。私はそれを単なる方法とか手段とかに数えているのではない。協団そのことに一切の目的界を観じる。それは目標であって道程ではない。あの美を司る王国、私はそれを協団と呼ぶ。私たちがかかる社会を構成するのではない。かえってかかる協団によって私たちが構成されるのである。美を産むための団結ではない。団結によって美が許されるのである。私たちが規定する組織を協団と呼ぶのではない。協団に規定せられる私たちを見出そうとするのである。協団は理法である。見えざる者の意志である。協団は厳命 Fiat である。私は帰依すべき者の影像をそこに見守る。それは抗すべからざる法である。そこに則る時にのみ、私たちの義とせらるる生活がある。協団自体は「無謬」'Infallible' である。

この「神聖」なくして何の意義があろうか。イデアたる何の本質があろうか。協団は権威である。慕うに足りる無上なものの姿である。かかるものなくして、永劫《えいごう》な美に繋がれる機縁がどこにあろうか。協団は活ける力であって、死せる概念ではない。私はこれを一つの着想において説くのではない。それは真に工藝の美をして可能ならしめる原力である。これによらずして誤謬なき美は許されておらぬ。協団はメシアニック Messianic な意義をおびる。それによって美の浄土へとすべての作は運ばれるのである。工藝の協団というよりも、協団の工藝というべきである。

協団、それは単なる組み合せではない。まして方便ではない。そこに未来人の規範的理念があると云えないであろうか。あるいはそれを自然それ自身の意志と言い得ないであろうか。私はそこに見えざる力の人格的影像を見守る。そこには「我《が》」を超えた「大我」がある。そこへの奉仕なくして小我の解放はない。私はそこにあの公教徒が神聖なる教会に対して感ずるその等しい畏敬《いけい》と信仰とを感ずる。すべての民衆もすべての個人作家もこの結合せられた協団に彼らに与えられたる運命を見出さねばならぬ。この力の前に個性への執着が何の意味を持とうや。そうして民衆の凡庸が何の恐れとなろうや。私は救いの誓いをそこに聞くことができる。工藝の美の保証をそこに読むことができる。

公教は説いて云う。教会なくして救いなくまたキリスト教それ自身があり得ないと。私は理知的な現代人が、わずか鼻頭で嘲り去るこの見方に、動かしがたい真理の礎《いしずえ》を見出す。人々はどこに思想の自由があるかを難詰する。しかし個人の自由よりもさらに偉大な自由が教会のうちにあり得るのを否定することができぬ。教会に忠順であったあの多くの聖者や高僧が、心において自由をもたなかったということができぬ。そうしてすべての虚無主義者に執着がなかったということができぬ。もし教会への服従が拘束を来す場合があるなら、それは教会の意義がその人によって了得されていない時のみである。人には誤謬がある。教会に誤謬があるのではない。人々は自らを咎《とが》めるべきであって、教会を咎めることはできぬ。あの「教条」'Dogma' は則るべき原理である。それを「独断的」'Dogmatic' なものに化すのは、誤謬ある個人の所業に過ぎない。教条それ自身に独断はない。協団は不変化なものの姿である。そこに所属するものに時として醜き作があるかもしれぬ。しかしそれは誤謬ある人間の過ちであって、協団の過ちではない。否、協団への帰依が不純であるところからくる誤作に過ぎぬ。協団は救いである。私たちは自らで救おうとすべきではなく、協団に救わるる自らを見出さねばならぬ。

美を追うたラスキンはギルドを試み、モリスもまた同じ道を辿った。彼らの心の求めが今また私の血脈にも通う。協団の幻像がはてしなき世界に私を誘う。私は与えられた運命に忠順でありたいと心より乞《こ》い希《ねが》う。

私は来るべき工藝を論じついに終りに達した。そうしてそれを可能ならしめる根拠を三個に数えた。何事よりも第一は、工藝に対し不可思議にも仕組まれた恩寵《おんちょう》の摂理である。あの群衆にすら美の一路が許されている他力成就《たりきじょうじゅ》の事実である。この根拠なくしてどこに大衆の工藝があろうか。続いては目覚めたる個人の指導である。僧なき宗団があろうか。失われた美の目標を指示するものは、彼らの叡智ばかりである。先導と民衆との結合、ここに工藝が実現される。第三は協団の力。よき組織なくしてなんの正しい労働があろうか。工藝を守るものは制度である。それも相愛補佐の同胞的結合である。結合なくして救済はない。私はこのことを宗教に譬《たと》えることができよう。第一は神の恩寵、第二は僧と平信徒、第三は教会。この結縁をおいて、信の王国は成り立ち得ない。そうして美の王国もまたこれらの順次と結合とをおいては不可能である。全く不可能である。

（昭和二年七月六日、九月五日稿　改訂）

工藝美論の先駆者について

一

私は私の工藝美に関する思想において極めて孤独である。幸か不幸か私は先人に負うところがほとんどない。私は目前にある驚くべき工藝品彼ら自身から直接教えを受けたのである。そうして親しい数人の友達のみが、私の近くに温かく想い起されるだけである。私は今日まで工藝美に関する正しい著作に廻《めぐ》り逢《あ》った経験をもたない。私の前には私の見解と縁遠き幾多の本が思い出されるばかりである。

私は私の思想をすべて私の直観と内省との上に築くことを余儀なくされた。その結果一般の見解との渡りがたい間隔が一層意識せられた。私が観じて最も美しいとするものは、かえって史家が最も無視する分野に属する。そうして史上に高い位置を占めるものに、私が美を見出す場合はかえって少ない。私の工藝に関する見解は、したがって一つの価値顛倒《てんとう》を一般に向って要求する。かかる場合私の思想の上にふりかかる命数として、私は恐らく正しい読者を将来に待たなければならないであろう。

だが一つの結論に到達し得た今日、工藝美に関する過去の思想史を省みて、私は私に先んじて、二種類の先駆者があったことを気づかないわけにゆかぬ。もとより私は私の思想を構成するに際して、なんらそれらの人々と直接な関係がなかったとは云え、私は顧みて彼らに特殊な敬念と親しさを感ずるのを抑えることができぬ。一つはあのラスキン、モリスの思想であり、一つは初代茶人たちの鑑賞である。今日彼らを語ることはただちに工藝を語る所以《ゆえん》となるであろう。そうして私がいかに彼らに共鳴し、またいかに彼らに不満であるかを共に述べることは、一層私の思想を明確にする所以となるであろう。

(私がラスキンやモリスを熟知するに至ったのは実に最近のことに属する。近時出版された大熊信行氏の好著『社会思想家としてのラスキンとモリス』が、両思想家に対する私の注意を一層新たにせしめたことを、感謝を以てここに銘記したい。)

二

ラスキン、モリスが社会思想家として、他の人々と明確に区別されることは、彼らの本質的出発が「美」にあった点だと云わねばならぬ。私たちは工藝に関して論述した幾多の経済学者の名を挙げることができよう。だがそれらの人々に見られる共有の欠点は、工藝を論ずることを知って、見ることを知らない点である。工藝の存在を論じて、その美を解していない点である。

だが「正しき美」をもつ工藝を対象とせずして、工藝を論ずることは徒労ではないか。否、真に工藝品に愛を覚えないなら、真理は永《とこしな》えにその人に向って封じられるであろう。愛こそ真理の扉を開く鍵だからである。愛は知よりも多くを知るからである。もし美に対する愛を欠いているなら、誰も工藝の問題に関して、正しい審判者たる資格をもたないであろう。工藝に対する経済学的基礎づけは、常に「正しい工藝」へのそれでなければならぬ。そこに美醜に対する混乱した認識よりないならば、その結論に何の意味があろうか。物への見方には「正しく観ること」がなければならぬ。観るとは直観の謂《いい》であって、このことがなくば美に関する一切の真理は、その秘義を開くことなくして終るであろう。特に工藝史家にとって、直観の欠乏は致命的結果を齎《もた》らしてくる。何故ならしばしば誤った醜い作をも讃《たた》えるという自殺すべき矛盾に陥るからである。そうしてこのことほど、人を混乱せる結果に導くものはないであろう。

かかる意味において特にラスキンを偉大な工藝論者と云えないであろうか。彼には工藝の本質たる「美」への並々ならぬ直観があった。彼が今日残した美術に関する夥《おびただ》しい著書は、いかに深く彼が美を感じ美を愛し美について考えたかを記録する。特に工藝に関し彼の著名な立論を見得るのは『ヴェニスの石』'The Stone of Venice'第二巻第六章である。そうして彼の美に関する理解において特に顕著な点は美と善との結合であった。彼はしばしば極端と難ぜられたほどに、美の道徳的性質を説いた。

かくして美に対する彼の道徳的要求は、ついに社会それ自身に倫理的秩序を切要するに至った。何故彼が美術論者より転じて社会論者として起《た》つに至ったか。そこには必然な径路があった。彼の経済学は、美に対する彼の真摯《しんし》な要求より発した。美をして可能ならしめる社会の建設、彼はそれを目途《もくと》としてあらゆる彼の思想を展開した。彼は美の守護者であるが故に、社会主義者であった。彼は社会を改革することなくして、美を説くことの徒労なるを切実に感じた。『近世画家』や『ヴェニスの石』の著者は、必然『この最後の者へ』や『ムネラ・プルヴェリス』の著者に転じた。

だが彼の誠実は彼の信念を理論にのみ止めることを許さなかった。彼は彼が画《えが》いた道徳的社会の実現を欲した。そうして再び醜が不可能となる世界の再建を求めた。彼の「聖ジョゥジ組合」'St.George Gild'の企図はこの真摯な信念の具体化であった。彼は特に中世紀を省みて、そこに美の黄金時代を見出した彼は、その時代が選んだギルドの組織に最高の制度を認めた。そうしてそのギルドを彼自身の手によって出発せしめた。これを復古主義と難ずる者があるが、彼にとってはそれ以上に新しき制度はあり得なかった。彼はその古い組織において常に新しい組織の典型を見つめた。彼は躊《ちゅう》躇《ちょ》することなく「聖ジョウジ組合」を設立した。それが彼のとるべき唯一の真実な道であった。

三

後に来る者は幸《さいわい》な環境を受ける。ラスキンがここに到達するのに幾多の紆《う》余曲折《よきょくせつ》を経たのに対して、モリスは躊躇なく簡明に先覚者の道を継いで進んだ。何が美であるか、何が美を可能ならしめているか、いかなる社会が美を産むか、いかにしてそれが作られねばならぬか。それらのことは彼の先駆者がすでに言い終った真理である。残るところはその実施にある。モリスは幸にもラスキンの結論を彼の序論として進んだ。彼はただちに社会改革者としての任務を双肩に負うた。工藝家としての彼が改革者となったのではない。改革者たる彼が工藝においてその信念を表示しようとしたのである。モリスは「社会主義者同盟」の一員であり、「モリス商会」始創者の一人であった。

美の理解においてラスキンはどこまでもモリスの師であった。いかにモリスが彼に傾倒したかは『ヴェニスの石』を抜粋し自ら刊行したことによっても知られるであろう。モリスの数多くの論説におけるすべての要諦《ようてい》は、すでにラスキンの論述したところであるのを見逃すことができぬ。そこに精述と敷衍《ふえん》とがあるにかかわらず、美の理解においては、ラスキンは彼よりも常に上であったのを否定することができぬ。

だがモリスに与えられた任務は信ぜられたる信仰の実現であった。ラスキンがしばしば静寂を好み書斎における思索に帰ったのに対し、モリスは進んで街頭に闘う戦士であった。彼は天賦の熱情において、傾く社会を正しさに戻そうと欲した。幾多の困難と危害とに面しながら、彼はその生涯をもって彼の信念を支持し、その具体化に努力を献げた。

あの試みられたギルドにおいてもまた両者の性情が反映する。「聖ジョウジ組合」はむしろ描かれるギルドに終ったではないか。だが「モリス商会」は行われたるギルドである。モリスは建築に、家具に、敷物に、壁紙に、そうして印刷から製本に至るまで、多種多様な活動を続けた。今日彼の作として残存するもの、夥しい数に達するであろう。彼は休む暇もなく美に飾られる世界の再建にその精力を献げた。私は倦《あ》くことのない彼の熱情とその生涯とに驚畏《きょうい》の念を感じる。ラスキンはモリスにおいて彼のよき継承者と実現者とを得たのである。「ラスキン、モリス」の名は常に結合されて、美に対する社会的運動の、一つの大きな流れを永えに物語るであろう。工藝の美を想い、その過去を考え未来を希《ねが》う時、私は彼らの志の中に私自身の志をも見出さないわけにゆかぬ。否、工藝の美を論ずるすべての者は、誰とても彼らの志と結ばれてくるであろう。ちょうど重力を力学的に思う時、誰もニュートンの考えた如く考えるに至るのと同じである。

四

工藝の諸問題の渦中に私自らを投じた今日、私はラスキンとモリスとがよくもかくまでに工藝を愛し考えかつ行おうとしてくれたかに感激の情を禁ずることができぬ。だが後に来る者は、時代の恵みによってさらに前へ進む。私は私自身の理解を彼らの前に出す時、自ら幾多の不十分さを意識するにかかわらず、その主張を躊躇する理由を見出すことができない。時代が私に要求する思想を、彼らの水準に止め得るか、また止めてよいか、止めるべきであるか。私はそれらの偉大な先覚者たちに向って、「否」と明確に答えるであろう。彼らに抱く私の敬意が尽きないものであるように、また彼らに抱く不満も尽きないものであることを言い添えねばならない。これは彼らへの不尊な叛逆《はんげき》ではなく、これのみが真に彼らの趣旨を継承し発展せしめる所以となるであろう。

私はラスキンが「聖ジョゥジ組合」において何を実現しようとしたかを、彼の自身の言葉をもって書き始めよう。(以下大熊氏の訳文による)。

「イギリスの土地のある小さな部分を美しく平和にかつ豊饒《ほうじょう》なるものにしようと試みよう。そこには蒸汽機関も鉄道も一切なしにしよう。生けるものにして保護されず重んぜられぬものは一切なしにしよう。病める者はあっても悲惨な者はなく、死ぬことは免れなくとも怠けるということはない場所にしよう。そこには自由は少しもなく、明らかな法および一定の人物に対する即座の服従があるばかり、そこには平等は少しもなく、ありとあらゆるより善きものの承認と、ありとあらゆるより悪しきものの否認があるばかりである」。「聖ジョゥジ組合の最も貧しい農場においてなりとも、雇人は白砂糖と赤砂糖の極上のものを与えられ、一切そのほかのものは与えられない。もしあまりに貧しくその砂糖が買えないと云うならば、我らは砂糖をいれずに茶を呑《の》むだけのことである」。「歩道には一片の蜜柑《みかん》の皮も、溝には一個の卵の殻も残さない」。「そうして食卓には少女がいかにしてそれを料理すべきかを知らぬような御馳走《ごちそう》は一つとして並べてはならず」。「すべての者は長じては博物学とラテン語とを学び、そして五つの都市アゼンス、ローマ、ヴェニス、フローレンスおよびロンドンの歴史を知らねばならぬ」。ラスキンのこれらの叙述は笑わざるを得ないほど真面目である。私は彼の心情の要求がいかに真摯であり清浄であったかを見逃すことができない。それは真に現実を遊離した彼岸《ひがん》の楽境である。社会は今かかる理想を描くことを余儀なくするほど、悪と醜さと苦しさとに沈んでいる。私は笑いを浮かべつつも涙を伴うことなくしてこれらの言葉を読むことができない。あのドンキホーテの喜劇には、真実なるものの苦しさがある。

だが私たちはこのラスキンの道が、同時に私たちを救ってくれる道ではなかったことを経験する。それは彼の浅さから起った欠如ではない。大熊氏の明確な批評の言葉を借りれば「畢竟《ひっきょう》彼の弱点は彼の最も高き美点の避くべからざる半面であったであろう」。美を見、美を愛した彼は、世界を美の域に高めようと欲した。そうして美を現実から遠く遊離した世界に観じた。彼にはすべてのものを地から離して天に高めようとする意志が見える。だが地に即して天を見出そうとは試みない。「聖ジョウジ組合」の世界は、もともと地上にあり得ない性質を持つと云えないであろうか。

過去の美しい工藝を省みて、彼はいかにそれが美的に価値深きかを熟知していた。

だが美的と美術的とを混同することによって、それが元来は工藝的なものであるのを見逃したように見える。彼はすべての工人に美術家たらんことを求めた。またかかる位置に高めることに彼の任務を感じた。彼はすべてのものを美術化しようと欲した。だが美しい工藝は、美を目途としてできたであろうか。否、用に即してできたのである。現実を去って理想を追うたのではなく、現実の中に正しく活《い》きようとしたのである。工藝は美術的意識から出発したものではない。実用に適《かな》う時美があったので、用を従に美を主にしたものではない。工藝の美術化はかえって工藝の美の殺傷である。私たちはラスキンのユトピアに世界の美術化を見ることはできよう。だが工藝美を見ることができぬ。

彼は世界を異常な高さに高めようと欲した。しかし通常の世界に美を深めようとは試みない。まして普通の世界に交わらずば、高い美は生じないと考え及んだのではない。彼は世界を美術の天国に高めるために、地上の工藝を放棄したと云えないであろうか。彼は常に中世紀の讃美者《さんびしゃ》であった。その時代には美が最も厚く実現されていたからである。だが美しいその時代の作を美術的と見ることによって、彼はその時代が純工藝の時代であったのを見逃している。その世紀には工藝のみあって、美術はなかったと云わねばならぬ。今日美術的な作と見做されるその時代の一切のものは、用に発したので美のために作られていたのではない。そうしてこの性質が作品をかくまでに美しくしたのだと云わねばならぬ。中世紀の作品への讃美は常に正しい。だがラスキンによって讃えられた中世紀の作品よりも、中世紀の作品自身の方がさらに美しいと云えないであろうか。美術化して見られた工藝の作よりも、工藝の作自体はさらに美しいと云えないであろうか。ラスキンの「聖ジョゥジ組合」の世界は理想化せられた世界の提唱である。だが現実に即した工藝の世界は、それよりもなお美しいと云えないであろうか。

彼のユトピアのすべての失敗は、要求すべからざる美を、到達し得ざる彼岸の世界に獲得しようとした点にあると云わねばならぬ。そうして真に美しき世界が、この現実の世界に交わることにおいてのみ可能なのだという真理を少しも教えていない点にある。云わば一切の人間を貴族にしようとする企てと等しく、民衆たるそのことの中に、正しさと幸と健康とを見出そうとしたのではない。だがすべての人を富貴にする時に幸福があるのではなく、質素にこそ真の幸福があり、質素ならではむしろ幸福ではないと言い切らねばならぬ。ラスキンはついに不可能にしてしかも望むべからざる世界を求めていたと云えないであろうか。

社会主義的思想の主張において、また運動において、さらにまたその実際化において、特に工藝における極めて多面な活動において、モリスの一生は真に目覚ましいものであった。彼はラスキンに活きラスキンを伝え、その理想を書斎より街頭に移した。彼のよき主張のうち特に私の興味を覚ますのは、すべての美術家をして工人たらしめようとした彼の思想である。ラスキンがすべての工人をして美術家たらしめようと努力したのといかによき対照であろう。美術家たるモリスは自ら工匠としてのモリスに入った。彼は彼の工藝に励み勉めた。それも多種多岐の工藝にわたって彼の活動を続けた。

五

だが彼は私たちの前にいかなる作を示し得たか。それは美術家が試みた工藝というまでに過ぎないではないか。あの中世代の工藝は工人たちの工藝であって、美術家の工藝ではなかった。彼の一生はついにこのディレンマから脱することができなかった。彼は「モリス」の名において作ったのである。彼が熱愛した中世代の作のように無銘なものでもなくまた民衆の手から作らるるものでもなかった。まして用を第一に作られたものではなかった。単に美術家が工人に名を変えたというまでである。用を二次に美を主として工夫された作品である。美意識から発したので、あの古作品のように無想《むそう》から発したものではない。

私は彼の善き意志を愛し得ても、彼の作を愛することができぬ。なぜならそれはすでに工藝の本質を離れているからである。どこにも工藝の美しさがないからである。それは民藝となり得ない個人的作に過ぎないからである。彼の社会主義的主張それ自身に悖《もと》るからである。貴族的な贅沢品《ぜいたくひん》に終っているからである。そうして古作品の前に立って、いかなる部分にも勝ちみがないからである。それらのものに向ってついに私は「美しさが乏しい」と言い終るより外はない。

彼の建てたという有名な「赤き家」を見られよ。いかに甘い建物であるか。それは一つの美的遊戯に過ぎない。その形は明らかに中世建築を模したものであるが、果して中世の建築はかかる甘い情操で作られたろうか。「赤き家」は一つの絵画であって住宅ではない。美のためであって用のためではない。特に内部の装飾に至ってそれは完全な失敗である。その壁紙の模様の如きは見るに堪えぬ。

彼の遺作のうち、恐らく最も難のないのはケルムスコット Kelmscott 版の刊本であろう。彼は字体を再び中世紀から選び、首字《しゅじ》の装飾を始め用紙から羊皮に至るまで古格を保とうと欲した。その当時のまた今日の無味な印刷法に比して、いかに優れているかは論ずるまでもない。むしろ古版本の模造であるその版に醜い点があるわけがない。だがその無難さは様式が多く伝統を負い、彼自身の個性の現れが少ないからである。だが過日私が中世代の本とそれとを同時に比べて見た時、いかに後者に引けめがあるかを眼の前に見ることができた。前者はその当時にはそれ以外に刷りようがないほど普通な工藝品であった。だが後者は最初からそれ以外には決してない僅少《きんしょう》な美術品ではないか。前者の自由に比べて、後者がいかに不自由であるか。様式は似ても前者の美は一般品から発し、後者の美は特殊品に止まっているではないか。モリスの仕事は工藝とはなり得ずに終った美術である。

その挿絵に至っては、モリスには全然勝算がない。古版画に見られる工藝的美は少しもなく、それは個人的な絵画に過ぎない。しかも致命的な傷は、彼の挿絵に全く創意がない一点である。彼は思想においてラスキンを出ることがなかったが、彼は絵画においてロセッティ D.G.Rossetti を出ることがなかった。だが工藝家として立とうとした彼が、ロセッティを師としたことは、運命の戯れであった。なぜならそれは彼を一層深くロマンティシズムに陥れたからである。そもそもロマンティシズムと、現実に即すべき工藝とに調和があり得るであろうか。このロマンティシズムが彼の作から一層深く工藝的要素を奪ってしまった。現実から遊離した夢幻の世界は美術とは成り得ても工藝の立場とは成りがたい。

彼らは「ラファエル前派」とはいうも、充分にゴシックの精神に帰っていたのではない。否、ゴシック精神とロマンティシズムの世界とは、明確に別箇の分野を示すではないか。しばしばモリスの模様はか弱いセンティメンタリズムにさえ落ちた。彼には美術と工藝との混雑があった。工藝の美術化と美術の工藝化と、その間における往来であった。工藝を純粋の相《すがた》において見ることは、彼の注意の及ばないところであった。

彼の多分な絵画的要素は、彼が工藝家たるよりも一層厚く美術家たることを示している。彼は工藝家になり得たのではなく、畢竟一個の美術家に終ったに過ぎぬ。ついに個人作家であって、民衆に交わることなくして終った。否、すべての民衆とは交渉のない、彼自身の特殊な性情を示したに過ぎぬ。もし彼の作が正しい作とするなら、民衆はすべてロマンティストたることを余儀なくされるであろう。だがその時、あのすべての健実な民藝の要素は消滅するに至るであろう。彼は民衆に勧めることのできぬ作を民衆に示したに過ぎぬ。工藝を高めようとした彼の真摯な意志は、その作品においてなんら正しい方向を示すことなくして終った。

私たちは彼の如く贅沢な、美術的な、そうしてロマンティックな作に工藝の本道を托すことができず、また托してはならぬ。私たちは彼の作の如き貴重品や装飾品にではなく、質素の中に、雑器の中に、日常の生活の中に工藝を樹立せねばならぬ。ラスキンやモリスにはまだ民藝に対する明確な認識が存在しておらぬ。後に来る私たちは彼らの志を進めて、さらにこの認識へと入る任務を帯びる。

六

思想の世界から鑑賞の世界に来る時、私はさらに一群の先覚者が私たちの前にあったことを気づいてくる。人々が呼んで大茶人と名づける人々、すなわち初代の茶人たちを私はそれらの先覚者として記念したい。処《ところ》の東西を問わず、少なくとも彼ら以上に工藝の美を見つめ得た人々が他にあるかを疑う。私は彼らを私の故国たる日本に見出すことに、尽きぬ愉悦を感じる。

彼らによって選び出された作はいかなるものであったか。彼らが見て美しいと観じたものはいかなる種類のものであったか。それは実に美意識からできた名作ではなく、平凡な雑器の類であった。美術化された作ではなく、用のためにできた純工藝品であった。彼らの眼がここに注がれたことは、真に驚歎すべき事実ではないか。彼らは後にあの「大名物《おおめいぶつ》」と呼称せられるものを「下手物《げてもの》」と蔑《さげす》まれる器の中に発見した。あの茶入《ちゃいれ》も茶碗《ちゃわん》も元来は数銭に価しない雑器であった。だが茶人たちは鋭くもそれらのものの美に打たれた。そうしてその謙譲な器の中に最も深い美の法則を見、かくして「茶道」と云わるる一つの「道」をすら建てた。かくまでに工藝の美を見つめ、またかくまでにその美を深く感じた人が、かつてあったであろうか。私は彼らの直観と鑑賞とに尽きぬ敬念を感じる。

彼らの見方には真に異常なものがあった。一つの茶碗にすら「七つの見処《みどころ》」を数えた。彼らの眼から高台《こうだい》の美が見逃されることはなかった。彼らは傷にすら特殊な美を認めた。そうして歪《ゆが》みにすら一種の美を認めた。彼らの手はそれを温かく抱き、彼らの愛はその美をさらに育てた。この「茶」の味わいが万般の風物に影響を及ぼしたのは云うまでもない。「茶」はしばしば生活にまで入った。そうしてそれが東洋の静かな精神に適合したのは云うまでもない。それは美の宗教であった。あの「渋さ」の世界は、老子《ろうし》の言葉を使えば「玄《げん》」の世界と呼び得よう。「渋さ」は究竟《くっきょう》な美の相である。そもそも「渋さ」という如き含蓄ある言葉が他国にあるであろうか。初代の茶人たちには、最高な工藝の美に関する明確な認識があった。

あえて初代の茶人たちという。なぜなら中期以後、茶道の真意は全くすたれ、形式に化して、原始の精神は失われてしまった。後代に作られた茶器を見られよ、もはやそれは美のためにできた器であって、あの大茶人たちが決して選ばなかった器である。私たちは、「井戸《いど》」と呼ばるる「下手物」たる大名物と、「楽《らく》」と印された「上手《じようて》物《もの》」たる茶碗との間に、本質的な区別があるのを見誤ってはならぬ。一つは無想に発し、一つは有想《うそう》に滞った作物に過ぎない。あの大名物がもし「下手物」でなかったら、決して大名物とはならなかったであろう。

あの茶器が民器であったように、あの茶室も民家にその風格をとったのである。今日数寄《すき》をこらし千金を投じて造る茶室の如きは、茶道の真意に悖ると云わねばならぬ。なぜなら茶祖が示した茶の美は「下手《げて》の美《び》」であり、清貧の美だからである。

あの民器に美を見出したこと、通常の世界に異常な美を観じたこと。そうしてかかる美に、究竟な美の相を見つめたこと。そこに法をすら見、道をすら観じたこと。そうしてかかる道に入って、生活を美三昧《びざんまい》に深めたこと。私が初代の茶祖を目して工藝美に関する偉大な先覚者と名のることになんの不可思議があろうか。

七

だが私たちは二つの方向においてさらになお、彼らの志を発展せしむべき任務を帯びる。後に来る者は彼らの踏んだ道に終ってはならぬ。第一彼らが彼らの愛した工藝から選んだものは直接茶器として必要なもののみであった。だがその茶器と同じ所産心でできた無数の美しい器が存在する。もし前者が「大名物」たる美を持つなら、後者にも等しい大名物格の美がなければならぬ。これは極めて合法的な推論ではないか。茶器となるから美しいのではない。美しいから茶器になったのである。工藝の種が豊富になった今日、私たちはこの真理に盲目であってはならぬ。茶入や茶碗は民器のうちのごく一部のものに過ぎぬ。もしそれらのものに美の玉座が与えられているなら、同じ心から生れた幾多の兄弟姉妹にも同じ栄誉を献げてよいではないか。工藝の美の認識を、民藝全般に拡大せねばならぬ。私たちは「大名物」を数個の茶器に限ってはならぬ。無数の「大名物」が吾々を囲繞《いにょう》していることを悟らねばならぬ。「大名物」の「極《きわ》め」を崇《あが》めて、他の無銘の雑器に冷やかなのは、真に「大名物」の美を知らないからだと云ってよい。それは美からものを見ない証《しるし》である。雑器だからと云って棄て去るのは、見方に自由がなく見識がないことを告白する。あの大茶人は雑器から「大名物」を見出したではないか。在銘のものを選ばなかったではないか。あの「井戸」の茶碗を茶器だから賞《ほ》めるのは、見方がまだ表面的である。さらに一歩深く入って、雑器としてのその美に驚いてよい。そうして私たちは眼を同じ他の雑器に転じてよい。そうしてそこから無数の未知な茶器を採り上げてよい。かかる創造的見方をこそ初代の茶人たちは私たちに教えてくれたではないか。人々には「大名物」の数を無限にふやす自由が与えられているのである。そうして私たちを囲繞する環境は、この自由を果す上において遥か大茶人たちの時代より恵まれている。拡大された領域における「下手物」の美の認識、これが今日の吾々に与えられた悦《よろこ》ばしい使命である。

これに続いて時代は私たちを第二の方向へと転廻せしめる。大茶人たちが私たちに示した驚異はその鋭い直観である。深い鑑賞である。それは宗教的意義にまで高められた。茶道は静慮《じょうりょ》の世界であり禅定《ぜんじょう》の領域である。鑑賞もここに達すれば余すところがない。だが私たちは知識の時代に活きる。彼らが鑑賞において味わい得た世界を真理の問題にまで進めねばならぬ。「味わう」とか「愛玩《あいがん》する」とかに止まらず、何がそれを美しくさせたか。いかなる領域からその美が発しているか。誰の手が作りなしたか。何がその資材であるか。どうしてかかる美が可能となったか。どういう社会から生産されたか。もしこれらの問題が解けたら、美は真の世界に結合するであろう。特に工藝が堕落してきた今日、私たちは反省の世界に入らねばならぬ。来るべき輝かしい一時代を産むために知的準備を整えねばならぬ。すでに意識の時代に活きる私たちはかかる任務をもつと云えないであろうか。

工藝美感は、工藝美論へと進む。そうしてこの両者の綜合のみが、未来の工藝を正しい方向に整理するであろう。何が美しきか、どこに美しきものがあるか、これらのことはすでに大茶人の指南するところである。私たちは、どうしてそれが美しくされたかの問題に入らねばならぬ。徒《いたず》らに茶道を形式に枯死さすのは、私たちのなすべきことではない。彼らの衣鉢《いはつ》の真の継承は、その形式の反復にあるのではなく、その精神の進展にあるのである。近代茶人の無為を私は許すことができぬ。

工藝の問題は美の問題であると共に、真の問題である。特に社会に関聯《かんれん》する真理問題である。一つの器にも精神と物質との複合せる社会の縮図が見える。私たちは時代が私たちに要求する内省へと見方を深めねばならぬ。私たちは初代の茶人たちが触れ得なかった数多くの問題を解くべき任務を現代にもつのである。

私は省みてかかる先駆者たちを史上に記念せねばならぬ。そうして彼らの精神を継承し、しかも彼らを一歩ぬきん出る以外に、正しく彼らの大を記念する道はない。もし同じことを反復して彼らの域を出ないならば、それは彼らに酬《むく》いる所以とはならぬ。彼らへの正しい不満のみが、彼らへの篤《あつ》い共鳴を裏書きするであろう。

（昭和二年十月四日稿　増補）

概要

私は工藝の道を論じて長き叙述の終りに達した。ほとんど処女地として今日まで放置されたこの領域に関して、多くの人は新しい光景の展開に奇異な感を抱かれたであろう。見慣れないものに対してはすべての人は臆《おく》しやすく疑い深い。まして長い間ほとんど反対の物語を聞かされていた人々にとっては、了解に苦しむ個所が多いであろう。私は今日まで知れる人、知らざる人から共に幾多の疑義を受けた。それ故私はもう一度その要旨を捕えて、簡明に私の今まで述べた思想の骨子を再録しようと思う。それ故これは本論の概要となる。思い出すままに順を追って自らかく問いかく答える。

問　工藝とは何か。

答　工藝とは、実用品の世界を指して云うのである。この点全く美術と異なる。絵画は見るために画《えが》かれる美術品であるが、着物とか机とかは工藝品であって使用するために作られるのである。

問　工藝美とは何か。

答　用に即する美を云うのである。用に即するとは、用品たることという義であるから、その美は用たることから発するのである。用を離れて工藝美はない。したがって用に堪えぬ作品、または用を無視した作物は、自然工藝美を保ちがたい。

問　用とはどういう意味か。

答　ここに用とは単に唯物的意味にのみ解しているのではない。なぜなら、物心の二つは離して考えるべきものではないからである。それ故用とは物への用でもあり心への用でもある。器物はただ使うのではなく、見たり触れたりして使うのである。もし唯物的意味にのみとるなら、例えば模様というようなものは全然無意味となろう。しかしよき模様は用の働きを増してくるのである。かかる意味でそれもしばしば用のなくてはならぬ一部になる。これに反し心に醜さを感ぜしめるものは、いくら物への用とはなっても、用の働きを鈍らしてくる。ちょうど料理という時、ただ食物ということのほかに、美しく盛られ、味わいよく調理された食物を意味するのと同じである。そうしてこのことが食慾《しょくよく》を助けてくれる。これと共に、心に対してのみの用というが如きも無意味である。それは料理の模形を食物と呼ぶことが意味のないのと同じである。用とは物へのみの（または心へのみの）用ではなく、不二なる「物心」への用である。

問　工藝美の美の特質は何か。

答　工藝美の特質は「親しさ」の美である。器物は日々共に暮す性質をもつ故、自《おのず》から親しさの美が要求される。したがってそこは「潤い」とか「趣き」とかの世界である。特に工藝品において人は「味わい」とか「雅致」とかを語るではないか。それ故崇高とか巨大とか高きに仰ぐ美たるよりも、近くに親しむ温かさの美である。このことに工藝と美術との目立った差異が見える。
人々はあの絵画を高く壁に掲げるが、器物は近づけて手に抱くではないか。

問　工藝にはいかなる種類があるか。

答　大体から見て次のように類別することができる。

- 工藝
  - 民藝（民衆的工藝）
    - 協団的（創造的工藝）
    - 資本的（機械的工藝）
  - 美藝（美術的工藝）
    - 個人的（個性的工藝）
    - 貴族的（技巧的工藝）

一方を「民藝」と呼び、他方を「美藝」と呼ぼう。前者は民衆の手になり、民間で用いられる工藝品。後者は個人的作者から生れた少数の人々に購《あがな》われるもの。

一つは多く作られ安くできる日常品。一つは少しよりできず、価も高き装飾品。前者は無心に作られ、後者は意識より発する。あるいはこれを無銘の作、在銘の作と分けてもよい。しかし私たちはこの二つの流れをさらに各々二分して考える必要がある。民藝には協団制度より生れたものと、今日の如き資本制度より発したものとがある。前者は創造的な手工藝であるが、後者は決定的な機械生産である。また美藝にも二つの種類が数えられる。一つは個性の表現を旨とする個人的作品であり、一は官とか富豪とかの命による貴族的な上手《じょうて》の作である。私たちは大体に以上の如く分類して考えねばならぬ。

あのゴシックの工藝品の如きは典型的な協団的民藝である。今日のアルミニュームの器物の如きは資本制度的機械工藝である。あのエッジウードとか木米《もくべい》とかの作は個性の出た個人的作を代表し、あの蒔絵《まきえ》とかお庭焼《にわやき》の如きは官僚の貴族的作品である。

問　その中のいずれのものが、より豊かに工藝の本質を示すか。

答　民藝、特に協団的作品に最も深く純工藝の意義が現れている。何故なら美術的工藝は用を二次にして美を主にする傾きに陥りやすく、したがって工藝たるの原則が破れるからである。それはむしろ工藝たることを離れて美術に近づいている。

それ故工藝として見れば民藝の方が正脈である。「工藝」といわゆる「工藝美術」との間には、かくして明確な差異が生じる。私は今日資本制度的機械品が美に乏しく質に弱いことを、ここに書き添える必要はないであろう。

例えば鶏龍山の「三島」は純工藝であるが、道八《どうはち》の「三島写し」はむしろ美術に近く、工藝としては傍系に過ぎぬ。

問　民藝と美藝といずれに工藝美が多分に含まれているか。

答　作に現れた美から見て、不思議にも美藝は民藝の前に勝ちみが薄い。個人的作の美はむしろ作者彼自身の個性の美であって器物そのものの美ではない。もし作者の名が知らされていなかったら、個人的作品は今日のように高い位置を工藝史に占め得ずに終ったであろう。好んで在銘の作を尊ぶ人があるが、彼らは名を購っているので、器《うつわ》そのものを見ているのではない。また官の貴族的作は、主として技巧的作に流れるため、美の本道からは離れてくる。不思議にも美をねらってできた美藝品より、民藝品の方がさらに器物としては美しい。いくら「楽《らく》」と銘打った茶碗《ちゃわん》がよくとも、あの「井戸《いど》」の前に立つと到底勝ちみがない。個人的作の美しさは、器そのものにあるのではない。作者のもつ鋭い神経とか確かな個性とかの面白味である。それは工藝的持ち味ではなく、むしろ人間的持ち味である。

問　なぜ結果において個人的作が民藝の美に負けるか。
答　「個人的美」は「超個人的美」より低いからと答えよう。民藝の美には無我《むが》的な超個人的な美が示されるが、個人的作には自我《じが》が蔓《はびこ》り意識が多く、したがって作為が勝ち、自然さに叛《そむ》く故美が乏しくなってくるのである。または個人の力は伝統の力より弱いからとも云えよう。個性はいかに強くとも自然の前にはなお狭く小さい。実際凡庸な民衆はあの怜悧《れいり》な個人より、さらに驚くべき作を産んだ。それは主我《しゆが》的な傷がないからである。よき信仰が主我の世界にはなく、没我《ぼつが》の世界にのみ現れるのと同じである。パリサイ人に篤信な者が少ないのと同じように、在銘の作でよいものは非常に少ない。どの個人作家が、あのゴシックの家具より美しい家具を作り得たか。古今の最も美しい工藝品を仮に百個選ぶとしたら、そのうちの九十九、否、恐らく一切のものが無銘であるのに気づくであろう。
問　工藝に個性の価値を認めぬか。
答　個性を否定する見方は間違っている。しかし個性に止まることに満足するのはなお間違っている。個性美も一つの美である。だが最高の美ではない。もし絶大な個性があるなら、彼は超個性の域にまで達しているであろう。個人工藝が美から云っても不満足なのは、個性を超脱した美に達することが稀《まれ》だからである。しかも個性美が強く出ているものは、常用の品には適しない。個性は他の個性と反撥《はんぱつ》しやすいからである。個性美で平和な美をもつものははなはだ少ない。かくして一般の用途に適しない時、工藝としての意義から離れてくる。工藝は個性の工藝に止まってはならぬ。(個性の顕現にすら不満足なのである。まして個性すらもたない作になんの美があろうか。個性のないことと個性を超えることとを混同してはならぬ)。

民藝美の一つの著しい特質はそこに個性癖が見えない点である。ものそれ自身が美しいので、作者の特殊な個性が美しいのではない。あのペルシャの絨毯《じゅうたん》を見られよ、何の某《なにがし》が作ったかを問うことなくしてその美を感じる。そうしてそれは仕事に携わるどのペルシャ人も作り得たのである。しかも分業によって多くの者が合作したのである。いかに美しくともそこには一個人に限られた世界はない。しかも誰も作ったあの絨毯に、醜いものがあったろうか。工藝は個性の工藝に止まってはならぬ。

問　無学な職人たちから生れる民藝がなぜ美しくなるか。

答　職人たちの無学とか無知とか、無個性とかいうことに、美を生む力があるのではない。だが自然に従順であるため、自然が彼らに美を保証してくれるのである。民藝の美は他力《たりき》的な美である。自然な材料、自然な工程、素直な心、これが美を生む本質的力になる。それ故民藝の美は「救われる美」である。職人たちに自らを救う力はない。自然が救ってくれる故、作が美しくなるのである。彼らの作にかつて醜悪なものがあったろうか。すべての力が作者に依るならいかに誤謬《ごびゅう》が多いであろう。だが自然の力が働くため、どの作も救われてくる。

人はあの欧州全土に行き渡る夥《おびただ》しいゴシックの作に悪作を見出そうとしてもただ困却するばかりであろう。あの卓越した天平《てんぴょう》の布に、俗悪な色や模様を捜そうとするならただ倦怠《けんたい》を感じるであろう。

問　それなら個人的作家に美しい作はできないか。

答　絶対にできないというわけはない。しかし個人道は極めて難行道《なんぎょうどう》だと知らねばならない。個性に滞っているかぎり決して民藝のような無想の美に到達することはできない。知識ある者で純な信仰をもち得る者が稀の稀なのと同じである。自力《じりき》の道を歩む者には、禅僧の如き大修行を要する。個性への執着は、器の美を保証しない。まして個人的仕事において、いかに多く工程上に技術上に無理が生ずるかを誰も経験するであろう。もし個人道が工藝の本道なら、民衆の工藝は、低き工藝となるであろう。なぜなら民衆には個性らしき個性がないからである。知識らしき知識がないからである。だが不思議にも工藝はかかる民衆の間においてさらに美しい花を開いた。これは個人道がいかに至難なものなるかを語っている。稀な天才のみがわずかによい作を示し得るに過ぎない。現代に個人工藝家は群り起る。だが彼らのすべてが稀に見る天才だと誰が云い得よう。天才は一代に一人あるかなしかである。これは統計が示す冷酷な真理である。世はすでに救われざる工藝家の作の多きに悩む。

問　個人作家はいかなる価値を保つか。

答　個性美の表現が、作の目的なら、工藝の道は不自由な道だと云ってよい。むしろ美術の道を選ぶ方が遥かに適する。個性に終るものは、工藝そのものの性質に合わないからである。しかし民藝がはなはだしく堕落してきた今日、何が美の目標であるかを示してくれるものは、個人的作者よりほかにない。道が見失われた今日、私たちは美に対する正しき鑑賞や認識をもつ者を必要とする。工藝界は今やよき指導者に飢える。末世の今日もし個人作家の奮起がなかったら、世はさらに暗くなるであろう。それは意識時代に当然に要求される現象である。彼らの存在は次の時代を再び民藝時代とするための媒介である。その価値は作そのものにあるよりも、むしろ作者の美に対する理解に依拠する。したがって彼らの作は思想的贈物として一層の意義を有する。ただ恐らくは彼らの中に真の美の目標が何であるかを解し得たもの少なく、またその作に真に正しい美を表現し得た天才が乏しい。否、誤った美を示すことによって工藝を毒している作者がいかに多いであろう。

実際個人作家は工藝に対する方針の指示者であって、大成者ではない。かりに作者が一つの壺《つぼ》を作り、その上に山水の画を描いたとする。そうしてそれを見本として民衆が何千何万と作り得たとする。すでに見本を意識せずして作り得るまでに熟達したとする。その時はそれは美において、遥かに見本よりも美しくなっているであろう。それはすでに美術ではなく民藝になりきってくるからである。それ故、個人的作は美においてはいつも民藝に劣る。その価値は主として思想的貢献である。

問　美藝と民藝といずれの発展が工藝にとって重要であるか。

答　個人作家の意義は、美が誤られて来た今日、それを修正して将来の方向を指示し、来るべき正しい工藝を再び民衆の手に渡そうとすることに存する。すべての努力の目的は自己の表現にあるのではなく、正しい美を民藝の中に具象化することに存する。自己一個の作を救うことに目的があるのではなく、それによって来るべき工藝を救おうとするにある。それ故、精神的意味においても、社会的意味においても、個藝より民藝の方が遥かに重要な意義を有する。民藝の衰頽《すいたい》は工藝品の大部分を殺してしまうことを意味するからである。そうしてこの没落によって「美によって義とせられる王国」は不可能となるからである。少数の個人的作だけが美しくなるのは、吾々の最少の悦《よろこ》びであってよい。むしろ恥かしい現象だと考えてよい。

民藝への発展に没交渉な作家は、ちょうど己れをのみ清くすることに満足する隠者に等しい。しかし己れを清くするのは、それによって他をも清めんためではないか。隠遁《いんとん》それ自身は私たちの目的にはならぬ。美藝より民藝への発展は、己れを救うことにより、他と共に救わるることへの推移を意味する。個性への執着や個人的製作への固執は作家の工藝的任務にはならぬ。

問　個人的作家に何を最も希望するか。

答　何よりも社会的任務の自覚を熱望する。これが個人的作家に今一番欠けている著しい性質である。今の作家はすべてを美の意識から追求する。しかし将来の作家はこれに加うるに社会的意識からの追求がなければならない。そうして後者がなかったら、真に前者の要求が実現される日も来ないであろう。将来の民藝にどれだけ貢するか否かによって、個人的作の意義は決定されてくるであろう。民衆と没交渉であるかぎり社会的罪悪から脱することはできない。自らを救うことより、民衆と共に救わるるということの方が遥かに意義が深刻である。近時の社会思想の流れは、いつか工藝家にも、社会的意識を喚起させるであろう。そうして美からのみの追求は、過去のものとして満足されなくなる時が来るであろう。否、真に美を追求する時、誰も民藝の意義に冷淡でいることはできないであろう。

問　個人的工藝の社会的欠陥はどういう所にあるか。

答　少数よりできないこと、高価となること、用途より離れ装飾品に堕すること、よし用途のために作られても高価である故日用品にならぬこと、贅沢品《ぜいたくひん》となること、始めから骨董品《こっとうひん》となること、民器とならぬこと、したがって民衆の生活とは没交渉になること、顧客は独り富者のみとなること。一言で云えば用途への分離であり、民衆との離別である。このことは「工藝たること」への致命的傷ではないか。何故なら「用」を離れて工藝は意味なく、「民」を去って工藝美は失われてくるからである。

問　個人作家がもし社会と隔離するなら、謙譲に自己の現下の立場が不満足なものであるのを承認する義務がある。そうして何事よりも、民藝の前に謙遜《けんそん》を感じ、再び正しい民藝時代が来るように、その準備を整えることをせねばならぬ。彼の作りし形とか模様とかが民藝になりきる時、彼の原作がそれに比して、用においても美においても、いかに貧しいものであるかを知る必要がある。

答　民藝にはどういう強味があるか。

決して用を離れる場合がないこと、廉価であるということ、たくさんできること、したがって大衆の日常生活に役立つこと、多く作るため技術に熟練を与え、ついに技巧の病いから脱してくること、美意識に煩わされずしてできること、無心にできること、したがって一切が単純化されてくること、自然さがあること、作為がないこと、かかる性質は、社会的意味で強味であるのみならず、審美的意味でも強味を生じる。あの「下手物《げてもの》」には、いつも病気が少ないではないか。醜い作が稀ではないか。「民衆的たること」と「工藝的たること」との間には密接な調和がある。

実際あの知識から発し、技巧から生れ、個性から出た作に、よいものは少ないではないか。これに反し過去の民藝品日常品で、醜いものを捜すのはむしろ困難で

学な善男善女には敬虔《けいけん》深い者がはなはだ多い。

問　なぜ民藝にかくも留意するか。

答　一、私の直観は美藝よりも民藝に、より豊かな美を、遥かに多く見出しているからである。二、しかるにほとんど誰も民藝の価値を工藝論中に高く説いたものがないからである。三、これに反し史家も蒐集家《しゅうしゅうか》も個人的作を偏重しているからである。四、そうして作家は個性の扉から外に出ず、民衆と没交渉でいるからである。五、かくして誰も工藝を民藝へ発展させようと企てていないからである。だが民藝の価値を闡明《せんめい》し、来るべき時代の日常品を昔のような偉大さに戻さねばならぬ。民衆の普通な日常品が、そのままに偉大なものとならないかぎり、その時代を工藝時代と称することはできぬ。工藝美は個人美たるよりも社会美である。個人的工藝家は多いが、あの無銘の作をよくしようとする人は少ない。否、無銘の作の中に偉大な工藝が約束されることを信じる人はほとんどない。かえって民衆と離れ、一人自己の城壁にたてこもる人のみがふえる。そうして購う人にも在銘のものを尊ぶ習慣がますますつのる。この趨勢《すうせい》が世界を支配している故、敢えて「民藝」の声を強めるのである。もしこの輿論《よろん》が起らなかったら、工藝はその正しい歴史を閉じるであろう。

問　どうして近代において民藝が衰頽してきたか。

答　史的事実の示すところによれば、処の東西を問わず、民藝の衰頽は資本主義の勃興と平行する。日本でいうならば明治二十年頃から一切の民藝は急速にその美を喪失した。云うまでもなく、その頃から資本制度が擡頭《たいとう》してきたのである。西洋でいうならば、新しいその制度の闖入《ちんにゅう》によって、あの輝かしい「中世」という工藝時代は去った。

問　なぜ資本主義が民藝の美を殺すに至るか。

答　利が目的で作られるからである。用が二次になるからである。資本家の眼には常に利益が主眼である。健実とか、美とか、品質とかはいつも二義的である。粗製濫造《らんぞう》はその避けがたい結果に過ぎない。利慾《りよく》は用と美とを共に殺戮《さつりく》する。加うるに資本下にある工藝は手工を去って機械につく。これがために美はいよいよ創造をもたず、固定し凝着する。工藝は元来自作自用に発し、ついに商品へと進んだ。そうして手工から機械へと転じた。このことは必然な趨勢ではあるが、裏面から云えば、健実から粗悪に、自由から冷却に、また親切から利慾に変ったことを意味する。かくして醜い民藝がなかった時代は終り、美しい民藝がありにくくなる時代が起った。私たちは今この激変の時代に住む。

問　なぜ現代の民藝は俗悪であるか。

答　資本下にあるため、競争の巷《ちまた》に放置され、したがって刺戟《しげき》的な性質で買い手を集めねばならない。俗悪な色や形は、その直接な反映である。ひいてこれが人心に及ぼす無形的悪影響は甚大である。近代において工藝は耐久性を失い、一時性がこれに代った。私たちの今用いる衣服は美術館に飾られる運命をもたない。物が弱く美が乏しいからである。人は物を粗悪に作り、ただ移り変る新奇をのみ求める。この環境は人の情趣を深めず、今は教養ある者でも美の標準は極めて低い。

問　機械生産が工藝に及ぼす影響如何《いかん》。

答　今のところはなはだ悪い。またこの勢いがこのままで進むなら工藝の美はほとんど蘇生する望みがない。機械製品にも特殊な美があることを否定することはできない。だが今日まで機械製品で手工品の美を越え得たものは一つもない。今のままなら今後もその望みははなはだ薄い。

道具も一つの機械であるから、手工といえども機械を離れては不可能である。否、手それ自身が一つの機械とも云えよう。しかるになぜ美から云ってまた丈夫な点から云って手工が機械に優るか。それは人間の手が、機械よりも遥かに複雑な自由な機械だからと言い得るであろう。いかに煩雑な機械でも、手に比しては、極めて簡単である。一言で云えば人智は自然の前にはなお愚かだからと言い得るであろう。あの精細な学識より出た化学染料が、色調において至純な植物染料に勝った場合はほとんどない。現代の私たちは千余年前にできたあの中宮寺《ちゅうぐうじ》に蔵する「天寿国曼荼羅《てんじゅこくまんだら》」の色彩の前に、何の色をか持ち出し得よう。

問 機械生産を否定するか。

答 機械そのものに悪はない。しかしこのことはただちに機械主義がよいということにはならぬ。機械をいかに多く使っても、人間がその奴隷とならないかぎり悪ではないが、機械が主となって人格の蹂躙《じゅうりん》があるなら常に悪である。機械はよいが機械主義はいけない。

概して見れば機械が複雑になればなるほど、人はその奴隷に陥りやすい。それが道具に止まるほど、人はその主たりやすい。しかし人口の増加は昔のような道具時代を許さない。私たちは前代よりも遥かに多くの機械を必要とする。しかしそれが過剰になる時、再び人間を拘束する。この明らかな二つの矛盾の間に立って、どうこの問題を処置すべきかが重要である。恐らく最も怜悧《れいり》な処置は、動力において、また「下《した》ごしらえ」において機械に拠り、仕上げにおいて手工に依ることにあるであろう。それによって双方を緩和することができる。手工のみでは労力の徒費があり、機械のみでは美の抹殺が起る。

問　機械は人間の物質的生活の大きな助けとなるではないか。

答　機械によって幾多の便宜が与えられたることは事実であるが、経済学的考察が明確に指摘するように、かえって機械主義のために、大衆が貧乏になってきたのを否定することができない。元来機械組織は資本主義が要求するものであって、社会が資本制度に移らなかったら、今日のように機械は跋扈《ばっこ》してはいなかったであろう。また今日のように失業者は多くならなかったであろう。今はむしろ機械生産の過剰に悩む。機械主義は人間の幸福を保証しない。

資本主義と機械主義とには密接な関係がある。資本主義による商業主義は、必然機械の競争に転ずる。これによって時間をはぶき、数量を増すことはできたであろうが、品質は衰え、仕事は苦痛になり、失業者はふえ、人々は安い機械品をすら容易に購い得ないほど貧乏に沈んできた。機械はある幸福を与えたかも知れぬが、これによって起った不幸の程度はさらにひどい。

問　どうしたら機械の跋扈を制止することができるか。

答　利を主眼とする資本主義が没落したら機械が今日のように無制限に要求されることはなくなるであろう。そうして手工への要求は今日より増大して来るであろう。そうして機械製造におけるよりも手工製作において、より多く仕事への幸福を感ずるであろう。

私は資本主義に対する経済学的否定に深い意義を見出す。自らの弊害によって、その運命が決定される日は近いであろう。そうしてその日において人々は機械への正しい認識をもつであろう。

問　すでに発達した機械を放棄するのは、退歩を望むのと等しいではないか。

答　よし発達したものでも、有害となる時は抑制してよい。平和が約束される時、極めて発達した武器に人は執着するであろうか。あの盲腸が有害である時、生物史上に発達したという理由で、人はその手術を拒むであろうか。まして私は機械そのものを放棄せよというのではない。機械が美を殺し、仕事を不幸にし、作品を粗悪にするかぎり、その無制限な発展を抑止せよというのである。機械の発達はすなわち文化の発達だと言い張る人があるかもしれぬが、それは科学的意味の進歩であって、作そのものに進化があるのではない。いかなる機械製品が手工品の美を越え得たろうか。人々は精緻《せいち》なる機械そのものへの驚異を、ただちにかかる機械の産む製品への驚異としてはならぬ。

問　手工藝はすでに過去のものではないか。

答　そうは思わぬ。私がここに手工藝というのは反機械主義という意味ではない。手工を補佐する機械を無視するのは無益である。だが手工を殺傷する機械を謳歌《おうか》するのは一層無智である。手工藝には人間の正しい幸福を保証する不変な力が宿る。なぜなら手工藝には自然の加護があるからである。手工藝への無視は、一つには作への無視であり、二つには仕事への無視である。私たちは機械製品において醜き作のあまりにも多くに接し、かつはその労働が単なる苦痛に終ることを経験し過ぎている。

道具時代が過ぎ去ったということを、ただちに手工の価値が過ぎ去ったという意に解するのは早計である。ちょうど科学の時代が来たから、宗教の時代は過ぎ去ったと説くのと同一である。いかに科学が進むとも、信仰の意義に変りはない。否、科学時代になればなるほど、信仰がますます要求されるとも言い得るであろう。手工の価値に変りはない。手工への求めは、目覚めたものによって今後常に繰り返されるであろう。

問　機械製品にもっと美を盛ることは可能ではないか。

答　もとよりある範囲までは可能である。だがそこには明らかな限界がある。機械それ自身の性質が美の創造を阻止する場合が起る。それはしばしば単なる同質的反復に過ぎない。そこには繰り返しのみあって、自由が乏しい。創造を欠くところにどうして無上の美を期待することができよう。機械製品を美しくするためには、もっと人間さが活《い》かされねばならない。第二の制限は機械を所有する資本家の拒止による。彼らは利の前には常に美を犠牲にする準備を欠かないからである。資本家的世界にとって、「美」は力なき空想に過ぎない、「利」のみが驚くべき現実である。したがって現状のままで機械製品に美を加えようとするのは無理がはなはだ多い。

問　それなら正しい民藝はどうしたら復活するか。

答　社会組織の改革がなければ復活はむずかしい。そうして今のままなら民藝は廃れ、粗《そ》笨《ほん》な機械製品のみふえ、独り個人的作品のみがわずかに骨董的意義で存続するに過ぎなくなるであろう。今日もなお地方に昔ながらの伝統を保って、手工になる民藝品をしばしば見かける。しかしいずれも機械産業に抗し得ず、わずかに生命を保っているに過ぎない。その美しさを見るにつけどうかして救いたいと思う。しかし恐らく社会の現制度の許《もと》においてそれを救おうとするのは意味が薄いであろう。私たちは民藝の再興のために制度を新しく建て直す必要を感じる。

問　いかなる組織が民藝のために必要であるか。

答　資本制度が民藝の美を殺したということは、反面に協団制度がこれに代らねばならぬということを意味している。事実偉大な民藝時代は皆ギルドの組織を選んでいる。ギルドと工藝とは一体であるとさえ云って差し支えない。美しい工藝品ということには、協団的美しさという意味が含まれている。工藝時代と云えば西洋中世紀をよく想い起すが、その時代は典型的なギルド時代である。

問　ギルドとは何か。

答　共通の目的の許に、同胞愛の力によって結合せられた相互補助の団体である。団体であるから、それを可能ならしめる秩序が固く保持せられた。秩序は道徳なくしてはあり得ない。この道徳性が特に工藝ギルドにおいては製作に誠実さを保証した。質であるとか工程であるとか価値であるとかに不正を許さなかった。それ故この組織によって社会の信用を得、したがって生活が安定したのは云うまでもない。そうしてこの道徳的秩序を保たない者は社会的存在を喪失した。私利を眼目とし、粗製濫造する今の制度といかに異なるであろう。

問　ギルドが工藝美にどういう結果を来すか。

答　ギルドは協団である。かかる生活は主我的な個人主義を許さない。工藝は個人美より超個人美に入る。個々の美より秩序の美に入る。単独の美より結合の美に入る。個人の作より民衆の作に移る。一人の美より時代の美に移る。約言すれば工藝美は僅少《きんしょう》な個人的作品の分野を越えて、「美によって正しくせられる王国」の実現に進む。例えばあの宋《そう》代やゴシック時代の工藝は、救われた特殊の個人美を示しているのではなく、共に救われている普遍な民衆美を示しているのである。実に個人主義的な現代では、正しい美しい作を捜すのが困難であるが、それらの協団的時代においては醜い作を捜すことが不可能である。これは驚くべき出来事ではないか。醜い作を許さなかったこと、協団的基礎なくしてどうしてこのことがあり得るであろう。

問　協団の結合的生活を可能ならしめる「共通の目的」とは何か。

答　近代では「個性の実現」ということが各人の生活のモットーであった。しかし過去においても将来においても協団的生活においては「結合する人間性の実現」ということが目的である。したがって協団的すなわち協存的な生活、「共に活くる心」は生活の手段ではなくてかえって生活の本体を表示する。それ以外に合理的な生活はない。協団ということに人類共通の目的界がある。生活があるから協団を要求するのではなく、協団があって生活が生ずるのである。協団は普遍な「イデア」であってメシアニックな意義を有する。協団によって生活は始めて義とせられるのである。協団は救いである。手段ではない。協団への帰属なくして民藝は成立しない。公教が教会なくして救いはないと説くのに私は否定できない深さを感じる。

問　正しい民藝を復興し得る望みが果してあるか。

答　私は希望を失わない。現代の制度をこのままに肯定して、その上に正しい民藝を建てようとするなら望みは薄い。制度それ自身が「正しさ」と「美しさ」とを拒むからである。だが宗教よりして道徳よりしてまた経済学よりして、現代の資本制度が正当な健全なものでないということは、すでに公理であると云ってよい。現代が自らの病気に斃《たお》れる日は近づいている。一切の社会主義的運動は今後強まるとも、決して弱まることはあり得ない。私は改変せられる将来の社会制度の上に、来るべき工藝の輝かしい運命を信じる。最近における中世社会制度に関する研究の勃興と、ギルド社会主義の主張とは、最も注意すべき現象である。ある者はそれを「復古主義」として非難する。しかしそれは復古とか逆行とか模倣とかいう意味に依るのではなく、そこに永遠な、古くしていつも新しい社会法則を見出しているのである。過去への崇拝ではなく永遠な原理への認識である。ギルドに古今はない。

問　社会制度が変ずれば、民藝はただちに美しくなると考えるか。

答　そう簡単にはゆかない。民衆は歪《ゆが》められた制度の許に、長い間美の世界から隔離されてしまった。私たちはこの惰性の中にある民衆に向って、ただちに優れた作を期待することはできない。まして民衆は美についても醜についてもなんら知るところがないからである。正しい美の目標をかれらのために表示する者がなければ、かれらは方向を見失うであろう。新しき時代の初頭には特に優れた指導者を要する。何が美であるかを理解せる直観の所有者を要する。この点において個人工藝家の任務と責任とは重大である。

問　かかる美の目標をいずこに見出したらよいか。

答　過去の正しい民藝を見つめねばならぬ。そこには最も正当な健全な工藝の美が表示されているからである。私たちはそこに何がかれらを美しくさせているかの法則を学ばねばならぬ。

問　それは過去を襲踏するという意味になりはしないか。

答　過去を顧みるとは、過去を模倣するとかそのまま襲踏するとかいう意ではない。時代に順じ工藝の形式には変化があってよい。だが工藝の美を構成する美の法則は不変であって、そこに今昔はない。過去の作を尊ぶのは、過去のものだから尊ぶのではなく、不変なものがあるから尊ぶのである。敬念は過去への敬念ではなく、永劫《えいごう》への敬念である。

実際最も美しい作は、いつになっても新しい感を起させるではないか。よし時代は古くとも、その美は常に新しい。過去に終るが如き作を、もともと美しい作と呼ぶことはできぬ。

問　いかなる種類の過去の作に工藝の「健全な美」が最も顕著に現れているか。

答　貴重品である「上手物《じょうてもの》」よりも、むしろ「下手物《げてもの》」と嘲《あざけ》られてきた雑器類にかえって工藝美の健全な表現がある。「健全」とは工藝の眼目たる「用」に適《かな》う誠実な質や姿や心を指して云うのである。材料の粗悪や、工程の煩雑や、装飾の過剰や、技巧の作為や、個性の偏癖や、意識の超過は皆疾病である。なぜなら、「用」に適しないからである。「上手物」にはこれらの病いが多く、「下手物」にはなはだ少ない。今までは上等品すなわち美という風に考えているが、それは技巧をただちに美と考える貧しい見方に過ぎない。「健全な美」を求めるなら、どうしても雑器の領域へ来ねばならぬ。

問　「下手物」とはどういう意味か。

答　「下《げ》」とは「並」の意、「手」とは「質《たち》」の意。謂わば「並のもの」「普通のもの」、吾々が「不断遣《ふだんづか》い」と呼ぶ日々必要な実用品を指すのである。かかる無銘な、安い、たくさんある、普通のものにかえって美が宿るということに私は驚くべき摂理を感じている。この真理の発見は民衆への大なる肯定であり、これこそ経済的理念と審美的理念との完全なる調和を語るではないか。

問　先に書いた美藝品は「上手物」を代表し、民藝品は「下手物」を代表する。「下手物」だけに工藝の美があるというのか。

答　決してそういう粗笨《そほん》な断定を下しているのではない。「上手物」でも美しいものは美しい。だが私たちは次のことを注意せねばならぬ。第一は「上手物」で真に美しいものは非常に少ないということ、しかもそれらの美しいものに限って、その所産心や表現が「下手物」と同じ基礎に立っていることを気づかねばならぬ。作為や錯雑さがなく、素直さや自然さや単純さが見える。しかしこれらの性質こそはただちに「下手物」の美の特質ではないか。したがって「下手物」の美を理解することと、工藝美を理解することとには密接な関係が生じる。この真理は今日まで明確に意識されることなくして過ぎた。したがって工藝美と云えばほとんど「上手物」の美のみを論じた習慣に対し、この見方は価値顛倒《てんとう》となるであろう。

問　「上手物」には何故悪いものが多いか。

答　用品たることを離れてくる故、工藝美が乏しくなるのである。用を離れることは病いに近づく所以になる。それは意識の患いから脱け出ることが少ない。主我の念に陥りやすい。技巧に腐心する傾きが生じる。したがって錯雑に陥り、加工とか作為とかが目についてくる。それはただに美を主眼とすることによって、用を等閑《なおざり》にするのみならず、少しよりできないことによってますます用途から離れてくる。そうして高価だということも経済的欠点になる。これらの病菌に取り囲まれるため、それを脱した健全なものが少なくなるのである。

必然「上手物」には飾り物が多く、それは働き手でない故、必然虚弱になるのである。実際「上手物」は使用に堪えないほど軟弱なものが多いではないか。そういうものに工藝の本流はないのである。

問　「下手物」には何故健康の美が豊かに現れてくるか。

答　立ち働く身分であるから華美に流れてはいられない。質素な身なりに丈夫な体を持たねばならない。弱ければ働くことができない。これが「下手物」に健康な美を与える必然な原因である。したがってそこには着実とか素朴とか謙譲とかの美が生れる。約言すれば工藝美の法則たる「用に即した美」が完全に示されてくるのである。そうしてこの健康の美より、どこに自然な安定な鞏固《きょうこ》な美があろうか。

問　今日まで「下手物」の美を深く鑑賞した人があるか。

答　私たちは初期の茶人たちを挙げる。いわゆる大茶人と称せられる人々で珠光《じゅこう》とか紹鷗《じょうおう》とか利休《りきゅう》とかまたは相阿弥《そうあみ》のような人々である。下っては光悦《こうえつ》らもそれらの間に列する。それらの茶人たちほど民藝の美を深く見守った人々は世界にない。工藝品に対する日本人の卓越した愛慕は、全く茶道に涵養《かんよう》されたものだと云ってよい。

問　なぜ「初期の茶人たち」と断っていうか。

答　中期以後、下って今日の茶人らは、ものの見方が全く惰性的で、もはやそこに直観的創造を見出すことができぬ。それ故形式だけが残ってくるのである。茶道の堕落は遠州《えんしゅう》あたりから著しくなる。末期に至っては悪趣味の泥中に沈んで済度《さいど》しがたい。恐らく誤った茶人ほど、工藝に対してひどい見方をしている者は他にないと云ってもよい。

問　どこに初代の茶人たちの偉大さがあるか。

答　彼らの創造的直観である。その自由さである。人々が全く顧みずつまらないものとした雑器の世界から、驚くべき美を取り出してきた。民藝の美的価値を彼らほど鋭く見た者はない。彼らは「下手物」以外のものを茶器に選んでおらぬ。あの「大名物《おおめいぶつ》」は皆数銭もしない日常品たる「下手物」である。茶室といえども民家の美が規範である。彼らは「民」の世界に最高な美の姿を見た。渋さの美、玄《げん》の美を見た。この玄境に遊んで静慮三昧《じょうりよざんまい》に入った。茶道は美の宗教である。彼らは清貧の美を味わっていたのである。鑑賞もここまで進めば生活である。

問　茶道をさらに発展さす余地はないか。

答　無限にあると私は勇んで答える。茶道には因って来る美の理法が潜む。しかし理法は活ける精神であって死せる形骸《けいがい》ではない。その理法をただ、形式化する時、理法の真意は死んでくる。優れた茶人たちの偉大さは、その理法の自由無碍《むげ》な運用であった。そこに茶道の生命があるなら、無限の発展が吾々の前に許されているのである。創造的直観の前に美の局限はない。私たちは今や初代の茶人たちが見るを得なかった無数の美しい「下手物」を有する。私たちは随所に新しい茶器をその中から選ぶことができる。しかも茶道を新しい生活様式に順応させてよい。何も茶室の形式や茶器の寸法を在来の型に凝固せしめる必要はない。かかる自由をこそ大茶人たちは私たちに教えてくれたのである。私たちには「大名物」の数を無限にふやす自由が与えられているのである。古名器と同じ所産心でできた他の器に大名物格の美を認めないのは、直観の哀れな欠乏と見方の堕落とに因る。私はむしろこの世に美しい器物の夥し過ぎるのに驚く。そうしてそれらの名器の多くが目前に顧みられず棄てられているのに驚く。私たちは茶器を選ぶのに初代の茶人たちよりは遥か恵まれた時代に住む。

問　初代の茶人たちの工藝美に関する見方に満足し得ない点があるか。

答　茶人たちは器物を美からのみ味わったのである。それは鑑賞の深さであって、認識の深さということはできぬ。意識時代に住む私たちは、その美を見ると共になぜ美しいかの真をも見る。美の因って起る法則を想う。特に現代においてはかかる美を可能ならしめた社会的背景について考える。鑑賞に私たちを止めず真理への認識に移る。そうして過去への観察はひいて未来の製作への考察に入る。吾々は初代の茶人たちよりも遥かに多忙である。

問　「下手物」の美は粗野な原始的な美に過ぎなくはないか。

答　決してそうではない。恐らく最も発達した鑑賞眼に満足を与えるものは「下手物」であろう。なぜならそこには「渋さ」の美があるからである。無想《むそう》の美があるからである。自然そのものの象徴があるからである。そうしてかかる美より深い美を吾々は他に期待することができない。自然なる故粗野であるという人もあろうが、自然の働きより叡智《えいち》に溢《あふ》れたものはない。これに反し「上手物」で渋さの域に達したものがどれだけあろう。有想《うそう》に滞るからである。作為の品だからである。華美に流れがちだからである。個性に沈むからである。かくて自然を殺すからである。一見して華麗であるともかかるものは早く厭《あ》きる。人は人智の作を発達したと云うかも知れぬが、自然の智慧《ちえ》の前には、いかばかり幼稚な粗野な智慧であろう。

問　発達した科学の上に工藝を建てるのが将来の使命ではないか。

答　もとより私たちは科学そのものを無視すべきではない。だが現今の科学を過信することは一層愚かである。事実近代の科学的作品で美しさにおいて古代の作品を凌駕し得たものは一つもない。今後もその望みはないと云ってよい。何故なら科学は一定の限界内の科学だからである。パウロは「人の智慧は神の前には愚なり」と云ったが、同じことが自然の前に云えよう。科学的作品には知識的面白味はあっても、知識すなわち美ではない。否、かえって知識が美を殺さなかった場合とては少ない。科学が自然を征御《せいぎょ》するという考えは極めて粗雑なまた不遜《ふそん》な空想に過ぎない。私たちは知識を無視してはならない。だが同時に私たちの知識の限界をも無視してはならない。人智より遥かに複雑な優秀な自然の智を尊ぶことに、真の智があると云えないであろうか。この世に最も深い知識があるなら、それは自然に極めて忠順な知識をこそ指すのである。よき科学的作があるなら、それは自然を凌駕しているからではなく、自然の大を記念しているからである。

問　自然を重んずることとはいかなる意味か。

答　第一作る折の心に自然さがなければならぬ。苦心も大きな働きをなすであろうが、無心《むしん》はなお驚くべき働きを示す。自然を知ることよりも自然を信ずることの方がさらに厚く自然を理解させる。無想に優る心想はなく、帰依《きえ》に優る知識はない。

第二には工程に自然さがあってよい。単純に優る複雑はない。美は迂廻《うかい》と錯綜《さくそう》とを要求しない。加工し工夫するなら生命は失せるであろう。丹念とか精密とかいうことは技巧上のことであってただちに美のことではない。むしろ美を弱める原因とならない場合はかえって少ない。美しいものはほとんどすべてその手法が簡単である。

第三には材料に自然さがあってよい。天然原料ほど貴重なものはない。それは人工品よりも常に内容が豊富だからである。人工原料は人間からすれば純粋なものであろうが、天然からするなら不純な無理なものに過ぎない。偉大な工藝を顧みるとむしろ材料の工藝とさえ云えるであろう。工藝美は一面材料美である。工藝は主として地方工藝ではないか。その土地の材料が工藝を産むのである。自然に近づけば近づくほど安全であり、叛けば叛くほど危険率は多い。

問答

何が工藝美の原則であるか。

工藝美の原則は一般精神の法則と変りはない。宗教が与える経典の言葉以外に美の法則はない。正しい一つの工藝品は聖書の一節である。ただ文字の代りに質や形や色や模様で真理が語られているだけである。あのゴシック時代の工藝とその時代の神学とは同じ精神を述べているのである。あの宋代の工藝とは同じ精神法を語っているのである。一つの作にも我執を慎む教旨や、無念《むねん》を念とする禅意や、どうして衆生《しゅじょう》が救われるかのあの他力観が具体的な形において説かれているのである。信と美とは唯一なるものの異なった面に過ぎないからである。

私はこれで工藝が何を意味するかを、ほぼ説き得たと思う。

（昭和二年十一月八日稿　増補）

挿絵について

稀有《けう》なものとか珍奇なものとか、または在銘のものとか著名のものとかを標準に選んだのではない。私は単に私の愛する物の中からこれらの挿絵を択《と》ったのである。愛するものとは、私の直観が美しいと感じさせてくれたものを云うのである。しかもその内には長い間共に暮し、日々用いてきたものが多いのである。

美しいこれらのものは、私にとっては同時に真理の蔵庫《ぞうこ》であった。人はその「美」を見るだけ、それだけ「真」に触れ得るのだと云っていい。またその真を捕え得るだけその美を解しているのだとも云えよう。「真」を含まない美は浅い美に過ぎない。それ故これらの挿絵は美を伝えるためではあるが、同時に工藝における真理問題への挿絵である。それも私が解して「正しい工藝」と見做《みな》すものが含む真理への挿絵である。あるいは裏から云ってこの本全体がこれらの挿絵への理論的解説だと云っていい。実際私は私の愛する工藝品の栄誉のためにこの一巻を捧《ささ》げるのである。

だがかくまでに私が愛するこれらの工藝品は、不思議にも今日までほとんど誰からも語られてはいないのである。よし語られているものでも、私が語ろうとするような意味で語られてはいないのである。恐らくこれらの挿絵の大部分または同一系統のものは、ほとんど皆読者には眼新しく感じられるであろう。否、実際は一つとして珍しいものではなく、どこかでいつか見られたものにちがいない。だが見ていても、見ずに終っているものが多いであろう。何故ならこれらのもののほとんどすべては、工藝史家が彼らの讃《たた》える「工藝」という圏内から棄て去っているものだからである。いわんやかかるものに工藝の真理を追求した史家は絶えてない。工藝に形而上学を見出そうとするようなことは、夢とも思われているであろう。だが哲学をもたない歴史に力があろうか。

したがってこれらの挿絵は新しい提供である。古い見慣れたものでも、新しい意味での提供である。それ故個々のものに多少の解説が必要である。だが解説といっても、歴史的考証が主眼ではない。各々の美が有《も》つ工藝の内面的意義がむしろ主題である。したがって本文に説いた真理を挿絵という具体的姿を借りて、さらに説明するまでである。今日まで作品に対する解説というと大概年代だとか系統だとか史的考証が主で、終りに修辞的な形容詞を加える風習がある。だがかかる叙述はいたく概念的であって、美が有つ内面的価値に触れる力をもたない。直感的見方が乏しい時、何か見方を製造することを強いられ、歴史や修辞にそれを求めるに至るのである。歴史は重要であるが、しかし私の信念によれば、直観が歴史によって構成され確立されるのではなく、かえって直観が歴史を構成し立証するのである。歴史は直観の創造である。直観を離れた歴史というが如きものは、死んだ概念に過ぎない。死んでいるが故に今の概念的な工藝史は読んで面白くないのである。史家は強いて面白味を保たせるために形容詞たくさんの修辞に頼るのである。しかし美への直観なき形容詞が、何の美を語り得ようや。今の工藝史は大概直観なき歴史に過ぎない。それを正当な歴史と云えるであろうか。

挿絵はその本がもつ内容の懺悔《ざんげ》である。撰択《せんたく》において著者はついに彼自身を偽ることができない。何故なら挿絵において著者は彼の直観を修飾することはできないからである。かりに挿絵の相互に統一がないなら、彼の直観がいかに曖昧《あいまい》なものであるかを語る。その結果撰択は常に玉石混合し、しかも同等の讃美《さんび》をそれらのものに捧げる。近代の工藝史でこの哀れな矛盾を犯さなかったものが幾つあろうか。直観の欠乏がすべての悲劇を招くのである。かかる無統一な撰択は歴史を殺すのであって、歴史を活《い》かしているのではない。

ここに選んだ挿絵は、共に皆工藝に潜む共通な法則を語ってくれるであろう。それ故材料を広く一般の工藝に求め、東西の作を共に合せた。しかし必然三個の傾きを避けることができない。結果において西洋のものがはなはだ少ないのがその一つである。しかしこれは実物が私の周囲に少ないからに過ぎないのであって、強いて西洋のものを無視したからではない。これに対し日本のものが多いのは、私の周囲に実物が数多くあるという必然な理由による。しかし吾々日本人にとって、いかに卓越した工芸品が母国に多いかを知るのはこの上ない必要でありまた愉悦ではないか。

次に、選んだもののうち陶器の類がはなはだ多く、他のものに対して均等を欠く怨みがある。だが事実上工藝品で一番数多く作られたのは陶器であるから、かえって比例がとれているとも云えよう。それに世界中で、日本人ほど陶器を愛する国民はなく、したがってその鑑賞や知識は他の工藝品に対してよりも広くかつ詳しい。工藝への理解に読者を誘うためには、この教養を利する方が一層賢明であると考えられたのである。

第三に、選んだものの大部分は、私の云う「民藝品」に属する。すなわち民間で使用せられた日常品である。したがって官器や在銘の作はほとんど加えてない。今までの工藝史に慣れた読者はこのことに最も不服を抱くであろうが、それは本文が示すとおり、かえって民藝が工藝の主流であるという私の積極的見解による。直観の鏡の前に最も美しい工藝品の数々を並べる時、そのほとんど大部分が無銘品であるのを気づくであろう。実際著名な個人作家が師表と仰いだ品も、主としてかかる無銘品であったことを忘れてはならぬ。したがって私の撰択は習慣的見方からたとえ偏頗《へんぱ》だと評されても、本質的であるという私の確信を破ることはできない。

　また終りに「民画《みんが》」を添えたことについて一言する。これらのものは今日まで絵画として取り扱われてきたが、私の考えではその美は工藝的意義から見て一層正当に理解され得る性質のものと思う。「民画」とは無名の画工たちが実用のために同一のものを数多く描き価安く売りしものを云う。かかる性質は全く工藝の内容に近いのであって、個人的画家が感興の湧《わ》くままに、一枚一枚異なった作を美のために描くのと全く類を異にする。その他私は古書の木版画や、すでに一様式に達している字体等をも挿絵として添えた。それらの美も全く工藝的意義に立つものと思う。その美しさには他の工藝品と同一の原理法則が働いているのである。

　またこの外挿絵のうちに漆器や本の装幀《そうてい》等を入れ得なかったことを遺憾に思う。それは手許《てもと》によき材料と写真とがなかったからに過ぎない。また著名なあるものを枚数の制限のために犠牲にした。例えば宋《そう》代の磁州窯とか、または高麗焼《こうらいやき》とか。しかしこれらのものがもつ卓越した美については、改めて説くほどもなく広く紹介されているからである。

以上多少の遺漏や、濃淡はあるが、これら二十有余枚の挿絵によって、工藝の本質を明確に伝え得るなら幸《さいわい》である。

(ちなみに云う、これらの撰択と、それが示す美とに心を引かれる方があったら、「日本民藝美術館」の編輯《へんしゅう》になる『民藝叢書』を見られんことを望む。東京丸ノ内有楽館内工政会の出版にかかる。また近時刊行される小著『工藝美論、入門の書』を参照されたい。東京万里閣書房版)。

I

煮染皿《にしめざら》。柳模様。径六寸九分、高さ一寸。陶器。地は淡黄色、幹は鉄砂、葉は呉州《ごす》。窯は瀬戸。幕末の作。石丸重治氏蔵。

美しい作ではないか。形も色も模様もその筆致も申し分ないではないか。そうしていかに使いやすくできているか。用と美と兼ね備わるもの、それをこそ正しい工藝品と呼んでいい。どこにも銘はない、誰もかかるものを作り得たからである。そうして価安く、また数限りなくできた。しかも台所で使うようにとこしらえられた。ごく並のものであったからその当時は作る者も用いるものも、とりわけその美しさを見なか

I

ったであろう。だがこれは稀《まれ》に見る天才の稀によりできない作に劣るだろうか。一見するなら何たる名画家の筆の跡かと思うであろう。どこからあの無名の職人たちがこのような美を汲《く》みとってきたのか。民藝に潜む秘義の秘義である。

瀬戸《せと》の窯《かま》は古くかつ広く、早くより歴史家から注意せられた。特に「志野《しの》」や「織部《おりべ》」は好んで茶人間に玩《もてあそ》ばれた。だがその窯から最も多く生産され、最も美しく作られたこれらの皿類について、史家は一語だに語っていない。名に滞って、物をじかに見得る眼がないのである。不当なこの処置に対して、この挿絵が何よりよき審判となるであろう。

これらの皿は、普通「石皿」とか「砂皿」とか「鰊皿《にしんざら》」とか呼ばれている。分布は本邦中部一帯にわたる。多くは煮売屋《にうりや》の店先やまたは民家の勝手元で用いられた。当時荒物屋で鬻《ひさ》いだ一番安ものの皿である。大きさは大中小の三通りあって、この一枚は小型の分である。幕末に最も多く生産され、明治の始め頃までは続いたように見える。下使いのものであるから粗末にされ、今は残るものは数少なくなった。私が見得たものもそう多くはない。だがこの種のものでかつて醜いものに逢った場合がない。中で柳模様は好んで画《えが》かれた画題であって、その変化が多い。この外撰《えら》ばれた画はあるいは撫子《なでしこ》、あるいは桐、または竹、鶴、藤《ふじ》、蒲公英《たんぽぽ》、菖蒲《あやめ》、あるいは波、文字等。絵において常に呉州と鉄砂とが並用されているのがこの皿の特色である。そうして呉州の色は常に色薄くかつ緑がかった青色である。地は常に淡黄色を帯ぶ。いずれも重ね焼。辺の裏はやや窪《くぼ》み支えるに便にしてある。形優れ、高台《こうだい》強く、素地もよく釉薬《うわぐすり》もよい。健全であって少しも病弱なところがなく、味わいは極めて柔かくかつ温かい。

ここに純日本の工藝がある。日本で生れた陶画の美がある。いつかこれらのものが世界の人々から異常な注意を享《う》ける日は来るであろう。

II

茶壺《ちゃつぼ》。丈一尺四分、胴巾九寸、口径四寸五分。陶器。窯は江州《ごうしゅう》信楽《しがらき》。手法は焼締め、鉄流し釉。日本民藝美術館（現在、日本民藝館）蔵。

＊以下、特に断わり書きのないかぎり、日本民藝美術館所蔵と表現してある作品は、現在、日本民藝館が所蔵している。

いかに自然が驚くべき仕事をなすか。いかに単純な手法のうちにあり余る美が示され得るか。この真理をこの忘れられた一つの壺が如実に語ってくれる。それほどのものに作者の名は記してない。そうして背後にはとりわけ個性もなく、知識もない。だが創造の世界があり、自由の境地が潜む。自然が守護せる作、他力《たりき》の作。この一個はそれを実証してくれるではないか。今からおよそ百数十年の昔、あの信楽の窯で、幾多の無名の職人たちが、かかるものを数限りなく作った。そうしてどの民家でも、安いこれらの品を気安く用いた。この壺は炉辺《ろへん》で用いる番茶入である。頑丈な黒ずんだ田舎屋の中で、あの立派な竈《かまど》や炉の傍らに、これらの壺が置かれていた昔を想像する。その頃は真に工藝時代であったといわねばならぬ。

近江《おうみ》国甲賀《こうが》郡信楽の窯は歴史古く、今もその中心地たる長野は日本における大窯業地の一つである。いわゆる「古信楽」は夙《つと》に茶人間に認められ常に歴史を飾る。だが古作品中素直なものは別として、茶趣味で作られた後代のものはほとんど皆醜い。美しさから云って一番卓越しているのは、むしろ中期以後のもの、すなわちおよそ百五、六十年この方のもの、今日の歴史家から全く等閑《なおざり》にされている作品である。それも「下手物《げてもの》」たる実用品最も美しく、茶道の影響あるものは大概悪い。この頃に至って釉薬も発達し、手法にも非常な変化を産んだ。概して信楽の窯は大形のもの多く、就中《なかんずく》壺類が主要な生産であった。ここに挿絵に選んだものはその期間を代表する一大傑作だと云っても過言ではない。否、全信楽の歴史を通じて、これ以上の作があるかを私は疑う。

原品には堂々たる風格がある。釉薬極めて良く漆の如く黒い。流し方は強くまた鋭い。形正しく整い、焼締められし素地も、歳月の恵みを受けて色深くくすぶる。これをこそ将に「大名物《おおめいぶつ》」と私は呼ぼう。歴史がそれを公認する日を私は疑わない。一日あの近江八幡《おうみはちまん》の、とある小さな古道具屋のうす暗い棚の隅に、塵《ちり》にまみれながら、この壺の下部が燦然《さんぜん》として私の眼を射た瞬間を忘れることができない。しかも求められた金子《きんす》は価なきまでにわずかであった。

この系統のもの、釉《くすり》の流し方変化に富みいずれも卓越する。信楽の作では絵附《えつけ》のものが少ない代りに、流《なが》し釉《ぐすり》の手法が著しく進んだ。色は黒のほかに、白や柿や緑も用

II

いられた。この手法は焼物にとって一番素直な自然な装飾法と云えよう。そうしてこの流し釉の手法こそ日本の焼物の一大特色と云っていいのである。朝鮮にほとんどなくまた支那にも西洋にもよく発達することなくして終った。

III　水滴《すいてき》。陶器。窯は恐らく瀬戸。寸法、縦二寸一分、横巾二寸九分、厚さ八分。模様は竹に虎《とら》。浮彫《うきぼり》。型。鉄砂入。日本民藝美術館蔵。

焼物の水滴と云えば、いつも朝鮮李朝の作を想い起す。その変化に富むこと、可憐《かれん》なること、それは真に無双の境であって、比敵するもの東西になく前後にない。本邦で作られた水滴もその種や数において少なくはない。だが美しさにおいて到底李朝のものに比べることができぬ。古くは金属で作られたためか、焼物の水滴は明治以後のものが大部分で、とりわけ美しいものが残っておらぬ。私はほとんど見限りをつけたが、去る日始めて会心の作に巡り逢うことができた。ここに掲げたものはその一個であって、これならすべてのものの前に恥かしさを感ぜずにすむ。日本の水滴は概して軟弱であるが、ここには何たる力が漲《みなぎ》っていることか。この水滴は明らかに一系統を形造り、同種のものそれぞれに傑出する。窯は素地からして、

III

分布区域からして尾張のものと見て恐らく間違いはない。この作の特質はしばしば模様のうちに文字を一個挿んであることによって分る。それも「竹に虎」とか、「梅に鶯《うぐいす》」とか双句をなし、多くはその内の一句（動物）だけが絵ではなく字体で現してある。もとより二つとも絵のもの、または文字のみを記したもの等変化はある。いずれも型による陽刻《ようこく》である。彩色はないが、ただどこかに鉄砂が簡単な化粧として一点入れてあるのを通則とする。色はやや緑がかって黄ばむ。時代は拠るべき文献がないが、幕末と見て大過はない。それ故およそ一世紀前に帰る。恐らく寺子屋において最も多く使われたであろう。私はこの世の長い忘却からこれらの水滴を救い起し得たことに悦《よろこ》びを感じる。

この一個すでに使い古して味わい極めてよく、彫りは深く、模様は強く、全体の感じが豪放である。むしろ支那の力をさえ想起させる。虎を字体で現したところ、いかに無邪気なしかも大胆な着想であろう。見れば不思議にも猛虎《もうこ》の姿が浮ぶ。尾端を高く掲げ、前足をついて迫り来る風情がある。字体極めて雄健。傍らに並ぶ一本の竹。根強く張り、幹太く節固く葉重く垂れかかる。文字と絵画、二者相俟って無上の模様を示す。四囲を辺づける淀《よど》みなき線、単純な強き二つの口、ふくらめる面、刀を加えし四角《すみ》。小さなこの空間にかくも巾広き確かな構図を示し得た作は稀であろう。机上に置いて日々親しみ、厭《あ》くことなく眺める。ここにこそ工藝の驚くべき領域がある。「親しさ」、これをこそ工藝の特質と云えないだろうか。日々の伴侶《はんりょ》たるもの、この蕪《ぶ》雑《ざつ》な現実の世界に吾々の身に仕え心を慰めようとて生れたるもの、それを工藝と云えないだろうか。

IV

行灯皿《あんどんざら》。陶器。籬《まがき》に菊模様。窯は瀬戸。径七寸四分、厚み七分五厘。日本民藝美術館蔵（現在、所蔵者不明）。

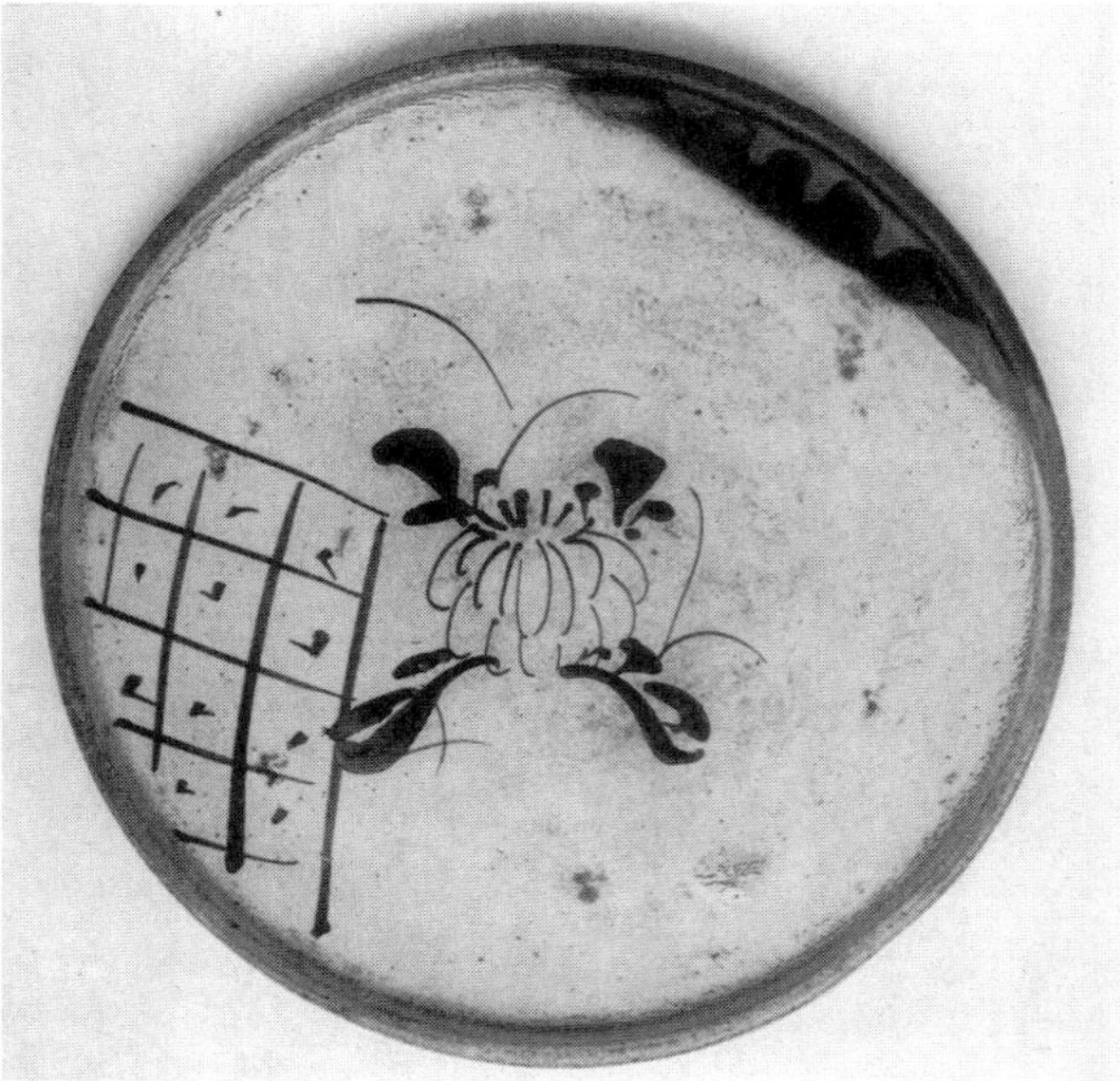

本土中部を旅するならば、しばしば古物商の店にこれらの皿を見出すであろう。いずれも行灯に用いた油の受け皿である。今から六、七十年ほど前までは瀬戸の窯で数多く焼かれた。中でも品野《しなの》が主要な産地であったようである。鉄絵《てつえ》のもの最も多く、また緑釉《りょくゆう》のものもまま見かける。挿絵の如く織部《おりべ》風にある部分に緑を掛けたものや、薄き茶で「ダミ」を入れたものなどさまざまである。無地のものはかえって少ない。吹《ふき》

墨《ずみ》のものがあるがいずれも末の作である。その他尾張《おわり》の窯以外のものでは「霞晴山」と捺印《なついん》あるもの、または角皿などで北陸産のものもあるがいずれも味わいは劣る。これらの焼物の皿が廃れかけたのは明治の初頃で、ついには真鍮《しんちゅう》の皿に代ってしまった。だが一時は近在の民家に普く用いられ、なかんずく尾州《びしゅう》、三州《さんしゅう》、勢州《せいしゅう》、江州または京等に広い販路を得たようである。

素地や釉はもとよりであるが、これらの皿が私たちの心を引くのは、とりわけそこに描かれた絵の美しさに因る。

用いられる筆は、活きた犬の毛であって長く細きものを選ぶ。画題の中最も多きは亭《ちん》のある山水、その他あるいは花、あるいは草、あるいは鳥、あるいは船、これらにしばしば蛍《ほたる》とか蝶《ちょう》とかが添えてあるのを見掛ける。まま純紋様のものにも逢う。

今日まで絵附のものと云えば、あるいは仁清《にんせい》とか、乾山《けんざん》とかを好んで歴史に語る。そうしてこれらの行灯皿に至っては語る者が誰一人ない。だが両者の間にそれほどの差違があろうか。否、後者には前者よりも優る美があり得ると云い切るのは無謀であろうか。数多い行灯皿から私をして選び出させる幾枚かは、必ずそれら陶工の作をも凌《しの》いでいる。凌ぐのがむしろ自然である。なぜならその美しさを保障するものは名工の「自我《じが》」ではなく、自然の「大我《だいが》」だからである。「有想《うそう》」ではなく「無想《むそう》」だからである。無銘陶が在銘陶より、高い美の位に着き得るのは、理法の然らしむるところだと云えないだろうか。見られよ、無銘陶においてはよし選び残されたものの中にも、どこか健全な自然の恵みが働いているではないか。そうして名工の作には、優れたものでも、どこか個性の傷が残るではないか。私はこの一枚の菊模様の皿を見て、どこにこれほどの絵を陶器に描き得た名工があるかを疑う。真理が認知せられ、見棄てられたこれらのものに対する私のこの弁明が、早く不必要になる日の来ることを望む。

V

茶飲茶碗《ちゃのみぢゃわん》二種。藍絵《あいえ》磁器。窯は伊万里《いまり》。大きさほぼ同じく丈一寸七分、口径二寸三分。日本民藝美術館蔵。

主として茶飲茶碗に用いられたものであるが、その用途は広かったであろう。民家で用いたものであるからあるいは猪口《ちょこ》にもあるいはお壺《つぼ》としても使われたであろう。二十人前、三十人前と数多く作られた雑器である。窯は素地や見込みの模様などからして、伊万里系統のものであるのに論はないが、果してその中のどの窯で焼かれたか分明でない。模様等よりして猪口の類に近く、したがって長与窯《ながよがま》のものに近似する。

熟知している方があったら報告を得たい。年代はこの種の雑器としては相当古いであろう。少なくとも文化文政《ぶんかぶんせい》頃までは溯《さかのぼ》ろうと思う。極めて多量に生産せられた揃《そろ》いものであって、販売せられた分布区域もはなはだ広汎《こうはん》である。だが粗末なものと考えられた故、今日残存するものすでにその数が少ない。吾々が集め得たものもおよそ十種に過ぎない。模様は、あるいは竹、あるいは松、あるいは山水、あるいは金網、挿絵の如き菊花紋のものも最も多く、また純紋様のものもしばしば見かける。伊万里系統の藍絵の「下手《げて》もの」としてはこの種のものが最も逸品であると云えよう。

誰にも気づかれるのはその可憐な形である。特に側面の「そり」が美しい線を投げる。茶飲茶碗の類としては際立って美しい。模様も極めて自由であって創造に富む。その驚くべき筆致は、あの反復と労働との価高き報いである。素地も優れ藍の色もまた渋い。見て美しく触れてよく、用いてさらに愛が起る。私をして煎茶《せんちゃ》の茶人であらしめるならば、もう器を支那に求めずともすむ。これらのものを代り用いて、すばらしい美しさを示してみせよう。初代の大茶人たちはかかる自由を選ばなかったであろうか。

伊万里の藍絵磁器は、もとより明清《みんしん》または李《り》朝の青華《せいか》を師としたものであるが、真に原品に比敵し得るものは、古伊万里の他には、ただこれらの見棄てられた雑器のみ

V

である。鍋島《なべしま》の藍絵等は軟弱であって支那の染附《そめつけ》に向っては太刀打ちができない。だがこれらの貧しい藍絵ばかりは負けずにすむ。伊万里と云えば「柿右衛門《かきえもん》」とか「色鍋島」とかを激賞するにきまっているのは見方の堕落による。それらのものにもある種のやさしき美は宿る。だが省みられぬこれらの民器の方がいかに健康であり本格であろう。いつか伊万里窯藝史にこれらのものが正当に認知される日は来るであろう。また来ねばならぬ。私は随所に工藝史の修正増補を求める。

VI

捏鉢《こねばち》。陶器。模様は松。白絵刷毛目《はけめ》。はなはだ大きく直径一尺七寸五分、深さ五寸八分、高台の直径四寸八分。産地福岡県三池郡二川《ふたかわ》村。明治初年期。日本民藝美術館蔵。

「唐津《からつ》」とか「八代《やつしろ》」とか「現川《うつつがわ》」とか「上野《あがの》」とかこれらの諸窯は、広い意味で朝鮮系窯である。そうしてそれらの著名な窯以外に、無数の名も知れざる同種の窯が九州西半部各地に散在する。その特色は明確に朝鮮のいわゆる「三島手《みしまで》」、すなわち白絵掛けとか、刷毛目とか、象嵌《ぞうがん》とか、彫りとかの手法を継承したものたることを語っている。元来は移住した朝鮮人の手によってできたものであろうが、材料の変化や

VI

用途の相違や作者の推移によって漸次日本化せられ独特の一系統を示している。その変化極めて豊かであって、恐らくその考察は将来の日本窯藝史に豊富な材料と内容とを寄与するであろう。私はそれらのものに異常な魅力を感じる。この未踏の境地が正当に紹介せられたら、世界に一センセーションを惹《ひ》き起すであろう。そうして日本窯藝への注意が一層拡大されることを疑わない。

今日までも多少の作が留意せられているが、それはほとんど茶道に関したもののみに限られている。それ以外にそれ以上に夥《おびただ》しく匿《かく》れた佳作が存在する。特に使用せられた各種の日常の用器に素晴らしい作が残る。強《しい》て茶趣味で工風《くふう》せられた作の如きは、むしろなんらの反省に価しない。あの高取《たかとり》の如き、また遠く萩《はぎ》の如きも、その茶趣味の現状は見るに堪えぬ。だが「茶」と何の関係もない雑器に至っては、今なお生気に充ちる。九州を旅するならば、荒物屋の床下に塵《ちり》にまみれながら、それらの驚くべきものが散在するのを目撃する。省みられない現状においては、漸次粗略にせられ、煙滅《えんめつ》の日が迫っている。それ故それらのものの弁護のためにこの挿絵を選んだのである。

その窯元の老いた陶工の談によれば二川村の窯でこの松模様を描かなくなったのは、今から三、四十年前だと云われる。だが今もそこでは白絵刷毛目流し釉の壺や捏鉢ができる。幕末から明治初年にかけて夥しく生産せられ、海を渡って本州にも流布せられた。だがこの種のものは二川村に始まったのではなく肥前《ひぜん》には同系統のさらに古い幾つかの窯が発見される。この一個極めて大作であり雄作である。用途は「うどん粉」の捏鉢である。大きさに比して比較的薄手であり、高台は朝鮮風に小さい。素地はなはだよく、高台強く、白土刷毛目の跡、奔放であり雅致に富む。描かれた松の模様、筆に遅滞なく極めて雄健である。線は鉄の黒、葉の「ダミ」は銅の緑。幹は黄土の黄を呈する。裏も辺に近き個所は刷毛目、その上に指頭で引いた強い幾条《いくすじ》かの線が入る。この窯では各種の器物ができたであろう。水甕《みずがめ》と思われるものが一番多く残存する。いずれも同じ松模様が画かれ、しばしば図くずれ、原画を判じがたいのさえある。工藝に見らるる美しい数々の絵は、かかる原画への忘却にしばしば活きる。

VII

壺。磁器。銅絵《どうえ》。模様葡萄《ぶどう》。朝鮮李朝。高七寸二分、胴径七寸八分。青山二郎氏蔵。

すべては民情の発露である。同じ壺とは云うもいかに支那や日本のそれと異なるであろう。形から厚みから釉薬から、まごうことない朝鮮の特色がにじみ出ている。同じ辰砂《しんしゃ》（銅の赤）とは云うも、あの明清のそれといかに異なっているか。曇りがちに色を内に匿していない場合はない。同じ模様とは云うもいかに簡素であるか。そうしてその構図のおおまかな取り扱い。同じ筆の跡を支那の鋭さに比べては、いかに遅く静かであるか。そうしてこれらの性質が共に暮してみていかに親しさを引き起すであろう。

壺と云えば朝鮮の陶器を代表する。それは過去においてのみではない。今も人々は壺なくしては生活しない。それは一家が所有する器物の大部分を占める。したがって朝鮮陶器の美は最もよくここに表示される。形はさまざまであるが、いずれも用途の

VII

ために造られたことに変りはない。実生活に即している点において、朝鮮の焼物はいつの時代でも純工藝であった。概して見るといずれの国でも時代の下降と共に、技巧が複雑になるのを通則とする。だがあの繊細な高麗窯《こうらいよう》の跡を受けて、李朝窯はむしろ単純へとさらに帰った。これは工藝史上における異例と云わねばならぬ。このことはほとんどすべての国が陥った末期の沈滞から、朝鮮を救い起した。そうして李朝という独特の偉大な一時期を構成することができた。

李朝五百年の初頭において最も盛況を極めたのはいわゆる「三島手」であるが、それは宋窯の系脈と云えよう。だが明窯の勃興と共に朝鮮にも白磁《はくじ》堅手《かたで》が続いて興起した。藍絵、鉄絵、銅絵が磁器に染附けられた。呉州の材料が珍重なものであった初期には、鉄の黒が好んで代用され、また銅絵が試みられた。この銅絵は遠く高麗朝から用いられているが、それはむしろ模様への添足《そえあし》に過ぎない。純粋に辰砂のみで絵を画いたのは李朝に及んでからである。この一個は比較的古い作であろう。辰砂の窯跡はまだ攻究されておらぬが、恐らく開城附近に窯があったことは推測するに難くない。鉄絵および藍絵に比べては今日残るもの数多くはない。かつ焼物を副葬する習慣が絶えたその頃であるから、発掘品を予期することはできない。まして再びこれらの優れた作を産みがたい今の事情においては、思い出深い遺品である。

VIII

扁壺《へんこ》。陶器。朝鮮李朝。丈六寸八分、巾五寸七分、厚さ四寸七分。内山省三氏蔵。

正しい作に見られる一つの驚異は、いかにそれが「新しさ」を示しているかの事実である。作られた時代は遠く過去に溯る。だがどこにも過ぎ去った美がない。用途において時代は推移する。だが美しさにおいては変異がない。このことこそ美に潜む秘義であると云えないだろうか。この扁壺を見られよ。特に描かれた草の模様を見られよ。いかに近代的であるか。さながら今の陶工が描きたいと希《ねが》う絵であると誰も云うであろう。正しき美には過去と現在とがないのである。永《とこしな》えな今のみが残る。過ぎ去る今はない。美は時代を超える。よき美はいつも若々しく新鮮ではないか。実際私たちが愛する工藝品の大部分は古作品に属する。だが私たちは古きが故に愛するのではない。過去のものだから美しいと云うのではない。美しさがあるが故に、過去のものが省みられるに過ぎぬ。永えな美がなくば、過去のものも近代のものも醜たることに変りはない。「永遠の今」を保つもののみが時代を征御《せいぎょ》する。古作品がとりわけ美しいのは、そこに時代を超えたいつも新たな美があるからである。真の鑑賞は復古の心ではない。またそうであってはならぬ。永遠の相への讃嘆《さんたん》でなければならぬ。

扁壺は酒壺である。人々は携帯に便なるため形を扁平《へんぺい》に作った。紐《ひも》を通すため耳をもつのを通則とする。かかるものは今から三、四百年前朝鮮において数多くできた。一見鶏龍山窯《けいりゅうさんよう》に近似するが、恐らく全羅北道扶安郡の窯であろう。手法はいわゆる「かきおとし」である。素地は粗く、形よく肥え、模様巾広く、全体の感じはなはだ

VIII

豊かである。広くは「三島手」と称せらるるものであって、白土を以て化粧掛けが施してある。すべての三島手においてそうであるが、味わい極めて雅致に富む。この種のもの伝世のものなく、すべて李朝初代の墳墓から発掘される。したがって残存するもの多くはない。

朝鮮においてこれらの窯はすでに早く絶えた。そうして今日の趨勢《すうせい》を見れば、再び朝鮮がかくも優れた作を産み得る場合はもう廻って来ないように見える。だが何か望みはないであろうか。それらのものの雅致を愛することは私たちには易しい。だがそれだけではあの美に対してもすまない気がする。未来にもそれを活かす道へと事情を進めねばならぬ。これなくしては単なる鑑賞は安逸な低徊《ていかい》に過ぎない。あれほど陶器において偉大な歴史をもつ朝鮮が、その歴史を閉じることを見過ごしていいだろうか。何か新しい形において甦《よみがえ》る道はないであろうか。古作品は私の心を安逸にさせない。

IX

鉢《はち》。陶器。白絵刷毛目、模様鉄絵。朝鮮忠清南道鶏龍山窯。
李朝初期。直径五寸一分、高さ二寸六分。内山省三氏蔵。

IX

この一つの鉢も、幾つかの哲理を教えてくれる。だがとりわけ二つの驚くべき逆理をここに発見する。私たちが極めて少ない経済的要求の中である作物を生む時、それは極めて多い審美的価値に導かれてくること。そうしてかかる審美的価値は必然驚くべき経済的価値を惹き起してくること。いかに不思議な逆理であろう。あの「大名物」と讃えられる茶器を見られよ。今は万金の価がある。それは美しいからだ。だがその美しさはかつて安いものであったからだ。教えは云う、一物をももたないことが、一切をもつ所以である。真の富有《ふゆう》は、清貧以外にはあり得ない。宗教におけるこの法則は工藝においてもまた法則だと云えないだろうか。ここに掲げる一個は彼らが熱愛したものの真の兄弟である。作られ

の美をもち得ようや。しかし当時、これより安かりし鉢はない。だが、いかなる傲《おご》れる茶碗が、よくこれほどの美をもち得ようや。

続いて私は第二の真理を学ぶ。ここには一つの技巧らしき技巧はない。簡素なる模様、平易なる形、単純なる色彩。そこにはほとんど知識もなく苦心もない。だがどうしてかくも美が現れているのか。本質的な理由を求める時、吾々はその材料に帰ってくるであろう。材料美なのである。自然が与える美なのである。陶工が産む美ではないのである。なぜ鶏龍山の作が白絵掛けではなく、白絵刷毛目なのか、それは材料がかくすることのみを許すからである。なぜその膚《はだ》には柔かなほんのりとした美しさがあるか。材料がその性質を保証しているからである。自然が与えるこの材料をおいて、この一個はあり得ない。否、一切の工藝はあり得ない。自然への帰依《きえ》をおいて何の美があろうか。ちょうど神への帰依をおいて一つの信もないのと同じである。よき作には自然への奉仕が語られている。何事かを自らなし得ると思う時、それだけ自然へ叛逆《はんぎゃく》する。自然が与える美、それを素直に受ける者に、始めてよき作が許されるであろう。

鶏龍山は、康津《カンジン》および分院《ぶんいん》と共に朝鮮三大窯業地の一つである。いわゆる「三島手」の窯としては高麗末より始まりおよそ二百年間は続いたようである。刷毛目を始め、印花《いんか》、彫り等種々なるものが生産せられた。この窯が南方の青磁と北方支那の白絵類との結合たることは歴史的および地理的事実の示すとおりである。早くよりいわゆる「三島手」として本邦茶人間に賞味せられた。雅致の点において蓋《けだ》し鶏龍山窯に比敵し得るものは稀であると云っても過言ではないであろう。今から三百年の昔この鉢が日本に来ていたら、今は「大名物」と名のられているであろう。この一個は去年その窯跡から発掘せられた。昔棄てられてしまった傷物である。

X　筆筒。磁器。色絵。山水。六角。丈三寸五分、径二寸七分。
支那清朝。景徳鎮窯《けいとくちん》。筆者蔵（現在、日本民藝館蔵）。

この一個、南方支那のあの景徳鎮と呼ばれる巨大な工藝の園に咲いた、美しい花の一つである。ここで美しいというのは珍らしいという意味ではない。また古いからという謂《いい》でもない。また偉大な人の作だという意味でもない。時代も降って清朝であり、それも中期を溯らないであろうし、またしばしば見かけるありふれた品に過ぎない。だが工藝美という概念に対して、「稀」とか、「珍」とか、「在銘」とかいうことを条件にするなら、見方は本当ではない。否、見方に自信がないが故に、それらのものによって自信を製造しようとするのである。だがこれに反し器の美を直観し得るものは、いかに厚く「多」と「廉」と「無銘」との世界に情愛を覚えるであろう。この一個もかかる世界を記念する作である。

色絵において、あの古伊万里《こいまり》や古九谷《こくたに》により、日本もよき歴史を誇ることができる。だがすべての泉は支那に発し、支那を越ゆることは到底できぬ。恐らく今後もあり得ないと思われるほど、支那は色絵において巨大である。その磁器に至っては明代を以て絶頂とする。その五彩の色調、完全なる筆の統御と相俟って、絢爛《けんらん》であり、強健であり、鋭利である。就中《なかんずく》官窯の品を去って民器に転ずる時、美はいよいよ自由に大胆に創造せられた。清朝に移るに至って、官窯は無益なる技巧への労力のために、全く生命を失ったが、独り前代の命脈を伝えたのは、民窯であった。この一個はそれを私たちに実証してくれる。

今日までの工藝史の趨勢を見れば、多く語られ高く位し厚く讃えられるのは、むしろ官器であって民器ではない。だが美よりしてこの位置は当然転倒されねばならぬ。すべての工藝を直観の鏡の前に素裸《すはだか》にせしめる時、この最後の審判によって天国を保証される者は、あの富貴なる者、智慧に高ぶる者、技巧を衒《てら》う者、それらの者ではあり得ない。無心なる者、働く者、誠実なる者、それらの者こそ救わるる魂と呼ばれる

X

であろう。官器のうちにも美しい作を時折見かける。しかしその場合に限って、単純とか、健実とか、また自然さとか民器に共通する性質を見出すであろう。この小さな筆筒もこれらの真理を如実に告げてくれる。

美しき哉、その姿。六面の体、形よく整い、その内左右各二面には、緑、桃、黄、紫の色に綾《あや》なす山水が描かれ、前後各一面には濃き赤を以て葉状の模様を描く、その形美しく色美しく筆美しく、今や楽しく快く机上の務めを果そうとて吾々を待ち侘《わ》び《ま》る風情が見える。

XI　皿《さら》。陶器。絞り出し。英国。地は黒、模様は黄。直径一尺一寸、深さ二寸二分。濱田《はまだ》庄司《しょうじ》氏蔵（現在、益子参考館蔵）。

支那における筆画、朝鮮における象嵌《ぞうがん》、日本における流し釉、これらの特色に近いものを西洋の焼物に求めれば「絞り出し」の手法であろうと思う。しばしば'Slip ware'とか'Tulip ware'とか呼ばれるものであって、日本では普通「いっちん」と云われる。英、独、仏その他いずれの国にもその作品が数多く残る。

この一枚は十七世紀末か十八世紀始め頃のものと推定してよいようである。あの有

XI

名な‘Tyg’と呼ばれる大きな飾り皿、すなわち‘Toft’とか Simpson とか記入のある皿類の系統を引くものであるが、これは上手《じょうて》の作ではなく、ずっと下手《げて》な民衆の日常生活に交わってきた焼物である。

　皿ではあるが同時に鍋《なべ》であって、火にかけ料理をつくり、そのまま食卓の上に置いて用いたのである。この類の皿を見ればいずれも黒く燻《いぶ》って日々働いた歴史が読める。形は円きもの、楕円《だえん》のもの、長方形のものさまざまである。裏は釉薬なく、焼く折は一つを下に一つをこれにかぶせ、重ねて焼いた。したがって合わさる縁の所にも釉薬なく、しばしば鋸歯状《きょしじょう》にきざんである。これは実際かぶせ焼にする折、すべらないためであろうが、これが常に強い確かな美しさを添える。模様の変化極めて多くかつ自由である。絞り出しの性質上、線の連続したものが必然に要求される。断絶する線はこの手法にはそぐわない。かつ細かい複雑な模様も許されない。必然に筆の跡は単純であり迅速である。そこには常に手法から来る自然の美がある。この一枚、地は漆の如く黒く模様は飴の如く黄色い。この 'Slip ware' の一種に 'Comb ware' と呼ばれるものがあって、線を引いた後、横に櫛目《くしめ》を篦《へら》でつけるため、虎斑《とらふ》のような模様を呈する。釉薬はいずれも鉛である。この伝統的な手法も、英国においてはすでに廃れ、わずかの個人がこれを復興しようと試みているに過ぎない。産地はロンドンに近いローズンやスタフォードシヤイアであって、それらの窯跡より出る夥しい破片は昔いかに多量に生産せられたかを語る。確かな、骨のある、丈夫な、頼りになる美しさにおいて、出色のものであろう。いかにも英国のよい一面を代表する。黒と黄との対照が一層美を強くする。

この皿を見て私がいつも学ぶ一つの真理は、いかに工藝が用に即して、始めて美となるかの教えである。工藝においてこのことは二面の真理を告げる。一つは用のために作らずば工藝たり得ず、したがって工藝の美は生れないということ。二つには、用いられずば工藝はその使命を果さず、したがってその美もまた停止すること。短く云えばこうである。用のために作る時美は準備せられ、実際用いる時、その美はますます冴《さ》える。この皿を見られよ、全く用のためにできているではないか、そうして使い古してあるではないか。用いること、これが器の生命に輝きを与える。この皿の美は、いかに働いたかの表現である。

XII

敷瓦《しきがわら》。陶器。藍絵。魚釣の図。和蘭《オランダ》デルフト。四寸二分角。厚み三分。著者蔵。

この敷瓦を見るごとに私はレムブラント Rembrandt を想起する。彼が画いたのだと云ったとて通る画である。私はしばしば彼の素描にこのような筆致と描写とを目撃する。読者もこのことをいち早く認められるであろう。これを眺めて見て尽きぬ感興が私に起る。

思えばレムブラントは和蘭の血の結晶である。彼は彼の天才において驚くべき世界を示した。だが彼にあらざる凡庸な民衆たちにも、異なる一路を通して美の王国に至る道が許されていたのだ。この美しい立派な絵を画いた者はレムブラントではないのだ。否、いかなる天才でもないのだ。否、実はかかる絵を描き得る資格さえももたない人々なのだ。それは凡人なのだ。名もない陶工なのだ。しかも一個人ではなく、男もあり女もあり、老いたる者、若き者、さまざまな人々なのだ。当時の誰でもが描いた絵なのだ。資格なき彼らにかかる資格が許されるとは真に不思議な出来事ではないか。だがこの不思議があればこそ工藝の世界があるのだ。彼らの貧困、彼らの無知、彼らの労働、彼らの汗、変化なきその職業、単調なる反復。このみじめな運命に約束せられた一つの秘義が、結果として彼らの作物に現れてくるのだ。その驚くべき美しさは、その運命に酬いられる恩寵《おんちょう》なのだ。あの凡俗な誰でもが、天才になることなくしてそのままに、あの天才レムブラントの域に入り得たのだ。いかなる凡夫も浄土《じょうど》への旅人たることができる。この真理をこの一枚の敷瓦が私に示してくれる。

安らかな絵ではないか、豊かな淀《よど》みなき筆ではないか。無邪気に何枚も何枚も、早く速やかに描いてしまっているのだ。そうしてその筆跡にはなんらのこだわりがないのだ。そうしてこれらのものは安くまたざらにある並の品に過ぎないのだ。これを見て私の心もまたくつろぐ。だが諸君よ、今の個人陶工がこれに近いほどのものを画い

XII

た場合、何というさわぎがそこに起るか。ただちにそれを主張しまた弁護する展覧と評論との喧《かまびす》しい世界が湧いてくるのだ。そうしてその背後には美学や個性や、そうして焦慮や神経が渦巻いているのだ。見る心とても準備が要求される。共に暮してみて、必ずやくつろぎがないのだ。そうして真に平和な美にまで達し得るのは、ただその中のわずかの天才のみに許されているのだ。なんという対比であろう。これらの敷瓦は、大勢の人々から多量にできた普通の品に過ぎなかったのだ。

十七、八世紀の頃、あの室を温めてくれる炉《ろ》の左右や上下にこれらの敷瓦が普通に数多く用いられた。かの国では藍絵染附は支那の磁器を摸して生れたのである。同じ磁土がないために、錫《すず》を用いた失透釉《しつとうゆう》で陶土を被い、藍絵磁器に類似する特殊な手法へと進んだ。その乳白の味わい温かく、釉薬の厚みと相俟ち限りなき潤いを示す。それにコバルトを以て実に種々さまざまな模様を描いた。多くの場合と同じように古きに準じて雅致や気品が深まる。

XIII

錠《じょう》。朝鮮李朝。鉄に銀象嵌。巾三寸九分。丈二寸四分。下部厚み一寸一分。朝鮮民族美術館蔵。

朝鮮の工藝品において、私たちの眼を引く一つの特色は象嵌《ぞうがん》の手法である。人々はあの壁に石や煉瓦《れんが》を嵌《は》めて美しい模様を出すことを好む。あの陶器に象嵌の手法を発達せしめたのも高麗の人々であった。あの螺鈿《らでん》はもとより、あの竹細工にもしばしば漆を嵌めて模様を添えた。美を内に埋めんとする心、そこに朝鮮の心があると云えないであろうか。この象嵌の手法のうち今日残存するもので、最も美しいものの一つは

XIII

鉄に銀象嵌の細工である。あの固い金属をもかくして美しい自由な模様で飾り出した。ある時は鉄に錫の象嵌、あるいはこれに銅、または真《しん》鍮《ちゅう》。あるいは錫地に金銀、真鍮地に銀または銅、その組合せは多種多様である。だがその中で最も多いのがこの鉄地に銀象嵌である。

　朝鮮語では「銀入糸」または単に「入糸」と呼ぶ。産地は西鮮である。今日まで知られている著名な個所は平安北道寧辺である。手法が支那よりの伝来であることは疑う余地はない。適応せられたものは多面にわたる。鏡台や髪飾りや、酒瓶や、日時計や、香炉や馬具や、その他種々の小道具にも見られる。だが今日残るもので就中《なかんずく》多いのは煙草入と錠とである。錠に附せられた模様はあるいは草、あるいは花、ある時は巴紋《ともえもん》、ある時は瑞祥《ずいしょう》の文字。寿福とかまたは康寧《こうねい》とか。工程は鉄に最初鑢目《やすり》をつけ、銀の針金または延金《のべがね》を、上から叩《たた》きつつ入れる。そうして多くはこれに黒漆をかけてみがき出すのである。古きもの例外なく美しい。新作のもの黒地の見えぬまでに手込みて多くは生気をもたぬ。近代工藝のどこにも見られる通弊である。

ここに選べるものは大作である。そうして真に一雄作である。錠の巾広く、銀の巾広く、紋様の巾もまた広い。あの頑丈な扉の中央に、この偉大な錠が下される時、入るを許さざる威厳の声が聞える想いがする。立派な作、豊饒《ほうじょう》な作、こう讃えるより外はない。上部左右には四角の面相対し、合せて下部一条の円筒形に相対する。驚くべき確かな均合《つりあい》とその調和。就中《なかんずく》眼を射るものは鉄に嵌められた白銀のその模様。深い黒地を背景として鮮かに浮ぶ。かくも美しい紋様は世にそう多くはない、いかに単純と力と美とがいみじくも一つに結ばれているであろう。尽きぬ魅力が私の心を誘う。ここにこそ工藝と模様との裂き得ぬ結縁《けちえん》が示されてある。『経国大典』に当時下官の者に銀入糸の馬鞍《うまぐら》を禁止した旨が記してあるから、この錠も一般庶民の用品ではなかったことが推察される。だがいかにこの「上手物《じょうてもの》」に現れた美が、「下手物《げてもの》」を美しくしている諸条件を、具備しているかを注意せねばならぬ。

XIV

墨壺《すみつぼ》。大工用。雑木。高さ二寸九分、長さ六寸五分、巾一寸六分。拭漆《ふきうるし》。日本民藝美術館蔵。

工藝時代を回顧すれば、作品は三段の変化を受けた。第一は自製自用の時代である。交通の開けない時においては必然に何事も自給自足であった。自家の用途が作の動機である。だが人口が群集し分業が進むにつれ、漸次注文生産に移る。したがって工藝は一家より出でて一地方に広まる。需用は技を進めた。そうして信用は自ら器物に健実と耐久とを求めた。この段階において手工藝はその絶頂に達した。だが近代においてこの注文生産は漸次に廃れ、商品時代へと転じた。人口の激増と交通の発達とは工藝の地方的性質を破った。取引は未知の地においても行われる。だが商品は利が眼目であるから競争を生み、したがって廉を旨とするため質は漸次に粗悪になった。特に近代において商品の背景をなすものは、資本制度とこれに伴う機械制度とである。商品たることと機械製品たることとは密接に関係する。手工の時代は過去に入ろうとしている。かかる推移のために工藝が美と質とを失ったことは疑う余地がない。

ここに示す墨壺は明らかに商品ではない。大工が彼の余暇において、彼の必要なも

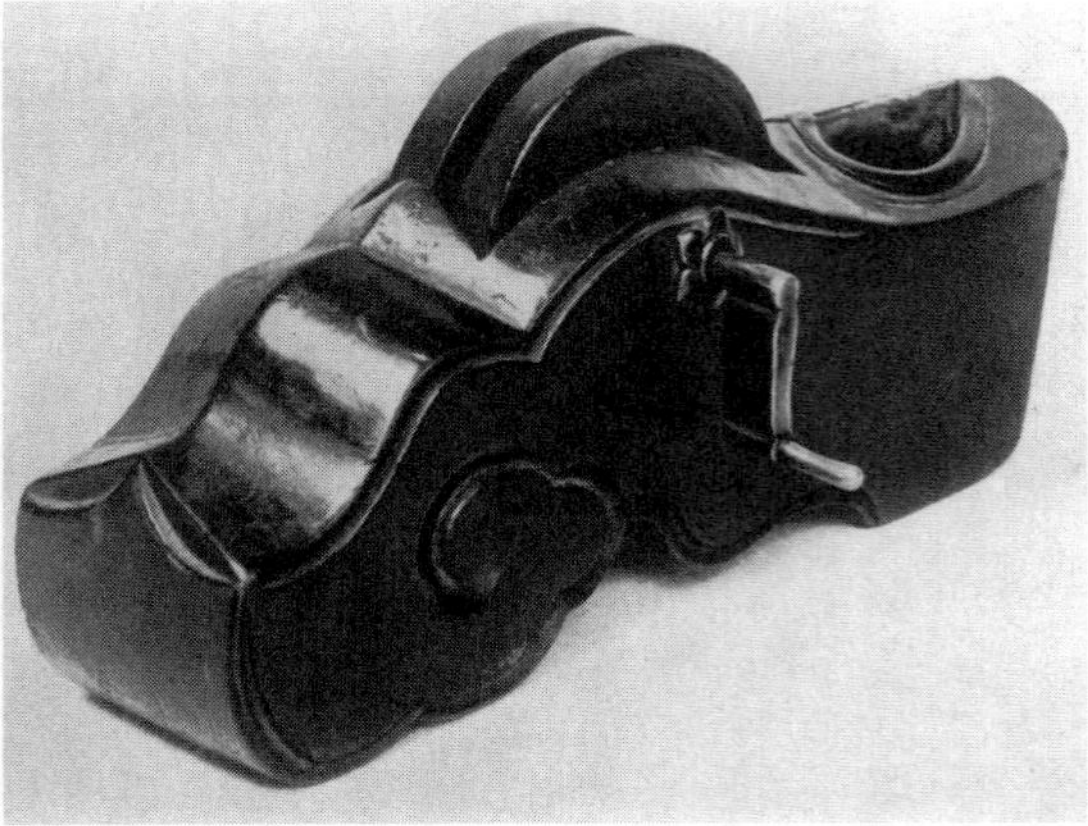

XIV

のを自らで作ったのである。だが構造を見れば、すでに墨壺としての一様式を示しているから、地方的な特色を帯びる。この種の型は主として関西に多いようである。元来は支那の型を摸したものであろう。支那も朝鮮も日本も構造の原理は皆同じである。二つの穴を掘り、後方は糸車を入れ、前方は墨汁を蓄える。外形は地方地方によって相違がある。大きさも用途により大小を生ずる。白木《しらき》のものを別として塗は拭漆のもの多く稀には墨《すみ》漆《うるし》や朱漆《しゅうるし》。しばしば特殊な衣裳《いしょう》をこらしてある。透彫《すかしぼり》や浮彫《うきぼり》や、また線彫《せんぼり》や、模様もまた多種である。御殿造営の折等は特別なものを作ったようである。だが後にはこれらのものを専業に作る者が生じた。今も店頭に見ることができる。

この一個とりわけ珍奇なる個所はない、だがそれだけ典型的な代表的な作と云える。彫りは単なる雲紋《うんもん》に過ぎぬが形極めて強固であって、あの大工の荒き仕事に相応《ふさわ》しい準備が整う。添えられし金具は真鍮、その小さな部分にもよき模様を忘れていない。材は雑木、これに拭漆を加えてある。すでに使い古して味わい無上である。持ちよき形と相応しき重味。そうして強きその面とそれに添う美しい曲線。どこをも改める余地がない。これをしも一糸乱れなき美と呼ぼうか。そこには完全なる健康がある。真に墨壺《すみつぼ》の範疇《はんちゅう》的な美の域に達している。

XV

船簞笥《ふなだんす》。高さ一尺一寸、巾一尺七寸、奥行一尺二寸。用材は欅《けやき》。漆塗、春慶《しゅんけい》。鉄金具附。定紋《じょうもん》丸栄。けんどん開き。内部引出附。河井寛次郎氏蔵。

（現在、河井記念館蔵）

北陸に沿う海岸や瀬戸内海の港等で、しばしばこのような簞笥を見かける。厚く鉄金具に飾られているから、誰も容易に見分けることができる。船簞笥と呼ばれて、千石船《せんごくぶね》では皆この種のものを用いた。荒き波風の動揺に堪えるため、皆頑丈を旨とし、随分厚くまた所せまく金具に守られている。様式の変化に富み、小簞笥風のもの、「けんどん」のもの、「片開き」のもの等種々あって内部は引出のもの多く、時としては硯箱《すずりばこ》や印箱《いんばこ》も入れてある。衣裳入れの大型の重ねになっているものもあるが、多くは金庫用である。中には構造の極めて複雑なのがあって扉を四、五枚はずさないと銭箱の出てこないのがある。鍵も一々扉や引出に準じて異なるものが用いられる。簞笥類の他に船中に安置した厨子《ずし》もあると聞いている。外部は主として欅を用い、それも前面は好んで「木《もく》」を選ぶ。内部の用材は多く桐《きり》である。皆漆塗であって墨もあるが、大概は春慶である。金具は鉄であって前面に厚く装飾する。無地のものもあるが多くは模様附で透彫かまたは線彫である。しばしば図の如く定紋や屋号《やごう》を入れ、この部分のみは好んで真鍮を用いる。大きなものは左右に取手《とって》、小形のものは上に一つの取手をつける。そうして全体に厚い布の被いが用いられた。時としては白地、時としては紺地。これにも好んで定紋が附けられてある。上陸の際は携えて上ったようである。

重量ははなはだ重い。

この種の簞笥が一番多く使われたのは幕末であって、少なくとも明治十年頃までは立派なものが造られてあった。千石船が廃れてから自然にその需用も絶えた。産地は不明であるが、佐渡の産と云われ、処によっては「佐渡簞笥《さどだんす》」とも呼ばれる。もとより佐渡一ヶ所に限られたことはなく、羽前《うぜん》の酒田《さかた》や越前《えちぜん》の三国《みくに》でも造られたようであ

XV

る。ともかく私が蒐《しゅう》集《しゅう》した経験によれば越後《えちご》から北陸、山陰から山陽に沿う港で発見せられた。

私はこれらの船簞笥を美しさから云って日本工藝史中特筆すべきものと考えている。今日まで誰によっても語られていないのが不思議である。これらのものを見ると、私はいつも西欧中世紀代の作を聯想《れんそう》する。民藝の心はどこにおいても兄弟である。私はこの挿絵によって、日本の民間からかかる力と美とが生れ出ていることを読者に伝える悦びをもちたい。もし多様なこの種の簞笥を図録になし得たら、驚愕《きょうがく》は起るであろう。ましてかかるものがごく最近まで作られていたことを知るに及んでさらに新たな驚嘆を加えるであろう。

XVI　櫃《ひつ》。英国。雑木、鉄金具。恐らく十三世紀末。長さ四尺六寸、丈二尺二寸七分。Victoria Albert Museum 蔵。

西欧の工藝時代と云えば、誰も中世紀を思い起すであろう。否、工藝中に中世紀があるとすら云えるであろう。ここに掲げる櫃もその記念すべき一時期が産んだ作である。その頃は英国においてまた西欧において、かかる類型のものが数多くできた。その時代の人々はただに木材をいかに活かすかを知っていたのみならず、相応しい金具をこれに添えて、美をいや加えた。私が櫃を選んだのは、一つには挿絵第十五の日本の簞笥に比べたいからであった。それも相違という点ではなく、正しい工藝時代の作は、どこにおいても兄弟であり、美の表現に共通の原理が流れていることを示したいためであった。だがこの櫃を選ぶにつれて私に異常な注意を惹起《じゃっき》せしめるものは、その背後に流れる時代の美である。社会相である。現代では正しい工藝品を見出すことがほとんど不可能でさえあるのに、どうして中世代では醜いものを見出すことが不可能であるか。この驚くべき対比はどうして起るか。あの宋代の陶器にしてもそうである。私はかつて俗悪なる一破片をも目撃したことがない。それなのにどうして現代に

XVI

おいてこの幸福が破れたのであるか。残る唯一の合理的解答は社会制度の変移に因ると云わねばならぬ。

何が中世紀の作に美を保証したか。そこには相愛の社会があったからと云えないだろうか。それはギルド（協団）の制度によって今も反省される。人は自ら活きるよりも、共に活きることの幸福を熟知していた。したがって私利が眼目ではなく、労働にはよき奉仕があり、器物の質にはよき吟味があった。すべての事情は悪しき作を許さなかった。特殊なある作が優れたのではなく、一般のすべての作が美しさを保つことができた。真に美によって義とせられた時代であった。それは明らかに工藝美が社会美であることを示している。なぜ現代が工藝美においてかくも衰えてきたか、そこには社会美がないからと云えないだろうか。今は相愛の世ではない。事情は反目を余儀なくしている。人は上下に擘《さ》かれ貧富に隔てられた。呪《のろ》いを以て語られる資本制度は、その帰結であった。事実が示す如く、工藝美の衰頽《すいたい》と資本制度の勃興《ぼっこう》とは平行する。私たちはこの制度の許《もと》に、工藝の時代を期待することができない。なぜならその制度は利のためなら一切を犠牲にする準備を怠らないからである。そこには人格の自由もなく、労働の愉悦もなく、器物への誠実もないからである。よき工藝はよき社会を求める。工藝美は社会美である。最も明らかに中世代はこの真理を語ってくれるではないか。

XVII　扉。英国。十六世紀初期。丈一尺五寸四分、巾一尺一寸七分。用材楢《なら》。

戸棚の扉である。私は二つの興味からこの一枚を入れた。一つはいかに模様が工藝にとって重要な役目を果すかが考えられるからである。しばしば無地ものは美の最上なものを示すから、模様は必ずしもなくてはならないものではない。しかしいかにしばしば模様が作の美を活かしてくれるであろう。否、工藝と模様とには離れ得ない結《けち》縁《えん》があると云ってよい。否、模様化された世界に工藝が活きるとさえ云ってよい。

XVII

（無地とは模様がない意味ではなく、模様がその極に達した「空」の境を示すとも云えよう。それは一切の模様を含んだ無とも云えよう）。模様の善し悪しは、工藝を活殺する。概して古いものが美しいのは模様に活きているからである。だが近代のいかに多くのものが模様のために死んでいるであろう。よき模様は自然美の結晶である。自然美の精華である。それ故自然より模様は一層美しい。私たちはよき模様以上に自然の美を見ることはできない。自然の一番美しいものが、そこに煮つめられているからである。模様は自然の理解者である。自然があって模様があるというより、模様があって自然があるという方が真実である。この一個の扉を眺めてその美がかかる真理を語るほどの美なるが故に、かくも私たちの眼を引くのだと考えないわけにゆかぬ。

だがこの模様を眺める時、私たちはさらに一つの不思議な真理に逢っているのである。これは十六世紀初頭のものであると云われているが、それが十三世紀頃から伝わるゴシック風の模様の継承であるのは云うまでもない。ここに見られる模様への驚きは、実に伝統の美への驚きなのを知ることができる。人は伝統というとすぐ独創のない不自由な世界だと解釈する。だがこの見方は近代の個人主義が産んだ傲慢《ごうまん》の結果に過ぎないであろう。一個人が果して伝統の世界を越え得るだろうか。自由とは伝統に逆らう時を云うのではなく、伝統をさらに活かす時にあるのである。伝統には長い歳月における自然および人間の叡智《えいち》の堆積が潜む。昔の工人たちはそれに守られて作物を産んだ。それ故誰が作るとも、よき美に達し得たのである。

この扉を見られよ。誰の手が作りしかは記してない。ここには累積せられた時代の智慧《ちえ》が示されているのである。それはゴシック風であって、一個人の風ではない。それは個人を越えた秩序と法則との美の現れである。彼らの模様は常に均等な数理的な幾何学的な関係において構成されているではないか。その美には乱れない理法が働いているのである。ゴシックの美は常に法則の美である。法則に立つもの、法則に守らるるもの、それを伝統と呼んでいい。この一枚の扉が美しいのは、そこに理法に対する人間の忠実な服従があるからである。そうしてその服従において味わわれる自由感が、この作にかくも活々《いきいき》した美を与えているのである。伝統への敬念と個性の解放とを二つに見るのは錯誤である。

XVIII　卓。雑木。径一尺四寸三分、丈一尺六寸二分。

六角。筆者蔵（現在、日本民藝館蔵）。

外国のものではあるが、どこの国の作であるか明らかではない。しばしば見られる六角卓の様式から云って、欧洲のものではなく、印度《インド》、波斯《ペルシャ》あたりのものであろう。時代も明らかではないが二百年前には溯らないであろう。一見するとゴシック後期のものに近似するが、しかし脚と脚との間の穹《きゅう》状が明らかにモスク型であるから回教国のものであろう。六面の彫りははなはだ深くかつ強く、刀跟《とうこん》極めて鮮かであって活々している。その巾と高さとの比例美しく、全体の感じ引きしまり、卓に要する安定の美がよく保たれてある。円形ではなく六面の体が、この場合浮彫と相俟って一層の美を追加する。すでに古りて木の味わい極めて深い。長年の誠実な奉仕の歴史がその中に読まれる。筆者この小卓に親しむこと十有余年。今に飽きない。顧みては親しみ、親しみて今も用いる。いかに形とか模様とかが用の中に溶け込んでいるであろう。ここでは美も用のなくてはならぬ一部である。だがいかに今の多くの作は、誤った美のために用を殺しているであろう。否、用を無視するが故に、美もまた死んでくるのである。正しい工藝においては真に用美相即である。美が用をしてますます活かしめ、用が日に日にその美を冴えしめる。

どこからこのような形の泉が発しているのか、どこからこのような刀の冴えを学んで来たのか、どうしてかくまでに躊躇《ちゅうちょ》なく鑿《のみ》を深く入れ得るのであろうか。そこには懐疑が見えない。長い間の修業や苦闘が、彼の手に信念を許しているのだ。そうし

XVIII

て信念の許にはなされざる何ものもないのだ。私たちにとっては驚異であることも、彼らには平易なのだ。否、それが唯一の歩いている道路なのだ。不信や狐疑《こぎ》は工藝に美を許さない。それは宗教においても同じである。私たちの歩行にはかつて懐疑があったろうか、私たちの言語にはかつて逡巡《しゅんじゅん》があったろうか。もしあるなら立ちどころに足は渋るであろう、言葉は絶えるであろう。この小さな卓に見られる異常な美しさは単々たる平易より発するのである。すべての懐疑からのこの離脱のみが、美しさを保証するのである。彼らにはこれらのものを作る折、心の全き自由があった。

悲しい哉《かな》、私たちの知識が私たちを卑怯《ひきょう》にしなかった場合は少ない。そうしてこれが作物の生気を奪わなかった場合は少ない。特に工藝の領域において、知識ある者の作が、無心なる者の作に優った例を私は見ない。だが一度知の実を犯した私たちはもう無知に帰ることはできない。知をもって知を脱する道のみが残されている。難行の難行である。私たちに与えられた怖《おそ》るべき当面の問題である。

XIX　膳《ぜん》二種。朝鮮李朝。漆塗、春慶色。雑木。寸法、(第十九) 径一尺四寸、
XX　丈九寸五分。(第二十) 径一尺九寸八分、丈八寸二分、脚台八角。共に全羅南道産。筆者蔵 (第二十は、現在、日本民藝館蔵)。

XIX

XX

朝鮮の工藝を語る時、ほとんど誰もあの優秀な陶磁器を以て代表させる。だが私の考えでは、むしろ木工品の領域に一層驚嘆すべきものが多いように感じる。種類様式の変化において真に豊富な一世界を占める。大にしては簞笥や棚の類から机、箱、膳の類に渡り、小にしては手廻りものや文房の諸具に至るまで見るべき作がはなはだ多い。この領域でも支那はもとより巨大であろうが、一面には強さが過ぎて静ではない。これに比べて朝鮮のものは遥かに穏かであり素朴であり雅致に富む。座右に置くものとしては一層の親しさや潤いに充ちる。伝統のよく保たれてある国であるから、近代のものですら古雅の情に溢《あふ》れる。ここに掲げる二個の膳も、私の云う「正しい工藝」の如実な例となろう。

朝鮮の膳は種類多く、その形態によってほぼ産地を類別することができる。北鮮のもの、西鮮のもの、南鮮のもの皆異なる。北鮮のものは概して至純、装飾少なく、足強く、辺高く鞏《きょう》健《けん》である。西鮮のものは四本の脚ではなく、左右二枚の板を用いるのを通則とする。これにしばしば美しい透彫が見える。南鮮のものの最も様式の変化多く挿絵の二個は共にその例である。南鮮には二大産地があって一つは慶尚道の統営、一つは全羅道の羅州。これによって「統営盤」、「羅州盤」の名起る。第十九は羅州盤の一様式を代表するもの、第二十は同じく羅州地方の産であるが、普通の食卓とは異なり、いわゆる「大円盤」であって例えば誕生とか還暦とか礼式の際に用いられる。膳の形は長方形のもの最も多く、続いては円形、稀には四角形、ある時は隅を切りおとし、ある時は正多角に、ある時は菊形を示す。多くは春慶色の漆塗。時としては螺鈿《らでん》入のもの、または朱塗のもの、後者は宮中の用品である。用材は種々あるが欅や銀杏《いちょう》が多い。小形のものは家庭用、大形のものは宴会用。この他外に運ぶ時の特殊な膳がある。頭に載せて運ぶため顔が出る部分だけ開けてある。今日京城あたりの民家で最も多く用いているのは長方形四脚のものでいわゆる「冊床盤」と呼ばれるもの。ごく最近のものはやや粗に流れているが、私はこれらの膳でかつて醜いものを見たことがない。彫りはなはだ美しく、特に脚の形には優秀なものが多い。第二十に見らるる卍字《まんじじ》は仏教起原のものではあるが、一般に最も広く愛された模様である。美しいではないか、共にこれら二個の膳。読者もかかるものを日常の器としたき心を起されるであろう。ここにも美と用との完《まった》き調和がある。

XXI

丹波布《たんばふ》二種。原寸大。左方のは木綿。右方のは緯《よこ》木綿、経《たて》絹。日本民藝美術館蔵。

京都を訪れる度に、私の眼を異常に引いた一種の布があった。在住するに及んでますます明らかにその美を見るを得、かつはその種類が極めて豊かなことを知ることができた。私は能うかぎりそれらのものを蒐集した。零砕《れいさい》なものすらも捨てるに忍びなかった。他にはほとんど誰も購う者がないので、いつもわずかばかりの金子を払ったに過ぎない。幾十年かの後、このことは興深き昔語りとなるであろう。その美しさはいつか驚くべき市価を産むにちがいない。それらの布は皆丹波の片田舎にて作られ、少なくともここ二、三十年前までは続け織られた。分布する区域は広くはない。地元は別として、主として京、大阪の町々で売られた。この布の主要な用途は夜具地である。時としては丹前《たんぜん》に、稀には着物としても用いられた。田舎作りの質素な布であるから、もとより民家で用いる普段使《ふだんづか》いである。恐らく幕末から維新前後の頃、丹波の各地で、農事の暇に数多く織られたようである。

染料はその地方の山や野から取り出す二、三の植物で、染め方も極めて簡単なもの

XXI

であったにちがいない。用いられた色の種類わずかに四種。茶と緑と藍と白と。そうしてこれらの濃淡、複合によって驚くべき多様の「縞《しま》もの」を産んだ。全く同一のものがあった場合はない。多くは木綿であるが、時として絹綿併用せられ、また絹ばかりのも織る。

いつも気づかれるのはその色調の美である。かつてその諧調《かいちょう》に噪音《そうおん》があった場合がなく、また強弱に失した場合もない。色調はいつも深くまた静かである。これに材料の柔かさとその心地よき厚みとが一層の温味を加える。全体の「味わい」においてこれほどのものは他に多くはない。親しむ者は誰でも容易に他の布類と識別することができる。それほど明らかな一類型を形造る。

どこからこのような色調の秘密を捕えて来

たのか。織る者も着る者もむしろ恥かしげに作りまた用いていたその時代を思う。多くを知る今の時代に、何一つこれに比ぶべきものができないのを省み、工藝に潜む不可思議な約束を思う。いつかこれらの布が「名布」と讃えられる日は来るであろう。初代の茶人たちがいたらいかばかり胸を躍らせたであろう。何故なら渋さの美、温かさの美、雅致の美において、これほど際立ったものは少ないからである。その柔かさにおいて、器物を包むによく、またある種の絵を表具するに極めて相応しい。いつか私と同じように、その断片でも得たいと希《ねが》う人々が出るであろう。

XXII 風呂敷。琉球《りゅうきゅう》。麻地。紅型《びんがた》。五尺四寸角。石丸重治氏蔵。

日本の染物の中で、真に美しいものは友禅《ゆうぜん》である。中でも加賀《かが》友禅は最も美しい。だがその友禅にも先んじて、友禅と類似するものが、あの遠い南の孤島琉球で作られてあった。起原ははなはだ古いようである。顔料のあるものは支那から渡ったようであるし、その他万般のことが支那風であるのに、不思議にもその染物に現れた模様や色調はいかに支那と異なっているであろう。薩摩《さつま》との交通が琉球を日本に近づけたの

XXII

は云うまでもない。そうして恐らく友禅との間には交互の影響があったと見るのが妥当であろう。ともかくこの二つの間に不思議な結縁があることに疑いはない。

私は最近琉球衣裳の二つの展覧会を見る機会を得、心の躍るを覚えた。かくも美しい模様と色調との衣は世にも少ないであろう。光の強い南の国の産であるから、色彩もまた強い。だが不思議にも濃厚ということに付随するあの俗悪や皮浅《ひせん》な感じはなく、全体の調子深く静かである。型物と縞物《しまもの》と二つながらいたく美しい。どこからその美を捕えて来たのか。模様はもとより、その排列や色彩の調和や、すべて自由であり可憐《かれん》であり美麗である。花や蝶《ちょう》や鳥や草や山や水や雲やあらゆる自然のものが綾《あや》なしている。そうしてその間に錯雑はなく、全体の統一が破れた場合はない。素地は木綿、絹、麻、芭蕉布《ばしょうふ》等さまざまである。

衣裳のほか私たちの心を引くのは風呂敷である。模様はいずれも大型であって、松竹梅のもの最も多い。単純であって一つの類型的な様式に達している。多くは挿絵の如く円輪を形造る。素地は主として麻を用い、多くは紺地に朱や赤や黄や緑や青や茶で染めぬいてある。今も質において色において多少のくずれはあるが、ほとんど昔に近いものを作る。総じてこれらの染を「紅型」と呼ぶ。これを琉球では「ビンガタ」と読み、あの印度《インド》の地名「ベンガル」から転化したものと云われる。古くはそこから染料が渡来したものと見える。琉球那覇《なは》は古い港であって室町時代には南蛮との貿易の仲介地であった。したがって渡来した南土の更紗《さらさ》がこの紅型の起原であるとも云われる。だが外来の手法や紋様の模倣に終らず、琉球独自の美しさを示した。ただに主府首里《しゆり》を中心としてのみならず、八重山《やえやま》群島や宮古《みやこ》群島においても同じ発達を見た。だがこの美しい「紅型」や縞物も今は死に近づいている。どこでも同じであるがいわゆる文化の波に抗することができぬ。人々は醜いものを以てこれらに代えることに躊躇《ちゆうちよ》しない。そうしてその悲しさを知るものははなはだ少ない。

XXIII　大津絵《おおつえ》。弁慶。丈二尺一寸、巾七寸五分。紙。筆者蔵（現在、日本民藝館蔵）。

大津絵の如きものを私は「民画」と名づける。「民画」とは無名の画工によって同一のものが数多く描かれ、廉価を以て民間に広く流布せられた画を云う。しかも信仰の対象とか、土産物とか実際に役立った画を云う。したがってその性質上、むしろ工藝品であって、普通の絵画とは全く異なる。例えば「小絵馬《こえま》」の如き、「泥絵《どろえ》」の如き、皆「民画」である。特にそれを代表する卓越したものは「大津絵」である。

どこからかくばかりの魅力が大津絵に現れて来たのか。私は答えよう、それは限られた画題の単調な無数の繰り返しから湧いていると。ここに技術に対する驚くべき熟達の泉があったと。そうしてそれを画く折の無意識と安全なる迅速さとが奇蹟《きせき》を現じたのであると。そうして無学な画工の廉価な民画だということが、あらゆる個性への執着や知識への煩悩《ぼんのう》から救い起してくれたのであると。その美は貧者の労役に対する仏からの酬いである。この恵みに浴すればこそ、すべての古き大津絵が例外なく美しいのである。

大津絵または追分絵《おいわけえ》とは今の大津の町から大谷、追分にかけての街道で鬻《ひさ》いだ所から来た名である。明らかに旅人の土産物であった。かかる絵は又平《またべい》とか、又兵衛とかに始まると俗説は説くが、よしそうであったにしろ、大津絵の美しさは無名の画工の手に渡ってから後のことに属する。元禄《げんろく》を境とし遠くは寛永《かんえい》頃まで溯るものを初期とし、大きさはほとんど長版である。最初は仏画のみであったことは文献の示すとおりである。だが漸次寓意《ぐうい》を含むある特種な一定の画題を生じた。「藤娘」とか、「鬼の念仏」とか、「槍持奴《やりもちやっこ》」とか、「鬼に三味線」とか、「提灯釣鐘《ちょうちんつりがね》」とか、「瓢簞鯰《ひょうたんなまず》」とか、「女虚無僧《おんなこむそう》」とか、「若衆」とか、「竹に虎」とか、「鷲《わし》」とか、「鷹《たか》」とか、その数は多い。図に選んだ「弁慶七つ道具」もかかる初期の作の一枚である。元禄以後は中期に転じ、半紙版のもの多く現れ、好んでこれに教訓の和歌を添えた。文化文政の頃に至ってはすでに末期。大津絵の正格を失って美しいものは何一つ残らぬ。いずれも取るに足らぬ戯画に沈んだ。そうしてそれはむしろ廃頽《はいたい》的な大津絵節の方向にと転じた。

用いられた顔料は丹《に》や朱土《しゅど》や白緑《びゃくろく》や黄土《おうど》や胡粉《ごふん》等。古き仏画には金をも用いたようである。紙地には黄土を引くのを通則とする。大きさは半紙二枚を縦につぎしもの

XXIII

と、一枚のものとこの二種が最も多い。だがごく初期にはさらに大きなもの、また末期にはさらに小さな版を見かける。画き表装のもの少なからず、またしばしば鼠色《ねずみいろ》の紙表装をほどこし、黒く塗った細い竹軸を用いた。すべてが貧しい安ものであったのを左証する。だが運命は不可思議に廻る。今後その市価はいやが上にも高まるであろう。

XXIV　イソップ物語挿絵。狐《きつね》と獅子《しし》。一四八四年版。William Caxton 印行本、第四巻。原寸大。British Museum 蔵。

いわゆる 'Incunabula'（初期活字本）に属する本の挿絵である。イソップ物語は古来多くの著名な挿絵をもつが、これを選んだのは、その有名な物語の故にではない。また著名なカックストン本の故なるがためでもない。また年代が古いからという故でもない。十五世紀という一時代を背景とする「民画」の美を紹介したい心によるる。

これも私に言わせれば「民画」である。したがって一つの工藝であって、個人的な絵画ではない。なぜならそこには個性の跡がなく、その当時の共有の美が示されてい

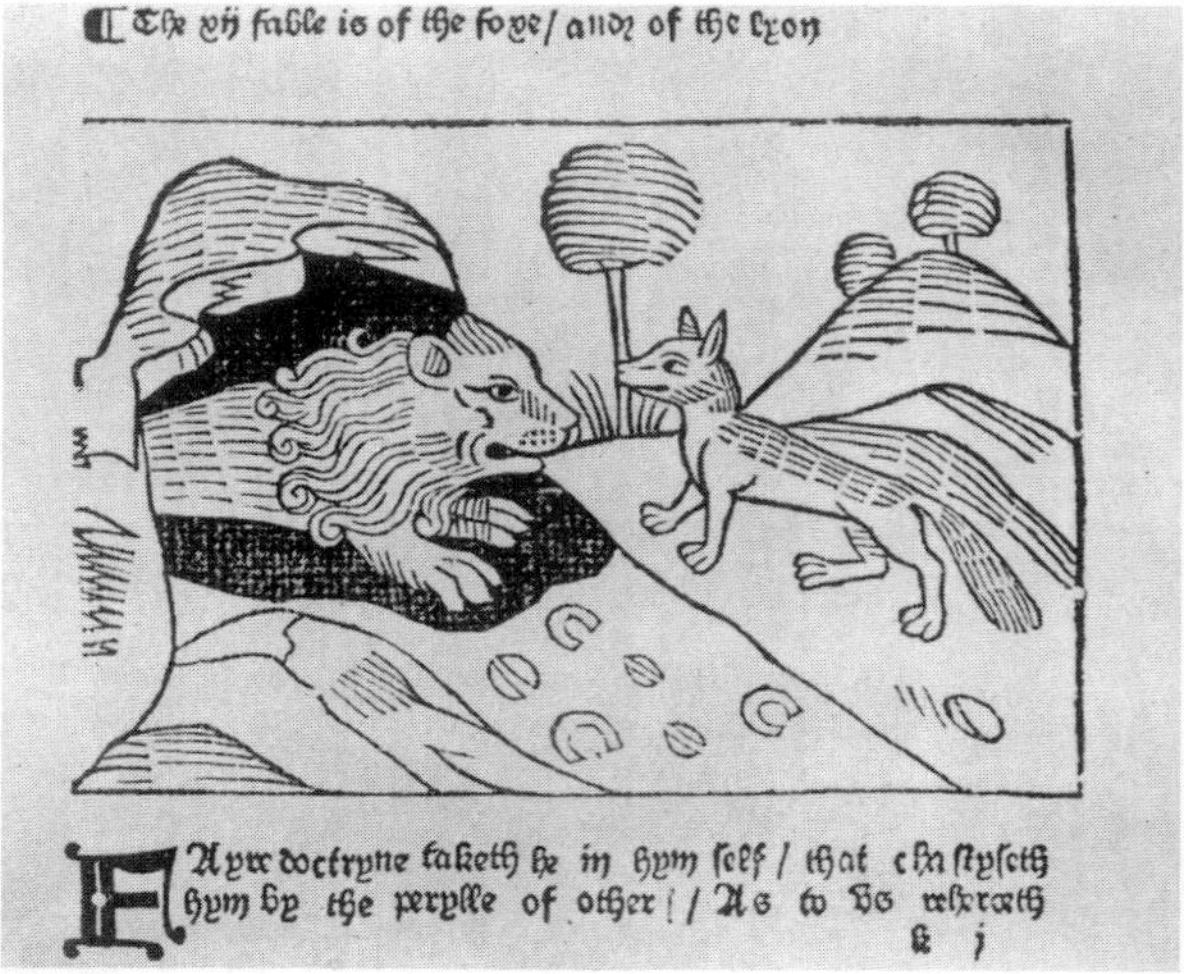
The vij fable is of the foxe/ and of the lyon
Fayre doctryne taketh he in hym self / that chastyseth hym by the peryle of other / As to vs reherceth
k j

XXIV

るからである。誰が画き誰が刻むとも、その頃の挿絵には同じような自然さと同じような純朴さとが、にじみ出ている。それは民衆的所産であって、一人の天才の所業ではない。しかも本の挿絵として、実際の目的をもち広く流布せられた画であった。私はかかる工藝的な「民画」の美を好む。そこには自然が加護する美を見出し得るからである。それは稚拙美《ちせつび》とも云えよう。だが稚拙美は自然美である。稚拙なるは無心を意味し、無心は自然さに帰る。稚拙そのものは不完全であり醜であろうが、自然に抱かるる故に、恵みの美を受けるのである。かかる恩寵なくして、民衆自らに何の美を産み得る力があろうや。(強いて稚拙をねらう今日のある美術家の錯誤を許し得ようか。それは彼らの意識から来るのであって、無心と結合している美ではない)。

過日伊曾保《いそほ》物語《ものがたり》古本の展覧会を見、この初期活字本から続いて幾世紀かの挿絵を並べ見る機会を得た。悲しい哉、時代の降るにつれて、挿絵としての工藝美は漸次に失われている。どのものもこの‘Incunabula’に優るものはない。ほとんど年紀の加算と醜さの加算とは比例する。なぜそうか。私にとって答えは明白である。挿絵が工藝の域を去って、美術に近づこうとするからである。民衆を去って個人に至るからである。無心を離れて意識に煩わされるからである。自然を去って、技巧に陥るからである。一言にして云えば、自然の加護を棄てて、自己の自由を選ぶからである。だが挿絵はその本質において工藝である。工藝であるならば工藝的たることなくして、何の美をか保ち得よう。今の画家に絵画を描き得る人はあろう。だが挿絵を描き得る人は絶えてない。挿絵の世界に来る時、古代の稚拙の前に、現代の叡智は哀れにも敗残の歴史を見せている。ここに伊曾保物語の訓話の一つを読む心地さえする。

XXV　粉板《ふんぱん》。童子《どうじ》騎牛《きぎゅう》の図。朝鮮李朝代の作。縦一尺五寸五分、横巾三尺五分。著者蔵（現在、日本民藝館蔵）。

「粉板」とは手習い板である。「粉板」と呼ぶのは鉛粉《えんぷん》を主とし、これに「えごま」の油と膠《にかわ》とを交ぜ板に塗ってあるからである。この板はごく最近まで朝鮮の寺子屋で習字や作詩のため用いられた。これに毛筆で字を書き、布で拭《ぬぐ》ってはまた習ったのである。特に詩文の稽古《けいこ》に用いられた。したがって元来は板の両面とも無地であるが、後になり裏面に文字や絵画を陰刻する風習を生じた。下絵は当時の著名な書家や画家が描いたようであるが、後にはただ名を借りたものが多いようである。専門の彫師《ほりし》があって陰刻《いんこく》しこれに黒の象嵌《ぞうがん》を入れた。塗料の色はやや黄ばみ、光沢が静かで味わいがはなはだよい。ほとんど皆長方形であるが大きさは一定しない。挿絵に選んだ一枚は最も大型で、普通のはこれより小さい。持って通った場合もあろうが、多くは寺子屋の壁に掛けておいたようである。上部両端に環《かん》がつき紐《ひも》が添えてあるのが多い。板の左右には端喰《はしばみ》を附ける。反《そり》を妨ぐためである。

これらの粉板が私たちの心を引くのは、もとよりそこに刻まれた文字や絵画であ

る。そうして刀の冴えや塗料の味わいである。これも優れた民画の一つを代表する。絵の変化極めて多く、山水を主とし、あるいは四君子、あるいは人物、好んで漢詩をこれに添える。他の工藝品においてもそうであるが、原画は彫師によって一層簡素にせられ、さらに自然さに戻されている。文字も韻律も正確さに拘泥《こうでい》しておらぬ。時としては全く読み得ない文章が素敵な字体で彫ってある。すべてが無学な彫師の無心さに浄化されて現れてくる。恐らく現される絵画も文字も原図より一層美し

XXV

い。これが民藝の示す一つの驚くべき神秘である。

私はいつも粉板に見出される尽きぬ雅致を愛する。いかに長い間私はこの一枚と共に暮して来たか。左に太い幹をもつは楊《よう》柳《りゅう》。下には流るる河、上には浮かぶ雲。水に建つ庵《いおり》の中には囲碁を挿む二人の翁。右には侍童《じどう》が茶を煎《せん》じる。友を迎えにやったのであろう、一人の童子が大きな牛に騎《の》り、笛をふきながら水を渉《わた》って帰ってくる。すべてが自然の中に溶けこんでいる。記して云う「楊柳雲水千里深処。閒座囲碁以待使童之往還遅矣。忽聴得戯笛声而方知帰来而笑也。檀園」。檀園とは李朝代の著名な画家の名であって、正祖朝の人であるから今から一世紀半前に溯る。だが恐らく檀園の名を借りたに過ぎないであろう。よし彼が下絵を描いたとしてもこの絵は必ずやその原画より優れているにちがいない。ここには個人を越えて自然が示されているからである。

XXVI　浄瑠璃本《じょうるりぼん》。紙治《かみじ》、茶屋の場。原本、縦九寸二分、巾六寸九分。「大正二年秋日写之」の奥書あり。筆者蔵。

私はこの写本に並ならず心を引かれる。幾度見返しても尽きぬ魅力を感じる。もとより挿絵として私がこれを選んだのは、偉大な作者の著名な作の一頁だからという意味からではない。また最近の写本だということにかえって興味を感じたからでもない。これが示す素晴らしい字体の故にである。そうしてそれがもつ異常な工藝的美しさの故にである。そうしてそれが含む美の法則の故にである。この書体の淵源が「お家流《いえりゅう》」にあったという考えは極めて自然である。だが浄瑠璃本の字体としてついに独自の進展を遂げた。普通「丸本《まるほん》」と呼ばれる版本に対し、特にこれらのものは「切本《きりほん》」と呼ばれる。前者は完本である故細字であるが、後者はある場をのみ選んである

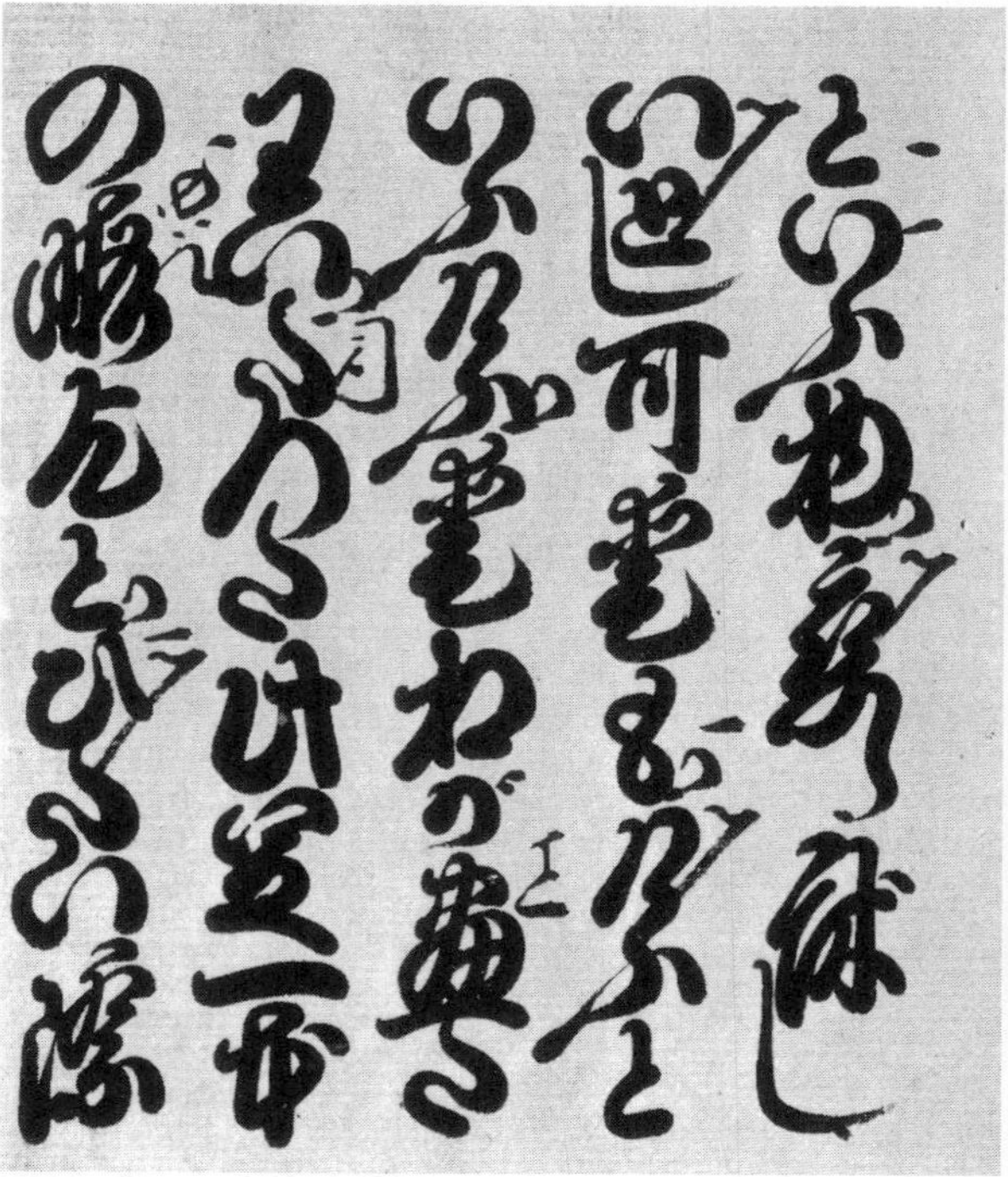

XXVI

ため大字である。だが共に合せて一書体を代表する。それが円熟したのはおよそこの二百年このかたであろう。字体未だにくずれず、伝統が保たれて今日に及ぶ。通覧すれば年代に従い行数少なくしたがって字相が大きくなる。この一書は最近の型に属する。奥書に「木葉」の捺印があるが、「木葉」はこの書体の名人であったと云う。一つの字体がここまで構成され完成されるまでには、いかに長い背景があったであろう。そこには積み重ねられた幾代かの歳月がある。そうしてそれを継ぎまた伝えた幾百幾千の手が働いている。さらにまたその各々の手が幾千幾万の度数を一個の字体に向って捧げている。かくしてこの字体はついに一つの類型美にまで達し得たのである。そうしてかかる一類型の創造は、決して一個人の一感興によって成就されるものではない。実に踏まるべき工藝の法則によって大成されているのである。そこには正しい伝統の継承がある。私たちはこの一つの字にも人間の協力を見ることができ、そうして長い年月の経過を見、辛棒《しんぼう》強き労力を読むのである。この立派な日本独自の字体に向う時、私たちは名も知られざる貧乏な職人たちの亡き霊を祀《まつ》る志を失ってはならぬ。

芝居や角力《すもう》の番附、板材や、樽《たる》の菰《こも》等に記された文字、見過ごされるこれらのものにも驚くべき美しさがあるのだ。よき字型を得ること、これは個人にとっては至難の至難なことだと云ってよい。だが民藝はそれを果しているのだ。あの取り扱いにくい平仮名と、あの錯雑な漢字とを全く征服して模様の域にまで進めている。私は厭くことなくこの字体を眺める。

解説

水尾比呂志

昭和二年（一九二七）四月、武者小路実篤《むしやのこうじさねあつ》編輯の雑誌『大調和』（春秋社発行）が創刊された。柳宗悦は、初号から「工藝の道」と題した寄稿を行い、翌三年一月号まで九回を重ねて完結した。連載を終えた宗悦は、改訂増補を施し、序と挿図二十六図とその解説を付して、三年十二月二十日、『工藝の道』の原題のまま「ぐろりあ　そさえて」から上梓した。

二十数年ののち、『柳宗悦選集』第一巻（昭和三十年二月、春秋社）として、若干の改訂と全挿図の取替を行って刊行。歿後編纂された『柳宗悦全集』の第八巻（昭和五十五年十一月）には、ぐろりあそさえて版が底本として収録されている。

民藝の分野のみでなく、工藝全般を対象としたこの未曾有《みぞう》の大著は、情熱的な論調と明快な論旨で、まず工藝の美の性質を述べ、工藝の本道は何かを論じ、いかなる工藝が最も美しいかを説き、来るべき工藝のあり方を示す。さらに、工藝美論の先駆者の足跡に言及し、最後に問答体の要旨を添えて内容の理解を容易ならしめる周到な叙述によって、工藝問題の本質と展開とを論じ尽す。

宗悦は、工藝の分野を、未だ鋤《すき》を入れられていない処女地で耕やすに足りる天然の沃野《よくや》と考え、「多くの愛と熱情とをもって」「雑草を抜き去り、石を除き、土塊を砕き、畑を整え」る、難多き最初の準備の仕事を進めた。本書は、今日もなお耳を傾けるべき多くの啓示と示唆とを与える名著である。

一

まず、「緒言」において、これから工藝問題を論じるに当ってのみずからの拠って立つ立場に言及し、多くの立場のうちの一つに立つなら相対的意義に終る故に、「立場なき立場」に立つ、と宣言する。それは絶対的立場とも呼ばれるべきもので、「直観」を基礎にして築かれる。これまでの十余年間、工藝に接するに際して、歴史や経済や化学や、品物の由緒や銘や箱書やの、知識と先入観を悉く捨て、宗悦は何よりも直観を唯一の頼りとしてきた。「直観は拭《ぬぐ》われた立場、純粋立場ともいうことができよう。そうしてもしある真理に権威があるなら、それは直観的基礎をもつ場合のみだということを断言してよい」という宗悦の確信は、宗教哲学者としての基本的な信念でもあった。ブレイクや朝鮮の藝術や木喰仏《もくじきぶつ》を研究対象とした場合にもこの信念は貫かれていた。直観は私観や主観とは無縁の観法であって、その鍛錬を経た自身の直観を信じ得る段階に到った、という自覚が、『工藝の道』の全篇に溢《あふ》れている。

次に、宗悦は従来の美思想についての反省をしるす。

今日まで美の標準は美術からのみ論じられ工藝は軽視され無視されてきたが、それはルネサンスを基礎とする個性美に奉仕する考え方に過ぎない。ルネサンス以前に遡《さかのぼ》れば、個性美を超えた驚くべき秩序の美があり、絵画も彫刻も美術と言うより工藝であった。そして、現実に即し、民衆と交わり、自然に帰依《きえ》し、秩序と伝統に従う工藝の世界においてこそ、より純粋な美が実現されたと云えないであろうか。美の標準に一転期が来て、近い将来、卑下され等閑《なおざり》にされた工藝の美、工藝の問題が重要な学的対象となるに違いない。すでにマルクスやラスキン、モリスの思想から、経済学的立場と審美的価値による工藝の意義の追求が行われているが、この両道はいつか一点に邂逅《かいこう》する日を有《も》つであろう。今、自分が審美の路から工藝に迫ろうとしているのは、みずからの工藝美に対する直観と理性との長い修行と経験とを信頼し得ることと、これが初期の茶人たちの業績を継ぐ日本人の悦《よろこ》ばしい任務であることへの自覚による。工藝問題の審美的討究はこれまでほとんど進展しておらず、美の標準も誤られている今日、正しい美についての考察こそ緊要である。工藝家や工藝史家に思想的贈物をなすのが自分に与えられた責任である。

こう前置して、柳宗悦は「工藝の美」の章を設けてその考察に進む。

「美が厚くこの世に交わるもの、それが工藝の姿ではないか。……それは貴《き》賤《せん》の別なく、貧富の差なく、すべての衆生《しゆじよう》の伴侶《はんりよ》である。……私たちのために形を整え、姿を飾り、模様に身を彩るではないか。……それは現世《げんぜ》の園生《そのう》に咲く神から贈られた草花である。」という基本的な工藝への認識に立ち、「吾々に役立とうとてこの世に生れた品々である。それ故用途を離れては、器の生命は失せる。また用に堪え得ずば、その意味はないであろう。そこには忠順な現世への奉仕がある。……それ故工藝の美は奉仕の美である。」

工藝は働く。働く身は健康でなければならぬ。多忙は病や感傷や頽廃《たいはい》を許さず、器をおのずから健全にする。逆らう感情、衒《てら》う心、主我の念、高ぶる風情、苛立《いらだ》つ姿、淫《みだ》らな形《なり》、奢《おご》る飾りなどは、すべて工藝にそぐわぬ性状だ。休みなき働きに奉仕する貧しい日常の用器は、しかしそれ故に美しい器たる不思議な運命を受けた。「務めを果す時、人に正しい行があるが如く、器にも正しい美しさが伴うのである。美は用の現れである。用と美と結ばれるもの、これが工藝である。工藝において用の法則はただちに美の法則である。」

美術は理想に迫れば迫るほど美しく、人は壁に掲げて仰ぎ見る。工藝は現実に交われば交わるほど美しく、人は近く親しむ。峻厳《しゅんげん》とか崇高とかの性はなく、情趣の世界、親和の心である。人はいかに工藝の花に暮しを彩られ、和まされ、温められていることか。いつも器は愛を招く。愛するとは用いることである。用いることで器はさらに美しくなる。「器の美は人への奉仕に種蒔《ま》かれ、人からの情愛に実を結ぶ。器と人との相愛の中に、工藝の美が生れるのである。」

さて、この世の伴侶とも言うべき美しい工藝品を前にして、宗悦は数々の新しい秘義を見出す。「吾々に仕えるあの数多くの器は、名も知れぬ民衆の労作である。あの立派な古作品を見て、ゆめ天才の所業とのみ思ってはならぬ。多くはある時代のある片田舎の、ほとんど眼に一丁字《いってい じ》もなき人々の製作であった。……時としてその仕事は、好まないものでさえあったであろう。……中には邪《よこしま》な者もあったであろう。盗みせる者さえもあったであろう。……だがそれらの者にさえも工藝の一路は許されてある。」作る者はこの世の凡夫であろうとも、器は彼岸《ひがん》に活《い》きた。彼らは識らずとも、そこには驚くべき美しさがある。「凡夫の身にさえも、よき作が許されるとは何たる冥加《みようが》であろう。そうしてそれが悉く浄土の作であるとは、何たる恩寵《おんちよう》であろう。……悪人必ず往生《おうじよう》を遂ぐとの、あの驚くべき福音《ふくいん》が、ここにも読まれるではないか。工藝において、衆生は救いの世界に入る。工藝の道を、美の宗教における他力道《たりきどう》と云い得ないであろうか。」

宗悦の工藝観はここにすでにその独自性を明らかにしているが、彼は筆を続けてその摂理から起る工藝の驚くべき性質を指摘する。

よき古作品はほとんどすべて無銘である。そして特殊な性格の特殊な表示がない。誰がそれらを作ったのか。作り手は工人である。無名な作者は自らの名において示さねばならぬ何物も持合さず、個性や我執は放棄された。それは奉仕の器にまさにふさわしい謙遜《けんそん》と従順の徳を与えた。「器に見らるる没我《ぼつが》は、救われている証《しるし》である。救われたる器、それをこそ美しき作と呼ぶのである。」

工人たちは知や学は持たぬが、無心の持主であることは許されてある。美とは何か、何が美を産むか、彼らにそのような思索はなく、知らずして作り、知ることを得ずして作った。作られた器に見られる美は、それ故にこその無心な美であった。そこに見られる多種多様な変化や自由自在な創造は、無心だった彼らの美徳の所産である。「彼らは自然を素直に受けた。それ故自然も自然の叡智を以て、彼らを終りまで守護した。」工藝においては美も救いも自らのみで得られるものではなく、他よりの恵み、自然の恩寵によって与えられるものである。そのことを、宗悦はさらに説き進む。

工藝は、自然が与える資材に発する。資材なくばその地に工藝はない。悉くが天然の賜物である。よき形、よき模様、よき色彩も、天然の加護による。自然への信頼が自由を得る。

それはまた伝統の驚くべき業でもある。人の自由は、伝統を活かす自由であるとき、個性よりもさらに自由な奇蹟《きせき》を示す。自己よりもさらに偉大なもののあることを信じ、それへの帰依に真の自己を見出すべきことを、工藝の美は教える。

このような自然の恵みに支えられて工人たちは働く。貧しい彼らは休むことなく、多く、早く作らねばならない。だがそのことが彼らの作を美しくさせる摂理となった。多く早く作る仕事の限りない繰返しは、拙なる者にも技の練達を与え、技術を越えた域にまで導く。驚嘆すべき熟練の美は、反復が自由に転じ単調が創造に移る、よき労働の賜物である。

よき作は一人の作ではなく、協力の世界の産である。力なき民衆は相寄り相助けずば暮しを安んじられない。彼らは協団の生活を結び、協団によって救われた。古きよき工藝は協団の作、その美は「多」の美、社会美であった。集団の世界はおのずから秩序を求め、道徳を形成する。粗悪な品、粗雑な仕事は許されず、誠実さと信用とが求められた。材料や仕事に正直の徳を守らずして、よき工藝はない。工藝の美は善と結合した。それも凡庸な民衆の工人個々の力ではない。相互補助の相愛の社会の力であった。美しき工藝は善き社会の反映である。正しい社会に守られなければ工藝の美はあり得ない。それは、工藝の救いは社会への救いであることを意味する。美に充ちる地上の王国という幸福へ私たちを導くもの、それは工藝をおいて他にあり得ないのだ。「かく想えば工藝にも数々の福音が読まれるではないか。その美が教えるところは、宗教の言葉と同じである。美は信であると言い得ないであろうか。正しき作を見る時、そこにも説くなき説法が説かれてある。……この蕪雑《ぶざつ》な現し世《うつしよ》も、美の訪れの場所である。そうして下根《げこん》の凡夫も救いの御手に渡さるる身である。何人《なにびと》にも許さるる作、誰もが用いる器、汗なくしてはできない仕事、それが美の浄土に受け取られるとは、驚くべきこの世の神秘ではないか。」

すなわち、柳宗悦が工藝の美に惹かれた所以の最も大いなるものは、そこに信の秘義が確かな姿において啓示されている、ということにあったのである。柳は宗教の真理への探究を離れて下手物《げてもの》の如き奇異な世界に外れた、と嘆じる人びとに対して、彼はこの『工藝の道』の「序」に、「工藝という媒介を通して、私の前著『神に就て』においてようやく摸索《もさく》し得た最後の道、『他力道《たりきどう》』の深さと美しさとをまともに見つめたのである。したがって工藝を物語ってはいるが、私としてみればやはり『信』の世界を求める心の記録である」と答えているとおりだ。宗教の法則はただ宗教のことのみではなく、万般の事象は皆同じ法のもとに育まれている、というその確信を、彼は工藝の実相から観てとった。そして、これからのちの生涯を通じて、執拗に、倦《う》むことなく、この真理の宇宙を深く深く探り続けて行くのである。

二

「工藝の美」に続いて、『工藝の道』の叙述は「正しき工藝」と題し、工藝をその純粋の相において見つめ、工藝美の依って来るところを解明することによって、工藝が工藝たるべき本則を探り出そうとする。久しく美術を基準にして工藝を見、評価してきた誤りを正し、「工藝の美は他のどこにもなく、ただ工藝自身の裡《うち》にのみ宿る」という、忘れ去られた単純な真理を呼び起し、正しい工藝の本義を明らかにしようとするのである。

そのために宗悦が考察の対象としたのは、初期の茶人たちに愛された古作品であった。工藝の典型的な美しさを具え、数々の真理をそれらは秘めている、と認められるからだ。美の前には時間はなく、よき古作品には永遠の今があり、そこに潜む美を可能ならしめた不変の法則がある、として、彼は以下のように解明する。
一、すべてを越えて根柢《こんてい》となる工藝の本質は「用」である。工藝の性と美も「用」との結縁《けちえん》において生れる。この「用」とは、物的用のみの義ではなく、ともに物心への用である。
二、「用」が工藝の美の泉であるなら、最も用に働くものは最も美に近づく。なかでも日常の用器に美が冴《さ》えるであろう。不思議であるが工藝の最も純な美は、かえって普通の用器にあらわれる。雑器、下手物はことに用の器であるが、最高の美と呼ぶべき「渋さ」の美はそこに最も深く表出されてくる。
三、工藝は「美」と「多」を結合させる。少量は「用」を局限し、技を不確実にする。多量の製作こそ工藝の存在を全からしめ、技術を完熟に導き、おのずからなる美しさを生ましめるのである。茶の名器はいずれも「多」の美を示すではないか。「多」の美はまた「廉」の美である。廉価が粗悪を意味してきたのは誤った社会の罪による。正しい時代は常に「美」と「廉」とを一致させた。

四、工藝の美は労働の賜物である。美しい作は余暇や感興や趣味や情緒から生れたのではない。だが労働を不幸と解してはならぬ。労働が苦痛となったのは資本制度の悪弊による。かつて工人は労働において創造の自由と仕事への誠実を得、労苦を忘れしめる力を与えられた。

五、美と労働とが結合するなら、民衆こそが工藝の美の担い手である。美は美術においては天才を選ぶが、工藝においては民衆を招く。美しい古作はすべてこのことを証明している。また、このことは美の普遍化という巨大な理念を現実にする。工藝はそれを可能ならしめる公道だ。

六、工藝は協力によって営まれる。工藝時代は協団によって支えられ、美の背後には必ず生活の組織があった。今日の工藝のすべての醜は瓦解した社会組織に起因する。健全なる社会と工藝、この二者を分つことはできない。

七、手工藝にまさるよき工藝はない。手工は、自然で、精緻《せいち》で、仕事の喜悦を伴い、自由である。作る物への情愛と仕事への満足において、機械とは大きな差違がある。手工の造化の妙と無限の変化は美と直結する。だが手工は機械をよき道具として使うことでいっそう活かされよう。人を「主」とし機械を「従」として用いるなら、手工はさらに冴え、機械も重要な意義を持ち得よう。
八、よき材料に依らずして、よき工藝の美はあり得ない。正しい工藝は天然の恩寵に恵まれて美に輝く。美の驚異を司るものは材料が含む造化の妙である。自然に任せきった器、それを美しき器と呼ぶのである。自然とはまた地方性のあらわれだ。工藝の美は地方色の美、その変化の美は風土の美である。
九、信の法則と美の法則とに変りはない。「無心」「無想」の深さは美においても同じだ。無心とは自然に委《ゆだ》ねる意である。工人たちは意識の欲に煩わされることなく自然の働きを素直に受けた。創造を人間の所業とのみ思うのは全くの誤謬である。
十、無心とは没我《ぼつが》の謂《いい》である。個性の道は工藝の道ではない。個性に立つなら公衆の友とはなりがたく、美術化され、意識に陥り、装飾に傾き、実用には遠ざかるであろう。しかし、没我は個性の否定否認ではなく、開放である。それは自らを大なる世界に救う道だ。されば工藝の美は伝統の美である。幾億年の自然の経過と、長い人間の労作の堆積がそこにある。
十一、工藝においては単純さが美の主要な要素である。ごく普通の道、簡単な法、単純な技、質素な心、それだけで美を現すに十分であり、間違いがない。単純さには一切を包含し煮つめられた美があり、生命が活々《いきいき》と躍る。

古作品から聞きとった工藝の美の法則を、柳宗悦は、右のごとくに説き明かして、「この原理の上に立つものを私は『正しい工藝』と呼ぼう。法則であるから、かつてあり、今も変らず、未来も踏まるべき定めである。」と言い、歴史家にも、作家にも、公衆にも、これらの法則に適うものを選びとり、叛くものを斥《しりぞ》けることを求めた。

この断乎たる宗悦の結論は、右の法則が自分の独断によるものではなく、古作品の美の真実な証左と、直観の素裸な啓示による、との確信に基いている。自身の直観が類いなき美を感得し、工藝の美の必然性を古作品に即して解明し得た自覚は、さらにその信頼を不動のものにしたと推察される。

この鏡に映る、「共通な美の法則」を啓示し「明確な体系をなす一群」の「下手物《げてもの》」は、かつてあの卓越した初期の茶人たちの眼識に見出され、「大名物《おおめいぶつ》」と讃えられる名器の故郷であることを、改めて宗悦は指摘して、明言する。「ここで私は安全に次の定理を下すことができる。『下手物』の美に、工藝の美の最も本質的な表示があると。そうして『上手物《じょうてもの》』が正しい美を得ることは至難であると。そうして『上手物』に美しいものがある場合は、それが作の心において、また工程において、『下手物』と全く共通した基礎に立っている時に限るということを。それ故工藝の中心問題は雑器の領域に集る。工藝を論ずることと『下手物』を論ずることには密接な関係が生じる。否、『下手物』の問題を去って工藝の根本問題はない。」

三

『工藝の道』の叙述は、さらに「正しき工藝」の性格を明らかにするために、「誤れる工藝」の状況を検討して何故にその過誤が生じたかを解明する。

わが国の工藝史を顧みると、近世桃山期に入って、工藝の全体的な規模や多様性が増大するにつれて、宗悦の所謂《いわゆる》「正しき工藝」から外れる傾向、すなわち工藝の美術化・奢侈《しゃし》化・技巧化などの現象が顕著になってきている。江戸期はそれがさらに進んだ時代である。明治の文明開化は、機械工藝という新たな領域を勃興させて、手工藝そのものを凋落《ちょうらく》せしめる事態を招く。明治二十年代以降、明らかに工藝は衰頽《すいたい》し、危機に陥っていた。古作品の賞玩《しょうがん》が盛んとなり、個人作家の活動が興起したのは、そのことへの反応と見ることもできる。宗悦の工藝思想も、衰弱し堕落した工藝の現状への嘆きをひとつの契機として形成されたものにほかならない。古作品の美に惹かれる眼と心がそういう状況を座視し得なかったのである。宗悦は「誤れる工藝」の原因を診断して、次のように述べる。

資本制度により、工藝は利欲の商品と化した。器の製産は利益獲得の手段となり、傭《やと》う者に作る者への愛はなく、作る者は働くことへの、作る品への愛を失った。利に適《かな》うものは醜くとも善であり、得に叛くならば美も悪と呼ばれる。器は人の眼を惹くために濃くけばけばしい姿に粧《よそお》わせられ、作り手は労働の喜悦を奪われて暮しの手段にだけ働かねばならなくなった。利得は資本家を富ますのみである。社会は変り、相互扶助の協団の秩序は破れ、商道徳は滅んだ。器は粗悪化するにつれ、人々の愛を失い、人々は俗悪を近代美と誤解して変態の文化を選ぶことを躊躇《ちゅうちょ》しなくなった。利欲の刃が器を殺し美を殺し、世を殺し心を殺したのである。

工藝の運命が協団を離れて資本主義に殺された時、手工に変って機械がその位置についた。それは仕事から創造の自由と労働への情愛を奪い、器から美を取去って、美に対する社会の心を冷くした。美の下降は文化の下降である。人口の増加は機械の多量と廉価を必要とし、美を救うより生活を救わねばならぬ、と人は言う。だが、手工は過去の道であろうか。誤った現代のこの制度から見て過去のものと呼んでいるに過ぎない。手工には永遠の力がある。美しさや正しさを放棄し、今の社会制度を肯定して、無批判に機械をのみ選ぶべきであろうか。もとより手工とは機械の排除ではなく、機械の統御であり、人が機械の主たることを言う。機械を無視する文化は成立ち得ない。同時に機械の奴隷となる文化も成立ち得ない。そして、美より生活をと主張するが、美なき生活は生活と呼ばれ得るか。美を保障できぬ文化が正しい文化であろうか。

かくして工藝の衰えは世界のほとんどの国に行渡ったが、もう一度美しい世界へ戻ろうと志す、目覚めた少数の個人の個性と意識に基く新たな工藝が発足した。民衆から個人の工藝への変化が起ったのである。だがそれは、工藝を実用の世界から美術の境地へと転ぜしめることになった。個人の作は、器を日常品から貴重品へと変え、用器を観賞器に変質せしめた。また作者の個性と意識とから作り出されるその美は、独り天才の領域となって民衆の携わり得る世界とはならない。しかも個人の作は、異常な努力と理解と感覚とから出たものでありながら、民藝の美を凌ぐ高さには達し得ないのだ。没我の美は自然そのものを表出するが、主我の美は個性の主張に止まるからである。工藝において、個性は否定されてはならないが、個性に満足することも許されてはならない。

また個人的作者は主知主義の立場に立つ。だが、知は無知には勝るとも無心には敗れる。知識は有限で相対的、意識は作為であり加工である。技巧はその反映だ。醜い工藝はしばしば技巧の工藝で、意識に立つ作家は多くこの弊に墜ちる。古作品は驚くべき美と単純な技巧の一致を示している。

知識の最後の任務は、いかにその知識が自然の前に愚かであるかを明知することにある。無想に勝る有想はなく、無念のみが正念である。作る者は心の準備を整えねばならぬ。

これが柳宗悦の、誤れる工藝に対する病因の診断であった。

四

「古き工藝への愛は、来るべき工藝への愛でなければならぬ」という信念のもとに、宗悦は、未来の工藝についての所論を披瀝《ひれき》する。病める工藝の現状からいかに良き工藝を生み出すか。巨大にして至難なこの問題を前に、彼はまず、それを可能ならしめる基礎と信じられる諸原理を、自身の直観によって民衆工藝の世界で見届けた真実から抽出した。

一、もし天才に美しい作品を産み得る力があるなら、民衆にはさらになおその力が準備される。

二、もし聡《さか》しい者が美を産み得るなら、無学な者はなお産み得る。

三、もし在銘の作に美しさがあるなら、無銘の作にはなおさら美しさがある。

四、もし美術品として作られるものに美しさがあるなら、雑器にはなお美しさが約束されている。
五、もし稀有なものを作る時に美があるなら、普通のものを作る時にはさらに美が加えられる。
六、もし高価なものに美しさがあるなら、廉価なものにはなお美しさがあり得る。
七、もし少量に作るものに美が現れるなら、多量にできるものにはさらに豊かな美が現れる。
八、もし複雑なものに美があるなら、単純なものには一層の美がある。
九、もし複雑な工程によって美が現れるなら、簡単な工程においてはさらに美が現れやすい。
　これらの逆説的な言葉で言いあらわされる事柄が、逆説ではなくして真理であることを、宗悦は諄々《じゅんじゅん》と説いて次のように結ぶ。

「私はあの『歎異抄《たんにしょう》』に書かれた親鸞上人《しんらんしょうにん》の言葉を感慨深く想い起す。『善人なおもて往生をとぐ、況《いわ》んや悪人をや』と。心霊の世界における驚くべき秘義について、これまでに深く見破った言葉は世にも稀《まれ》であろう。私は宗教におけるこの秘義を、工藝においても深く体験する。……これより深く工藝の美を約束する言葉があろうか。」

来るべき工藝の可能性は、宗教の真理と同じ不易不変の原理に保証されている、との確信の上に、この福音を人々に伝え、信ぜしめ、その自然の意志が充たされるようにすべての事情を準備すべく、宗悦が提示したのは二つの方途であった。一は個人作家、二は協団。

過去の工藝が民衆的作品で示されているのに対し、現代のよき作はわずかな個人作家によって代表される。個人作家の勃興は、一は一般工藝の堕落により、二は近代の自己意識の発達によるものだが、工藝の美は彼らによってわずかに維持されていると言ってよい。しかし、意識と個性と知識と才能を持つ個人作家の作は、工藝を離れて美術性を帯びざるを得ない。稀少性や高価性や意識性や個人性等のいずれにおいても、純工藝ではなくすでに美術である。民衆の生活や社会の用途とは無関係となっている。来るべき工藝においては、個人作家はかかる自己の仕事に疑いと批判を加え、何を為すべきかを熟慮しなければならない。

一方、民衆は、かつてみずからの作物がいかに美しいかを知らなかった如く、現に作るものがいかに醜いかも知らないのである。民衆に美を保証した自然と組織から隔離されて、彼らに美を産む機縁は断たれてしまった。美の正しい目標も失われている。誰かが出て美の目標を示さぬかぎり、正しい工藝は甦《よみがえ》り得ないであろう。しかも工藝は依然として民衆の力がなければ成立ち得ない。かかる時、残された道は一つである。「理解ある個人と、民衆との結合、よき指導のもとに集る労働」すなわち、そこに選ばれたる個人作家の重大な任務がある、と宗悦は指摘するのである。かつての偉大な工藝時代における、工匠 Craftsman としての民衆と、彼らを導く師匠 Master-artisan の相互の補佐を省みて、彼はこの組織の復興を望む。個人作家は、技術の師であると同時に美への正確な審判者でなければならないが、この結合によって、民衆は方向を得、作家は個人に伴う欠如を補い得るであろう。

「作家がもし来るべき工藝を負う作家であるなら、彼らは彼ら自身をのみ表現しようとすべきではない。……彼らの存在を彼ら自身で保とうとすべきではなく、民衆の中にその生命を見出さねばならぬ。そうしてその時より、彼らがよき作に酬いられる場合は決してないであろう。……一度自らを越えて民藝に彼らの種が花開く時、それは不滅の香りを含むであろう。」

個人作家と民藝工人との結合による工藝の可能性、という柳宗悦の工藝論は、さらに次の協団の構想と相俟《あいま》って、来るべき工藝への指針を樹立する。

来るべき工藝への方途として、個人作家と民藝工人の結合にも増して柳宗悦に必至と考えられたのは、ラスキンやモリスが美から社会へと思想を展開させねばならなかったのと同様に、社会制度の改革であった。労働の喜悦を許さぬ金権下の社会と、利欲より知らぬ資本制度と、小我を出ぬ個人主義とが、工藝の美に対して全く相容れぬものであることを述べてきた彼の工藝観は、今の社会制度がこのまま続くならば、未来に正しい工藝を予期することはできなかった。

「私たちは美の実現のために正しい社会を喚求する。社会組織への問題を除去して、工藝を考えるのは徒労な反省に過ぎない。……社会性こそ工藝の重要な性質である。」

その社会の改革は果して可能であろうか。宗悦は、今の社会に経済的瓦解と道徳的瓦解とが迫って、遠からず変化が起り、早晩社会主義的時代が来る、と予見しているが、彼の社会改革の方途は政治的経済的手段に依ろうとするものではなく、あくまでも工藝を基盤とした組織を通じて行おうとするのである。人間と人間とが反目し、人間と自然とが疎遠となり、心は正から離れ、物は美から遠ざけられ、すべてが和合を失った罪と悪の現代を救うべく、結合の世界へと転じるために彼が希求する組織は「協団」であった。

「神への愛、人への愛、自然への愛、正義への愛、仕事への愛、物への愛、かかるものを抹殺して美の獲得はない。相愛の基礎に立つ協団は工藝によって喚求される社会であると云えないであろうか。工藝のために準備すべき組織を思う時、私は私の理念を協団以上のものへまた以下のものへ置くことができぬ。」

「協団」とはいかなる世界か。協力と結合と共有の天地、綜合と秩序の社会である。大道であり公道である。個人を超え、個性を超え、個我を超え、孤を超えて結合へと転廻する。将来の人間が真のために美のために依って立たねばならぬ根拠、求められる事実である。強い組織、固い結合、正しい秩序、完《まった》き統体。「協団」は中世に実在したが、永遠に新しい社会の理念たり得る、と彼は説く。ここで宗悦は、単に正しい工藝を保証するための方途として「協団」を求めたのではなかった、ということに注目しなければならない。

「協団は理念である、イデアである。私はそれを単なる方法とか手段とかに数えているのではない。協団そのことに一切の目的界を観じる。それは目標であって道程ではない。あの美を司る王国、私はそれを協団と呼ぶ。私たちがかかる社会を構成するのではない。かえってかかる協団によって私たちが構成されるのである。美を産むための団結ではない。団結によって美が許されるのである。私たちが規定する組織を協団と呼ぶのではない。協団に規定せられる私たちを見出そうとするのである。協団は理法である。見えざる者の意志である。協団は厳命 Fiat である。私は帰依すべき者の影像をそこに見守る。それは抗すべからざる法である。そこに則る時にのみ、私たちの義とせらるる生活がある。協団自体は『無謬』'Infallible' である。」

柳宗悦の本質がここに明示されている。何故に彼が工藝の美に惹かれたのか。工藝の美の解明に力を尽したのか。工藝の美の鑑賞から正しき工藝の製作へと足を踏み出したのか。そして社会の改革にまで言い及ぶのか。何故にさほどまで「協団」を希求するのか。

宗教哲学者柳宗悦は、宗教者であり、求道者であったからだ。神を求め、仏を慕い、現世を神の国仏の浄土たらしめんことを念願とする行者であるからだ。いや、「下手物」を通じての工藝の美との邂逅において、彼は、恩寵の摂理を目のあたりに見ることによって、みずからの宗教哲学の在り方の大道を見出し得たのである。「協団」にメシアニックな意義を見出すその思想は、工藝の美によって完き裏打を施された。『工藝の道』は、無上なる存在への宗悦の帰依の書であり、民藝運動は、使徒として僧侶としての彼の行にほかならない。故にこの書の末尾にしるして言う。

「第一は神の恩寵、第二は僧と平信徒、第三は教会。この結縁をおいて、信の王国は成り立ち得ない。そうして美の王国もまたこれらの順次と結合とをおいては不可能である。全く不可能である。」

なお、『工藝の道』には、「工藝美論の先駆者について」という一文が添えられている。自身の工藝美思想が「幸か不幸か私は先人に負うところがほとんどない」としつつも、二種の先駆者に特殊な敬念と親しさを感じる、として、「一つはあのラスキン、モリスの思想であり、一つは初代茶人たちの鑑賞である。」と言う。工藝の本質たる「美」への直観に基いたラスキンの社会改革への活動と、その志を継いでモリスが多種の工藝的製産に寄与した事例とを、宗悦は評価するが、そのいずれもが工藝を美術化することに終ったことを「工藝の本質を離れ」「民藝となり得ない個人的作に過ぎない」と評し、「ラスキンやモリスにはまだ民藝に対する明確な認識が存在しておらぬ。後に来る私たちは彼らの志を進めて、さらにこの認識へと入る任務を帯びる。」と述べてみずからの美思想の本質を明らかにしている。

また、わが室町期の初期茶人たちの業績に言及して、彼等が取上げた大名物が平凡な雑器であったことを指摘し、その直観と鑑賞の力に敬念を捧げるとともに、自らの雑器の美の認識や称揚はその伝統に棹《さお》さすものであることを述べている。そして、民藝美の所以の解明は、初期茶人たちの功績をさらに深めるべく課された自身の任であることの自覚をもって、以後も、繰返し茶の意義を説いて行くのである。

五

『工藝の道』に説かれた柳宗悦の工藝論と美の思想は、まさしく従来のそれらに根柢からの変革を要求するものであると同時に、宗悦自身の生き方にも改変を迫った。この現実世界を美の王国たらしめるために、思索と鑑賞、調査や研究を旨としてきたこれまでの彼の仕事は、実生活に交わる工藝、なかんずく民衆の生活工藝に関わる諸活動に移って行く。

すなわち、美しい民藝品の蒐集《しゅうしゅう》と提示、良き伝統的手工藝の保存と復興、工藝美への認識を喚起し高める啓蒙、さらには新しい生活工藝品の製作や普及といった、所謂《いわゆる》民藝運動の実践に、美観を同じくする古き友たち、富本憲吉《とみもとけんきち》、バーナード・リーチ、濱田庄司《はまだしょうじ》、河井寛治郎《かわいかんじろう》、また彼の美思想に共鳴した芹澤銈介《せりざわけいすけ》、黒田辰秋《くろだたつあき》、棟方志功《むなかたしこう》などの若き同志たちとともに生涯かけて挑み続ける。そして遂には、晩年の、「美と信の究竟相は一如」とする、無類の美思想の完成にまで到り着くのである。

それら不滅の業績は、柳宗悦の数々の著作やその解説、また日本民藝館に収蔵されている珠玉の如き民藝の品々によって、直接に知られんことを願う。

この『工藝の道』は、そういう柳の美思想の要諦《ようてい》と実践の方向を、早くも眼のあたりにさせてくれる美しい泉である。この泉の水源は永《とこしな》えに涸《か》れることなく、工藝の本然の相を湧出《ゆうしゅつ》させて、現況の是非と在るべき様態を教示し続けてくれるであろう。

＊『評伝柳宗悦』（筑摩書房版・平成四年五月、ちくま学芸文庫版・平成十六年一月）所収文を抄録・加筆。平成十七年七月稿。

（美術史家、武蔵野美術大学名誉教授）

KODANSHA

柳　宗悦（やなぎ　むねよし）
1889年生まれ。東京帝国大学哲学科卒。宗教哲学者，民芸運動の創始者。学習院高等科在学中「白樺」同人。日本民藝館初代館長。「工藝」創刊。『茶と美』（学術文庫）『宗教とその真理』『朝鮮の美術』『陶磁器の美』『工藝文化』『手仕事の日本』『民藝四十年』『美の法門』『南無阿弥陀仏』などがある。1961年没。

講談社学術文庫

定価はカバーに表示してあります。

工藝《こうげい》の道《みち》

柳《やなぎ》　宗悦《むねよし》

2005年9月10日　第1刷発行
2024年5月17日　第10刷発行

発行者　森田浩章
発行所　株式会社講談社
東京都文京区音羽 2-12-21 〒112-8001
電話　編集（03）5395-3512
販売（03）5395-5817
業務（03）5395-3615

装　幀　蟹江征治
印　刷　株式会社広済堂ネクスト
製　本　株式会社国宝社

ISBN4-06-159724-8

「講談社学術文庫」の刊行に当たって

これは、学術をポケットに入れることをモットーとして生まれた文庫である。学術は少年の心を養い、成年の心を満たす。その学術がポケットにはいる形で、万人のものになることは、生涯教育をうたう現代の理想である。

こうした考え方は、学術を巨大な城のように見る世間の常識に反するかもしれない。また、一部の人たちからは、学術の権威をおとすものと非難されるかもしれない。しかし、それはいずれも学術の新しい在り方を解しないものといわざるをえない。

学術は、まず魔術への挑戦から始まった。やがて、いわゆる常識をつぎつぎに改めていった。学術の権威は、幾百年、幾千年にわたる、苦しい戦いの成果である。こうしてきずきあげられた城が、一見して近づきがたいものにうつるのは、そのためである。しかし、学術の権威を、その形の上だけで判断してはならない。その生成のあとをかえりみれば、その根は常に人々の生活の中にあった。学術が大きな力たりうるのはそのためであって、生活をはなれた学術は、どこにもない。

開かれた社会といわれる現代にとって、これはまったく自明である。生活と学術との間に、もし距離があるとすれば、何をおいてもこれを埋めねばならない。もしこの距離が形の上の迷信からきているとすれば、その迷信をうち破らねばならぬ。

学術文庫は、内外の迷信を打破し、学術のために新しい天地をひらく意図をもって生まれた。文庫という小さい形と、学術という壮大な城とが、完全に両立するためには、なおいくらかの時を必要とするであろう。しかし、学術をポケットにした社会が、人間の生活にとってより豊かな社会であることは、たしかである。そうした社会の実現のために、文庫の世界に新しいジャンルを加えることができれば幸いである。

一九七六年六月

野間省一